JN410816

그 여자의 강

그 여자의 강

초판 1쇄 인쇄 2008년 10월 25일
초판 1쇄 발행 2008년 10월 30일

지은이 | 전 움라브스키 양래
펴낸이 | 김태봉
펴낸곳 | 한솜미디어
등 록 | 제5-213호

편 집 | 김주영, 김미란, 유종무
홍 보 | 장승윤
영 업 | 김영길, 김명준

주소 | (우143-200) 서울시 광진구 구의동 243-22
전화 | (02)454-0492
팩스 | (02)454-0493
이메일 hansom@hansom.co.kr
홈페이지 www.hansom.co.kr

값 10,000원
ISBN 978-89-5959-171-8 (03810)

그 여자의 강

전 움라브스키 양래 지음

한솜미디어

머리말

원고를 정리하느라 밤샘을 하면서 몹시 지치고 힘든 나날이었습니다. 잘 치렀든, 못 치렀든 이제는 홀가분한 마음으로 결과를 기다려야 하는 심정에 또다시 불안하기만 합니다.

주제에 무슨 책을 내겠다고 도이칠란트에서 비행기로 날아왔는지, 한편으로는 용기가 기특하고 또 한편으로는 주제가 한심스럽습니다.

그러나 내 나이 17세 때 꿈꾸었던 그 작은 소망의 일부가 이루어져서 그저 꿈만 같습니다.

내 꿈을 실현시켜 주신 도서출판 한솜미디어 대표이신 김태일 실장님과 편집을 맡아서 수고해 주신 분들께 머리 숙여 감사의 말씀을 드립니다.

한솜미디어의 가족 여러분께 "Danke Schon!"입니다.

이제 첫발을 내딛는 걸음걸이를 곱게 봐주시길 독자 여러분께 부탁드리며, 계속하여 정진할 수 있도록 노력하겠습니다.

책을 출판하는 관계로 한국에 혼자 나왔다고 걱정하시는 친정 어머님과 내가 이 세상에서 제일 사랑하는 남편 Norbert에게 이 글을 드립니다.

仁田, 전 움라브스키 양래

차 례

제1부

아카시아 향기 날릴 때

물론 내 어린 시절과 함께
아카시아 꽃 핀 성당의 언덕도 모두 사라진 지 오래지만
내 마음속에 간직하고 있는 추억의 아카시아 숲길을 다시금 걷고 싶다.

아카시아 향기 날릴 때

내가 태어나서 최초로 기억하는 곳이 경상남도 하동군 진교면이다. 진교면은 경상남도와 전라남도의 경계지역이며 지도에서 보면 경상남도 바닷가에 위치한 조그만 지방인데 아버지가 토목건축 사업을 하시는 관계로 그곳에서 살게 된 것 같다.

6·25동란이 나던 해, 그러니까 음력으로 50년 8월 23일이 내가 대한민국에서 태어난 날인데, 진교면에서 내가 기억하고 있는 그 집에서 태어난 것인지, 아니면 그때 어딘가 피난지에서 태어난 후 진교면의 그 집에서 살게 된 것인지 그 부분에 대해서는 기억이 희미하다.

어린 날의 추억은 보물 상자의 뚜껑을 조심스레 열듯 그렇게 소중하고 또 일생동안 간직하고 싶은 귀한 추억으로만 늘 다가오는데, 내 어린 날 최초의 기억을 거슬러 올라가 보면 8세 이전은 전혀 생각이 나질 않으니 아마도 기억력이 별로 안 좋은 모양이다.

내 나이 8세 때로 3월 4일이었다(막내여동생 생일이 58년 3월 4일이므로). 안방 문이 꼭 닫힌 채로 그 안에서 "으음! 아!"하는 소리가 들리어 손가락 끝에 침을 묻혀서 창호지를 뚫고 안방을 훔쳐보았더니, 문살을 한 창호지문의 고리에 하얀 긴 끈을 매고 엄마가 두 손으로 꼭 잡은 채 소리를 지르고 계셨다. 그래서 나는 엄마가 많이 아픈 모양이라고 생각되어 방문을 열려고 하자 옆에 있던 식모언니가 열면 안 된다고 하며 문 앞에 지켜 서서 나를 꼭 붙들고 있었는데, 답답했으며 공연히 마음이 불안해지고 있었지만 어쩔 수가 없었다.

그 무렵 우리 집에는 식모언니와 식모아줌마가 계셨는데 그들 두 분은 모녀간으로 우리 집 일을 도와주고 계셨다. 그때, 식모아줌마는 긴 마루를 지나서 놋대야에 김이 무럭무럭 오르는 물을 떠 가지고 급히 안방을 향해 오고 있었다. 그리고 놋대야를 문 앞에 놓고 문을 여는 사이로 나는 얼른 안방을 들여다보니 아버지가 엄마를 꼭 붙들고 계셔서 또다시 엄마가 많이 아픈 모양이라고만 생각했다.

그 후로 우리 집에서는 아기 우는 소리가 나기 시작했고 엄마는 매일매일 미역국을 잡수셨다. 그리고 큰 마당의 긴 빨래줄 에는 하얀 기저귀가 깃발처럼 펄럭이기 시작했다. 또 대문 앞엔 짚으로 꼰 줄을 치고 사이사이에 숯검댕이와 솔잎을 매달아 놓고 딸을 낳았음을 알리는 동시에 부정을 타지 말라는 뜻으로 잡인의 출입금지가 되는 신호를 해 놓았다.

이런 기억이 가장 어린시절 최초의 경이로움과 호기심으로 다가왔는데, 이렇게 하여 내가 전씨 집안의 맏딸이면서 세 번째 여동생을 만나게 되어 우리 집에는 딸 넷이 되었다.

아! 그리고 중요한 것 한 가지가 또 있는데 그것은 아버지가 엄마를 싫어하는 것 같았다. 어린애가 무엇을 알까마는 그래도 아버지가 예전과 달랐고 집에도 늦게 오시는 날이 많아졌는데 그것은 엄마가 딸만 내리 넷을 낳았으므로 아버지는 그게 싫어서 늦게 귀가했으며, 또 마작이라고 하는 중국에서 들어온 오락물인데 남자 분들이 모여서 하신다고 들은 기억이 난다.

그래서 나는 그때부터 생각하기를 딸을 낳으면 안 좋은 것이고, 엄마가 미역국을 자꾸만 먹기 때문에 딸을 낳는 것이라고 생각되어 나는 이담에 크면 딸을 낳지 말아야지. 그러려면 미역국을 먹지 말아야 한다고 생각되어 그때부터 미역국을 먹지 않았다.

내가 성장하여 아마도 20세가 지난 다음부터 미역국을 먹기 시작한 것 같은데, 그때는 성인이 되어서 미역에 철분이 많으며 피를 맑게 해 준다는 것을 학교에서 배워 알았고, 또 산모에게 필요한 영양분이 가득하므로 꼭 산모에게 권한다는 것을 알게 되었다.

아무튼 아버지가 대충 이 무렵부터 다른 여자에게 눈을 돌린 것으로 기억하고 있는데 성장하여 그때를 생각해 보면 아버지는 그럴 만한 분위기를 많이 안고 있었다. 그것은 아버지가 이 지역에서 돈 많은 젊은 사업가인 데다 인물이 수려하고 인품 또한 누구에게 뒤떨어질 분이 아니었는데, 꼭 한 가지 집안에 아들이 없다는 것이 옥에 티라고 생각할 때였으므로 웬만한 여자들은 침을 삼켰으리라 생각된다.

그 시절에는 아들 없는 집에 아들만 낳아주면 모든 부귀가 다 손에 잡히던 시절이었으니까. 그리고 돈 많은 남자들이 여자 한둘 거느리는 게 흉이 되는 일도 아니었다.

그 무렵, 우리 집 마루 한쪽에는 미제 물건이 쌓여 있었고 또 부엌 골방에도 가득가득 쌓여 있었는데, 미제 바둑껌들이 있었고 초콜릿, 버터, 땅콩이 든 깡통과 누르스름한 가루들, 그리고 알지 못하는 빛깔과 모양의 것들이 수두룩하게 쌓여 있어서 부엌 골방에 들어가면 신비의 성에 싸여서 좋은 냄새를 맡곤 했다.

그리고 따뜻한 밥에다 버터를 넣고 고추장을 섞어서 비벼 먹었는데 얼마나 고소하고 맛있었는지 나는 자주 밥을 비벼 먹었다.

요즘 말로 하면 아버지의 직업은 토건업이었는데 바다에 둑을 만드는 간척공사가 그때는 상당히 큰 돈을 버는 사업이었다. 아무튼 그때 아버지는 사업 때문인지 담배를 많이 태우셨는데 담배를 태우실 때는 반드시 밖에 나가서 태우셨고, 손님이 오셨을 때는 창문을 열고 아버지 방에서 꼭 태우셨으므로 엄마와 우리들에게는 담배연기를 못 맡게 하셨다.

추운 겨울에도 혼자 계실 때는 밖에서 담배를 태우셨으므로 내가 장성한 후에 담배연기를 맡으면 어지럽고 했다. 또 아버지는 가끔 담배를 끊기 위해 미제 바둑껌을 가득 사 놓고는 담배 대신 껌을 오물오물 하셨는데 오래 못 가서 다시 담배를 손에 드셨다.

그 시절에는 쌀이 무척이나 귀한 때였는데 우리 집 곡간에는 쌀이 가마니로 그득하니 쌓여 있었고, 곡간 옆 창고에는 소나무를 말려서 쪼갠 장작을 가지런히 쌓아 놓았으며 세 번째 창고에는 연장이 있었다. 대패와 줄자, 쓰다 남은 나무, 도끼와 쇠망치 그리고 돌을 쪼개는 정 같은 것들이 있었으며, 큰 못이 박힌 채로 못 끝이 날카롭게 나와 있는 그런 나무들이 가득 쌓여 있었다.

이렇게 창고 세 개가 나란히 있었고 그 옆으로는 앞마당이 넓게 차지한 채 수많은 꽃들이 있었는데 목련나무와 무궁화나무,

목단과 작약, 돌담가로 줄서 있는 코스모스와 돌담 위로는 넝쿨잎이 가득 하늘거렸으며 찔레꽃과 봉숭아, 채송화 등 이름 모를 잔잔한 꽃들이 그득했다.

우리가 살던 집은 진회색의 기와집이었는데 그때는 기와집이 몇 채 안 되었으며 보통은 초가지붕을 하던 때였다. 집 울타리도 돌담을 해 놓고 그 위에 보기 좋게 기와를 올려 빙 돌아가며 기와담장을 했다. 길가에서 우리 집을 들어오려면 지프차 한 대 들어올 정도의 넓이에다 길이 2km 남짓 들어와서는 기역자로 구부러지면서 약간 비탈길로 올라가게 되어 있었다. 그 비탈길은 쑥돌로 축대를 쌓아 튼튼하게 했는데 그 길을 올라와야 드디어 대문을 만나게 되어 있다. 그러니까 축대를 쌓아서 올린 그 비탈길에서부터 우리 집 구역인 셈이었다.

그러자니 자연히 위치가 높아 대문 옆 담가에서 밖을 내다보면 뽀얗고 넓은 신작로가 한일자로 길게 드러누워 있는 것이 보였고, 자동차가 지나가면 먼지가 뽀얗게 일어나는 것이 마치 구름이 피어오르는 듯했다. 집 뒤로는 우리 집보다 높은 언덕배기인데 그곳엔 대나무가 빽빽하니 들어차 있어서 낮에도 쳐다보면 시커먼 것이 무섭고 선뜩하게 느껴지는 곳이었다.

어쩌다 바람이라도 불라치면 대나무 잎끼리 사각사각 부딪히는 소리와 또 어느 때는 쌩쌩 하는 소리도 들리곤 했다. 어린 시절, 밤이면 누워서 완전히 잠에 취하기 전까지는 이 대나무 잎 떠는 소리 때문에 잠을 못 이루었고 또 무서워하곤 했는데, 특히 겨울밤에는 더욱더 을씨년스런 분위기를 주어 솜이불을 뒤집어쓰고는 다른 공상을 억지로 하면서 그 소리를 듣지 않으려고 애썼던 기억이 새롭다. 그리고 우리 집 주위에 있던 다른 집들은 대개가 작은 초가집이었으며 보잘 것 없었다.

아버지가 쓰시던 사랑방은 손님 접대하는 방으로 주로 쓰였으며 사랑방 옆의 안방에서 엄마와 네 자매들이 거처했다. 그리고 건넌방에는 식모아줌마와 언니가 썼고 부엌 옆의 작은 골방은 식품을 저장하는 방이었다. 넓은 마루에는 유리창문으로 햇빛이 가득 들어왔으며 겨울에는 따뜻하게 난로가 놓여지곤 했다.

아버지는 아침마다 일 나가실 때, 맥고모자라고 하는 챙이 짧은 모자를 쓰고 항상 깔끔한 느낌이 나는 복장을 했으며, 엄마는 8세의 나 그리고 세 여동생을 안고 걸리면서 대문 앞까지 나가 아버지와 '빠이빠이'도 하고 또 '안녕히 다녀오십시오'라고 늘 인사를 하러 나갔다.

아버지가 지프차에 올라 큰 길을 지나고 먼지가 뽀얗게 일어나면서 안 보일 때까지 우리는 돌담가에서 손을 흔드는 것이 아침의 첫 일과였다.

그때는 왜 그리도 거지와 나환자가 많았는지, 우리 집이 큰 까닭에 거지와 나환자가 번갈아 가면서 하루에도 몇 차례인지 알 수 없을 정도로 대문을 들어서곤 했다. 거지들이 떼를 지어서 벙거지 모자를 눌러쓰고는 검은색인지, 녹색인지, 분별이 안 되는 낡은 군복에 땟자국이 가득한 옷차림으로 마당을 차지하고 서 있으면 무서워서라도 얼른 쌀이나 밥 등을 주어서 내 보내야만 했다.

어떤 때는 상이군인이 군복차림으로 팔을 내려트린 사람, 또는 손이 있어야 할 장소에 쇠갈고리가 박혀 있는 사람, 그리고 문둥이와 거지가 많았는데, 집에서는 귀찮아하지 않고 무엇이고 주어서 내 보냈다. 그러자니 자연히 거지나 나환자들이 많이 드나들었던 것 같은데 대문 옆 담장 안에서 밖을 내려다보면 멀리 신작로가 보였으며 정면에 위치한 큰 건물의 시멘트벽에 햇살이 비추던 여름날이었다.

나와 동생들을 돌보아주는 정자언니가 시장 가신 엄마가 오시는지 밖을 보자고 하면서 나랑 동생을 안고 걸리면서 울안의 담가에 서 있었는데, 길가의 시멘트 벽 정면에서 문둥이들 몇 명이 앉아 이를 잡는 것인지, 서캐를 잡는 것인지, 옷을 뒤집어서 박음질한 부분들을 손으로 잡은 채 엄지손톱으로 누르는 모습과 서로의 머리를 헤집으면서 무언가를 잡고 있는 모습도 보였다. 흉측한 얼굴과 일그러진 손가락, 누더기 같은 옷을 바라보다가 나는 얼른 방으로 들어가자고 졸라서 정자언니랑 동생들을 데리고 들어왔다.

얼마 후 엄마는 시장에서 아줌마와 함께 돌아오셨는데, 둥글고 하얀데다 울긋불긋 그림 그리듯이 색을 넣은 눈깔사탕과 하얗고 둥근 모양에 박하향이 나는 박하사탕을 엄마가 똑같이 나누어 주는 대로 받아먹기에 바빴다. 엄마는 예쁜 옷감도 사왔는데 정자언니나 아주머니에게 주시곤 했다. 어떤 때는 블라우스도 사고 또 치마도 사시고 하면서 아랫사람들을 따뜻하고 극진하게 대우하셨던 걸로 기억된다.

지금 생각해 보면 시골이라 그런지, 그때는 6일장이라고 해서 6일에 한번씩 장이 열렸는데 나랑 동생들은 장날을 몹시 손꼽아 기다렸다. 장날에는 밥상에도 평소보다 더 푸짐하니 먹을 것이 많았고 여러 가지 새로운 물건들을 엄마로부터 볼 수 있었던 그런 때였다.

명절 때마다 우리 집에는 쇠고기나 닭, 계란, 과일 등이 궤짝으로 들어오고 또 바닷가라 그런지 생선도 펄펄 뛰는 것을 짚단 꼰 것으로 묶어서 들고 오는 사람도 있었다. 그러면 아버지와 어머니는 떡국을 대접한 후 전날 준비해둔 포장된 선물을 정성껏 그들에게 들려서 보내셨는데, 다른 집에서는 미제 물건이 귀했던 까닭에 대개는 미제 물건을 선물했던 것 같다.

우리 집의 연례행사는 1년에 몇 차례, 그러니까 구정 때와 추석 때 그리고 아버지의 생일에는 어김없이 사람들이 선물을 들고 찾아왔다. 마을 유지인 면장과 이장, 경찰지서장과 군부대장 그리고 선혜의원이라고 지금도 나에게 기억되는 멋진 의사 아저씨와 약국집 아저씨, 학교 교장 등등 대체로 그런 분들과 공사장에서 일하시는 지위가 좀 높으신 분들이 다 모이셨다.

물론 이웃하고 사는 아저씨 아줌마, 심지어는 아이들과 개까지 모두 모이니, 집도 넓고 마당도 넓었지만 그 너른 집이 발들일 틈 없이 빽빽하여 대문 앞에서부터 멍석을 깔아놓고 마루에도 돗자리를 깔고 방에는 또 방석을 깔아놓고 병풍도 두르고 하면 완전히 큰 잔칫집이 되었다.

마당 귀퉁이에다 큰 돌을 몇 개 놓고 그 위에 가마솥을 올려놓고는 장작나무로 불을 지펴 고깃국을 펄펄 끓여대고, 그럴 때면 정자언니는 부엌에서 장작불 때랴, 물 길어 나르랴, 또 나와 동생들을 틈틈이 챙기느라 동분서주 뛰는 모습이 꼭 사슴 뛰듯 했다. 언니는 사람들이 모이면 힘들고 번거로운 음식 장만으로 짜증스러울 터인데도 항상 즐거워하였다.

어린 시절, 나에게 정자언니는 식모언니가 아니라 친언니 같았고 친자매 그 이상이었다. 나는 그 언니를 무척이나 잘 따랐고 언니 말을 잘 들어서 귀여움을 받았다. 동생들이 어렸으므로 애 보는 일이 쉽지 않은 일인데 언니는 네 자매를 아무런 탈 없이 잘 돌보는 기술이 있었다.

물론 나와 동생들이 순한 편이어서 특별히 속 썩이는 일이 적었을 것이다. 엄마한테 야단맞는 일이 있으면 언니한테 달려가고, 그러면 언니가 포근하게 안아 주는 것이 그렇게 좋았고 눈물 닦아주던 것이 참 좋았다. 정자언니는 자주 나와 동생들을 업고 걸리고 하면서 집에서 몇 킬로미터나 떨어진 바닷가의 넓은 백사장으로 나가 우리들을 자유로이 놀게 해 주었다.

한참을 정신없이 놀다 지쳐 집에 돌아오면 아주머니는 따뜻한 물을 가마솥에서 떠다가 큰 양푼에 가득 부어 놓고는 우리들을 한 사람씩 차례로 물속에 넣고 머리도 감겨주고 몸을 깨끗하게 씻긴 후, 크림을 몸에 바르고 또 가루분도 바르고 난 후 잠옷으로 갈아입혀 주었다. 그리고 맛있게 저녁식사를 함께 하고 나면 낮에 뛰놀던 피곤함으로 온몸이 나른해지면서 곤한 잠에 빠져들었다.

평화롭고 호사스럽던 나의 어린 시절, 그때 그 사람들과 다시 지내고 싶은 생각은 57세가 된 지금도 여전히 나의 희망사항이지만 또다시 이루어질 수 없는 애잔한 꿈으로 남아있다.

국민학교 1학년 때 학교에서 연극을 했던 기억이 뚜렷하게 되살아난다. 지금 말로 하면 학예회 발표인데 지금은 어떤지 잘 모르지만 그때만 해도 학교 재정관계로 부유한 집 애들이 학예회 때 찬조금도 내고 자비를 들여서 옷도 해 입고 연극에도 출연했다.

그러므로 연극에 재질이 있고 없고가 중요하지 않았고, 연극에 필요한 의상준비나 무대준비를 하는 데 필요한 찬조금을 낸 집의 아이들이 도맡아서 연극을 했다.

지금 생각해도 우습기만 한 것이 나에게는 연극 소질이 전혀 없는데도 국민학교 1학년 국어 교과서에 나오는 '토끼와 거북이'라는 테마로 연극이 무대에 올려지던 날, 나는 학교 강단 높은 곳에서 머리에 거북이 얼굴을 그린 종이를 쓰고 등에는 거북 판을 메고 기어 다니면서 상대역인 토끼와 무사히 연극을 해 내었던 기억이 난다.

까만 무명천으로 된 긴 커튼을 옆에서 사람이 잡아당기면 무대 위에 있는 우리의 눈앞이 훤해지면서 어머니, 아버지, 할아버지, 할머니, 이웃에 사시는 분들 할 것 없이 조그만 동네 사람들이 마치 시골 장날처럼 모여서 바닥에다 가마니나 그 외에 아무것이나 깔고 앉아서 희미한 등불 아래 우리들이 하는 연극을 보며 박수도 치고 소리도 지르곤 했다.

지금이야 볼거리가 참 많은 세상이지만 그때만 해도 학교 학예회는 손꼽아 기다리던 볼거리였을 것이다. 나는 수줍고 취미가 없다 보니 안 하려고 했을 터이고, 엄마는 또 학교에다 찬조금도 내고 옷도 해 입히겠다고 하셨을 테고, 또 큰딸이다 보니 이것저것 욕심껏 다 시키고 싶어서 거북이역으로 시키셨을 것이다. 이때 거북이역을 했던 것이 이상하게도 고등학교 때 내 별명이 거북이였으며, 국민학교를 졸업할 때까지 등에 네모진 통으로 된 가죽 가방을 메고 다녔는데 위로 젖히는 그 가방 뚜껑에 거북이 그림이 통가죽에 새겨져 있어서 아주 특이한 책가방이었다. 공주로 이사 와서 나 혼자 그 책가방을 메고 다녔으며 또한 아이들로부터 많은 놀림도 받았다.

어쨌거나 어렸을 때 거북이역의 연극을 했던 것이 책가방에 새겨진 거북이와 거북이라는 별명과 상관이 되어 자라면서 거북이를 볼 때마다 많이 생각나게 해 주었다. 그리고 한국에서는 거북이가 아주 드물었고 또 장수하는 동물이라고 하여 아주 귀하게 여기는 까닭에 나도 듣기에 좋았다.

내가 성장한 뒤에도 느끼고 있는 일이지만 엄마는 자식들이 다른 집 애들보다 뒤떨어지는 것을 아주 싫어하셨고 또 언제든지 인사치레를 할 수 있는 정도의 경제력에 힘입어 나를 한껏 내세울 수 있는 한은 내세웠다. 물론 동생들도 나의 뒤를 이어서 그렇게 된 것은 물론이다.

아무튼 연극이 끝나고 무대에서 내려서자 정자언니는 엄마를 따라와서 내가 옷 갈아입는 것을 도와주었는데, 연극 내내 너무나 긴장했고 또 처음 하는 연극이라 어떻게 된 것인지 통 몰랐다. 끝난 후에는 긴장이 풀린 탓인지 몸이 나른해져서 핑계 좋게 언니 등에 업히겠다고 고집을 부려서 정자언니가 나를 업었다. 8세면 그래도 꽤나 무거웠을 텐데….

아무튼 밖으로 나오자 비가 많이 내리고 있어 엄마가 우산을 받쳐 들고 집으로 가려 할 때 학교 운동장은 몹시 소란스러웠다. 서로서로 부르는 소리와 불빛이 희미한 까닭에 신발을 찾느라 뒤죽박죽 엉켜서 소리를 또 질러대고 했다. 조금 춥다고 느끼면서 언니 등에 바짝 엎드린 나는 그대로 잠이 들었는데, 초저녁에 시작한 학예회가 연극과 노래 등 여러 가지를 하다 보니 꽤 늦은 시간에 끝나서 몹시 피곤했던 모양이다.

그리고 다음 날부터는 꽤 신나는 학교길이었는데 그것은 내가 거북이역의 연극을 하여 교내 학생들뿐 아니라 주민들에게도 나를 더욱 알리게 된 결과가 되었다. 나를 모르는 사람이 없을 정도였다.

높은 기와집의 큰딸이며, 아버지는 사업가이셨으며 시내에서 몇 대 안 되는 지프차를 갖고 계셨다. 엄마는 또 늘씬하니 아름다우셨으며 항상 한복을 입고 계셨는데 아버지가 좋아하셔서 그런 건지, 아니면 엄마가 좋아해서 입고 계시는 것인지, 또는 잘 어울리니까 한복 입는 것을 좋아하셨는지 잘 모르지만 아무튼 엄마는 한복이 잘 어울렸고 늘씬하니 키도 컸고 예뻤다.

그 무렵의 빛바랜 사진을 들춰보면 나는 앞머리를 눈썹 위까지 반듯하게 자르고 귀밑까지 옆머리를 반듯하게 내린 단발머리에다, 둥근 칼라의 하얀 블라우스를 입고 그 당시 구레빠(모직)라고 하는 일본이름의 진한 남색 천으로 목 아래를 둥글게 하여 하얀 칼라를 보이게 만들었다. 소매 없이 블라우스와 겹쳐서 입을 수 있게 만든 원피스인데 허리 부분은 반듯하게 내려와서 편하게 해주었고, 허리 아래를 나란히 넓게 주름을 넣어서 걷기에도 편한 옷으로 참 예쁘고 단정해 보였다.

나는 단발머리인데 두 여동생은 짧게 파마머리를 했으며 옷을 셋이서 똑같은 모양으로 입은 모습이 흡사 서양아이들처럼 보였다. 엄마는 짧은 파마머리에다 꽃무늬가 있는 한복을 입으셨고 우리들 딸 셋은 의자에 앉았고 막내 여동생은 아직 어려서인지 엄마 품에 안겨서 찍힌 빛바랜 사진을 나는 지금도 소중하게 간직하고 있다.

그런데 내가 성장하여 이 사진을 보면서 생각난 것이 있는데, 가족사진에서 왜 아버지의 모습을 뵐 수가 없는 것인지? 그 시절엔 사진관에서 사진촬영하는 것이 지금처럼 간단한 일이 아닌데, 엄마가 딸 넷을 데리고 사진촬영이 된 것으로 보아 이미 아버지와는 어떤 거리감이 있었기에 엄마가 딸 넷을 안고 걸리고 하면서 사진관까지 가서 사진촬영을 하신 게 아닌가? 하고 내 나름대로 추측할 뿐이다.

비교적 유복한 생활이라 그런지 그때만 하여도 카메라는 미제가 아니면 없었던 시절이고 사진관도 한 지역에 한곳 정도 있을 때였으니 사진촬영하는 사람도 드물 때였다. 우리의 어린 시절 사진은 두꺼운 종이에다 연월일이 기록되어 있고, 지금 말로 하면 전신 명함판 사진이나 반명함판 사진이 많았다. 흑백사진이었지만 지금까지 흐른 세월에 비춰볼 때 그다지 낡은 것 같지 않은데, 아마도 그때의 약품이나 뭐 다른 무언가가 참 좋았던 것 같다.

그리고 선혜의원 집도 딸이 셋인가 넷인가였는데 아무튼 우리집과 가까이 지냈고 딸들이 우리들처럼 구레빠 원피스에 블라우스도 비슷하고 가죽구두에 양 어깨로 걸머지는 가죽가방을 메고 다녔다. 선혜의원 집 큰딸은 우리보다 나이가 월등히 많았고 딴 지역에서 중학교를 다니는 언니였는데, 눈도 시원하니 컸고 키도 크고 알맞게 보기 좋은 체격에다 단발머리 모습을 하고 있었는데 가끔 그 집에 초대되어 가는 날이면 그렇게 좋을 수가 없었다.

엄마는 미제 제너럴 다리미로 한복을 주름 하나 없이 매끈하게 다리고 또 아버지 양복도 다리곤 하셨다. (그 다리미는 지금도 새

것처럼 그대로 지니고 계시며 계속 사용하고 있다.) 정자언니랑 언니의 어머니인 아주머니는 우리들 네 자매의 옷을 새로 입혀주고 옷 빛깔에 맞추어 타이즈도 신겨주었다. 머리도 예쁘게 땋거나 고르게 빗겨준 후 마지막으로 우리들의 구두와 아버지 구두, 그리고 엄마가 신으실 하얀 고무신이 마루 위에 놓이면 엄마는 수놓은 엷은 하늘색의 양산을 들고 우리들의 손을 잡으셨다.

그럴 때면 언제나 나는 선물꾸러미를 들고 나섰는데 그 안에 무엇이 들었는지 항상 궁금했고, 그 궁금증은 선혜의원 안방에 들어선 후 엄마보다 훨씬 나이 많으신 의원집 아주머니가 선물을 풀 때 그때서야 알게 되었다.

그럴 땐 군침이 돌아서 딴 곳으로 눈 한번 돌리지 않게 되는데, 예쁘게 포장한 종이를 풀면 대개 상자가 나오고 그 상자의 뚜껑을 열면 곶감이 가지런히 예쁘게 놓여 있을 때도 있고, 은행과 실백, 대추 등이 수놓은 듯이 담겨 있을 때도 있다.

또 어떤 때는 입에 넣으면 살살 녹는 그런 서양 음식인지 과자인지 하는 것이 예쁘게 색색으로 담겨 있는데, 집에서 먹던 과자와는 질적으로 다른 아주 고급스런 것들이라 침을 삼키게 했다.

동생들은 가만히 있질 못하고 기어가고 걸어가서 손으로 만지려고 하면 엄마는 아무 소리 안 하고 동생들을 데려다 옆자리에 놓으셨는데, 아버지와 의사선생님은 동생들을 쳐다보고는 연신 껄껄대고 웃으시곤 했다. 때맞추어 키 큰 선혜 언니랑 그 동생들이 방에 들어오면 갑자기 방안이 시끌벅적해지는데, 여자아이들만 7~8명이 모였고 어른들이 4명이니 큰 잔치나 진배없었다.

의원집 아주머니가 접시에 음식을 담아서 내 주시고 그 집에서 일하는 언니가 식탁으로 들고 오면 우린 그때부터 신나는 식사시간이고 어른들은 식탁에서 얘기꽃을 피웠다. 식사 후에는 소리도 지르며 뛰어다니고 책장이랑 병원 집기가 있는 방으로, 또 긴 복도를 지나 몇 개나 되는 방들을 앞서거니 뒤서거니 뛰어다니다 또 넘어지곤 했다.

어느 방에선가 금속제품이 가득 있는 방이 있어서 호기심에 몰래 들어갔더니 집게 같은 것이 있고 조그마한 손가위와 붕대, 약, 그리고 이름 모를 이상한 글씨가 조그맣게 써있는 병들이 찬장에 가득했으며, 이상하고 톡 쏘는 냄새였는데 아마 소독약 냄새였으리라. 왠지 무섭고 이상하여 얼른 방문을 닫고는 동생들이 있는 곳을 찾아 막 뛰어갔던 것이 생각난다.

그렇게 한없이 방마다 뛰어다니고 정원을 몇 바퀴나 돌고 나면 허기가 졌는데 저녁상에는 으레 의사선생님과 우리 아버지가 일을 마친 후 함께 참석하셨다. 늦게까지 식사하고 과일 먹고 하면서 놀다 보면 우리들은 잠잘 시간이 되어 오는데도 선혜 언니네 동생들과 쉴 새 없이 지껄이고 깔깔대었다.

우리들보다 선혜 언니네 동생들이 나이가 많았던 까닭인지 서로가 다툰 기억은 없고 참 의좋게 지냈던 것 같다.

늦은 시간 아버지와 엄마의 팔에 안긴 동생과 나는 손을 꼭 잡고 아버지의 자동차로 집에 돌아오기 마련이었다.

그 후 며칠간은 우리 자매들에게 얘깃거리가 수두룩했는데 서로가 그 집에서 본 것과 꽃밭 얘기, 또는 많은 방이 있고 그 방들에는 각각 다른 물건들이 있다는 것과 의사 선생님이 머리에 쓰는 거울 달린 것이 어떻더라는 둥, 네가 본 것이 틀리고 내가 본 것이 맞다는 둥, 서로서로 열을 올려 얘기하기에 바빴다.

어느 해, 어느 시점인지 기억나지는 않지만 한번은 심하게 발을 다쳤던 기억이 나는데 그것은 우리 집 안에서 놀다가 일어난 일이었다. 마당 한쪽의 쌀 창고 옆에는 쓰다 남은 나무와 연장을 넣어두는 창고가 있는데, 그곳의 문을 항상 자유로이 열고 닫을 수 있었던 것이 문제였던 것 같다. 하루는 친구들과 그 창고 안에 들어가서 여러 가지 신기한 것들을 함께 만져보고 또 나무 쌓아둔 곳을 오르던 중 빨리 오르려는 욕심에 앞뒤를 제대로 안 보고 그냥 막 올라가려는데 갑자기 바른쪽 발이 넓은 나무 위에서 떨어지질 않았다.

그래서 나는 발이 나무 사이에 끼어서 그러나 하고 아래로 눈을 돌려보니 바른쪽 발바닥이 통나무 위에서 떨어지질 않는 것이었다. 힘을 주어 다리를 움직이려 하니 바른쪽 무릎도 아프고 발목도 아파오는 것이 움직일 수가 없었다. 그래서 막 소리 내어 울었더니 옆에서 함께 놀던 친구들이 갑자기 조용해지면서 내 주위로 몰려왔고 내 발바닥에선 피가 보이기 시작했다. 나는 그다지 아픈 건 못 느끼고 있었는데 피가 나오니까 더욱더 크게 소리 지르며 울었다.

친구 몇 명이 놀라서 뛰어나가며 소리 질렀다.

"선영이가 다쳤어요. 발에서 피가 막 나요!"

집안에 있던 엄마와 아주머니 그리고 정자언니가 버선발로 뛰어나왔다. 나의 발은 더 아파왔고 엄마가 보시더니 놀라는 표정이었다.

"이게 웬일이냐 그래? 집안이 넓은데 왜 하필이면 연장 창고에까지 들어와서 놀게 뭐야? 얼마나 노는 데 정신이 팔렸으면 제 발에 못에 박히는 것도 모르다니, 에그, 이 답답한 것아!"

정자언니를 급히 의원집으로 보냈고 나를 그 자리에 앉게 한 후 눈물을 닦아주셨다. 그리고 얼마나 지났는지 시끄러운 소리에 깨어났는데 의원 아저씨와 까만 가방, 간호원 언니의 하얀 옷이 보이고 어른들이 왔다 갔다 하는 것이 보이고 그 사이로 또 친구들이 보였다.

"못을 빼내려면 의원으로 옮겨야 합니다. 빨리 서두르시죠."

큰 못이 바른쪽 발 가운데를 찔렀는데 그 못은 얇은 나무판의 중간에 박혀서 끝의 날카로운 부분이 내 발바닥을 찔렀던 것이다. 나무판의 못이 발바닥에 찔려 있으므로 나무의 양 옆을 톱으로 자른 후 일단 방으로 옮겨진 후 의식을 잃은 것이었다. 나무토막을 발 아래에 매달고 의원에 도착한 나는 피를 많이 흘려서 그런지 위에 매달린 큰 병의 호스를 따라 주사기가 팔에 꽂혀 있었는데, 그 후 잠에서 깨어났더니 바른쪽 발에 가로로 붕대가 잔뜩 감겨있고 무릎에서부터 발끝까지 아팠다.

아버지는 그때 조금 먼 곳에서 일을 하고 계셔서 연락이 안 되었고 또 자동차 없이 집에 가려니 엄마와 아주머니 또 정자언니가 번갈아가며 나를 등에 업고 집에 가야 했다.

그 후로 연장창고에는 커다랗고 둥근 까만색의 자물통이 채워졌다. 온 동네에 그 소문이 퍼져서 한동안 시골동네에 화젯거리가 되었다.

어려서부터 유달리 여자친구, 남자친구 가릴 것 없이 골고루 친하게 지내다보니 방안에서만 노는 조용한 여자아이들과는 다르게 자랐던 것 같다. 우리 집 담장에서 멀리 내려다보면 신작로가 곧게 한일자로 뻗어 있는데 그 길의 왼쪽으로 계속 가면 우람하고 큰 나무가 길 양쪽에 많이 있어서 사철 지루하지 않게 학교를 다닐 수 있었다. 봄이면 새잎이 푸릇푸릇 돋아나 새 옷을 입은 것 같이 보이고, 여름이면 진한 녹색 드레스로 바꿔 입고, 가을이면 또 울긋불긋 색동옷으로 입고, 겨울이면 옷을 훌훌 벗어버리고 긴 잠에 들어갔다가 다음해 봄이면 어김없이 새 옷을 준비하는 내 어린 시절 추억의 나무였다.

어느 해였던가? 길가에 가로수가 울긋불긋 화장한 여인네처럼 치장하고 있을 때였다. 가로수 사이의 어디쯤엔가 왼쪽으로 난 조그마한 길이 있었는데, 그 길은 내리막길이었고 20보 가량 내려가면 넓은 운동장 같은 공터로 연결되었다. 그 옆으로는 큰 방앗간이 있었고 붉은 감이 주렁주렁 매달린 감나무가 드문드문 있으며 초가집이 몇 채 모여 있는 한적한 곳이었다.

그곳의 공터가 방앗간 집 소유였는지 방아를 기다리는 볏단을 쌓아두기도 하고 또 한쪽에는 타작기가 있었다. 그 옆으로 볏짚을 쌓아 놓았는데 벼 줄기의 아랫단을 고르게 한 묶음씩 새끼줄로 단단히 묶어서는 벼 줄기 아랫단을 안으로 향하게 놓고 둥글게 돌아가면서 볏짚을 쌓아 놓은 곳이 우리 친구들에겐 최고의 놀이터가 되었다.

토요일, 학교가 파한 후 따스한 가을 햇살 아래 일찍 집에 가면 심심하니까 많은 학교 친구들이 집으로 돌아가는 길에 그곳에 모였다. 물론 학교친구가 동네친구였지만 먼 지역에 사는 학교친구들은 집이 먼 관계로 일찍 돌아간 후, 우린 그곳으로 몰려가 처음엔 몇몇이 술래잡기 놀이와 구슬치기, 땅뺏기, 사방치기, 고무줄 놀이, 새끼줄 넘기 등등 무궁무진한 우리들의 놀이를 하다가 해 질녘이 가까워지자 많은 숫자가 줄어들었다.

그래서 남은 7~8명의 친구들끼리 술래잡기를 하기로 했는데 가위 바위 보를 하여 진 사람이 술래가 되어 두 손으로 눈을 가리고 열을 세는 동안 나머지 사람들은 꼭꼭 숨어야 한다. 혹시 머리카락이나 치마 끝, 또는 저고리의 소매 끝이 술래의 눈에 띄면 술래가 살그머니 그 자리로 가서는 "잡았다!" 하고 등을 치거나 어깨를 치면 잡힌 사람이 다음 술래가 되어 열을 세면서 놀이가 계속되는데 아주 재미있어서 시간 가는 줄 몰랐다.

두 번짼가 세 번째까지도 나는 잡히지 않았는데, 이번엔 아무도 생각해 내지 못하는 기발한 곳에 숨을 작정으로 볏짚 쪽으로 발을 옮겼다. 벌써 술래는 절반 넘게 숫자를 세고 있었고 나는 둥글게 쌓아놓은 볏짚 사이로 머리를 넣고는 양쪽 어깨에 멘 가방의 끈을 빼내느라 진땀을 뺐다. 가방을 먼저 어깨에서 내려야 하는데, 급한 마음에 가방을 어깨에 멘 채로 볏짚 사이로 밀고 들어간 것이었다.

생각 끝에 책가방을 어깨에서 내려 볏짚 사이에 낀 아랫배에 대고는 다리에 힘을 주고 허리를 굽혀 앞으로 무조건 돌진했더니 일단은 성공이었다. 그리고 뚫린 볏짚을 안에서 막아놓으니 갑자기 그 안은 캄캄해졌고 땅에서 올라오는 흙냄새와 짚더미 냄새뿐, 보이는 것도 없고 술래가 몇 번을 세고 있는지 들리지도 않았다.

볏짚을 둥글게 원추모양으로 쌓아 놓은 까닭에 그 안은 둥글게 땅 모양이 나 있었고, 위로는 자꾸 좁아지면서 막혀 있어서 약간 어두웠지만 혼자서 앉아있기에는 넓은 땅이었다. 그러나 술래가 나를 찾지 못할 것이라고 생각하며 들떴던 마음도 잠시뿐, 술래의 목소리나 아이들의 떠드는 소리 등 무엇 하나 들리지 않으니 슬며시 겁이 났고, 나 혼자라는 생각이 들자 날이 어두워졌을 텐데 하는 생각과 더불어 어찌나 겁이 났던지….

애들 이름을 하나하나 소리 내어 불러도 내 귀만 멍멍 하고 대답소리가 하나도 없었다. 또 해가 져서 그런지 가을저녁의 한기가 땅에서 올라와 춥기까지 하니 무서운 생각에 바짝 쪼그리고 앉아서 엉엉 울었다.

점심도 안 먹은 것이 생각났고 저녁 또한 못 먹었으니 허기진 배가 휘어질 것 같았다. 놀 때는 배도 안 고팠는데 이렇게 앉아있으니 뱃속에서 꼬르륵 소리만 들려왔으며 춥고 배고픈 데다 힘이 없어서 눈물도 마를 지경이었다. 볏짚 속 차가운 땅바닥 위에 앉아 울고 있었으니, 그곳은 저녁이면 지나다니는 길도 아니고 약간 외진 곳의 공터라서 혹여 그 속에서 소릴 지른다 해도 그 옆에 사람이 서 있기 전에는 들릴 리가 없는 곳이었다.

어떻게, 얼마만큼의 시간이 지났는지 모르겠지만 춥고 배고프고 또 몸과 마음이 지쳐 쓰러진 채로 잠이 들었던 모양인데 웅성웅성 떠드는 소리에 깨어나 보니 횃불인지 불빛이 희미하게 비추고 있기에 있는 힘을 다해서 소리소리 질렀다.

"나 여기 있어요! 나 여기 있어요!"

그러자 잠시 후 내가 있는 곳으로 사람들이 몰려들었고 떠들썩한 소리와 불빛, 그리고 선영아! 선영아! 하는 여러 소리들이 막 섞여서 들려왔다. 그중에서도 엄마 목소리를 잘 알아들을 수 있었고 아버지 목소리와 아줌마, 언니의 목소리를 들으니 살 것만 같았다.

잠시 후 볏짚이 사람들 손에 의해 다른 곳으로 옮겨지고 지쳐서 쓰러진 채 책가방을 꼭 안고 있는 나에게로 사람들이 몰려왔다. 엄마는 나를 안고 엉엉 소리 내어 울었고 아버지는 내 등을 토닥거려 주시면서 묵묵히 서 계셨는데 그때 하늘엔 밝은 보름달이 둥실 떠서 공터를 메우고 있는 사람들의 얼굴을 밝게 비추고 있었다.

엄마 품에 안겨 바라보았던 그때의 그 서늘하기까지 했던 밝은 달을 나는 오랫동안 내 가슴에 품고 있으며 지금까지 보아왔던 달 중에 가장 밝았던 달로 기억한다. 엄마가 나를 등에 업고 거북이가 새겨진 책가방은 아버지가 드시고, 또 호롱불을 든 정자언니가 앞에서 길을 비추면서 집으로 향해 밤길을 걸었는데 아마도 꽤 쌀쌀한 것이 새벽이었는지도 모르겠다. 아무튼 참으로 밝은 달밤이었다.

엄마 등에 업혀서 집으로 오면서 달빛이 이렇게 밝은 것을 처음 알았고, 하얀 신작로 길이 밤에 보니 더욱 멋있어 보였으며, 나무들은 더욱 검게 보여서 조금 무서웠다.

집에 도착하니 의원 아저씨가 급히 오시느라 고무신을 신고 뛰어오셨다며 기다리고 계셨다. 여기저기 맥도 짚으시고 청진기로 듣기도 하시면서 별일 없을 것 같으니 재우라고 하셨는데 가족들을 만나니 마음이 놓인 탓인지 그 후로 오랫동안 잠을 잤다고 한다.

나중에 깨어나서 엄마랑 언니랑 아줌마가 얘기하시는 것을 들으니, 토요일이라 학교가 끝난 지 오래되었는데 내가 안 오기에 처음엔 친구들과 어디서 놀다가 오겠지 하고 생각했단다. 저녁때가 돼도 안 오자, 그때는 문둥이가 참 많았는데 혹시 문둥이가 데려갔나 하고 걱정이 되어 정자언니가 나를 찾아 나섰단다. 옆집에 사는 남자아이한테 물어보니 함께 공터에서 놀다가 그 애는 일찍 집에 왔고 거기서 아직 노는 애들이 있다고 하더란다. 정자언니가 공터까지 갔으나 아이들이 없어 집에 돌아가 아이들이 없다고 말하자 난리가 났던 것이다.

그래서 처음엔 바닷가 쪽으로 횃불을 들고 온 동네 사람들이 찾아 나섰으며 다시 공터로 와서 한 바퀴를 돌았는데 볏단 속은 감히 생각지도 못했다고 한다. 그러다가 내가 소리 지르는 걸 듣고는 모두들 놀라워했는데 문둥이가 데려가서 창자를 빼 먹었을지도 모른다는 생각이 제일 지배적이었다고 한다.

50년이 지난 지금도 가끔 그때를 떠올릴 때가 있는데, 그때마다 가장 강하고 뚜렷하게 나의 뇌리에 다가오는 것은 그때, 볏단 속에서 나온 후 싸늘한 가을밤에 엄마 등에 업혀서 바라보았던 밝은 달빛이었다.

지금 생각해 보면 추석이 다가올 무렵이거나 추석이 지난 때였을 거라는 생각이 드는데 달이 그렇게 밝았던 까닭이다. 그리고 공터에 타작할 볏단을 높게 쌓아 둔 것이 달빛을 받아 밤에도 그늘을 만들 수 있다는 것을 그때 깨달았던 것이다.

그 무렵 아버지는 바다에 둑을 쌓는 제방공사가 잘되어 몇 군데서 사업을 하게 되었는데 자연히 바쁜 관계로 집에 계시는 날이 드물었다. 덕분에 엄마나 아주머니 그리고 정자언니가 조금 편해진 셈이다. 집 근처 바다에서 공사가 진행 중일 때면 당연히 집에서 모든 걸 준비해 가지고 바닷가 공사장까지 음식을 날랐는데 무척 힘든 일이었다고 지금도 기억한다.

마당가에 큰 돌을 몇 개 둘러놓고 그 위에 큰 가마솥을 걸쳐놓은 후 장작불을 지펴서 밥을 했다. 그리고 무를 네모지게 큼직큼직하니 썰어서 냄비에 담고 그 위에 생선을 토막 내어 담은 후 양념간장을 하여 조려낸 생선조림과 김치 콩나물국 그리고 가장 중요한 것은 반드시 막걸리를 큰 주전자나 큰 통으로 몇 개씩 준비해야 했다. 음식 준비가 끝나면 넓은 양푼에 반찬 담은 그릇과 수저, 젓가락, 밥공기 등을 넣어 밥상보로 덮은 후 수저 몇 개를 상보 위에 올려놓으면 밥상보가 날아가지 않았다.

이렇게 준비된 큰 양푼은 아주머니 담당이고 정자언니는 큰 막걸리 주전자나 과일 바구니를 들고 두 분이 다녀오게 돼 있는데, 아주머니는 양푼을 머리에 올리기 전에 수건을 길게 돌돌 말아서는 다시 그것을 둥글게 둥지를 틀어 머리에 얹고는 양푼을 그 위에 올려서 한손으로 잡고 갈 때도 있고, 또 어떤 때는 큰 양푼을 잡지 않고도 반듯하게 잘 걸어가셨다.

그때마다 엄마는 웃으시며,

"양산 댁, 내가 자네 재주를 알고 있으니 그래도 두 손으로 꼭 잡고 가시는 게 마음에 놓여요"라고 하셨다.

무겁고 큰 양푼을 머리에 얹고는 손으로 잡지도 않고 어떻게 걸어갈 수 있는 건지 나는 항상 궁금했다. 어떤 때는 정자언니가 해본다고 하다가 잘 안 되니까 하는 말이, 아직 어려서 안 되는 모양이라고 하여 모두가 웃은 적이 있다.

가끔 저녁때면 정자언니하고 악극단 구경을 나갔는데 언니 혼자 나가기가 미안해서 나를 데리고 나가는 것 같았다. 또 동생들이 셋이나 되므로 나 한 사람 정도는 데리고 나가야 집에서도 편했을 것이다. 정자언니를 따라간 그곳에는 큰 천막을 쳐 놓았고 안의 바닥에는 가마니를 쭉 깔아놓았는데, 가마니 위에 앉는 사람이 많을 때면 뒤에 서서 구경을 했다.

그날, 뚱뚱이와 홀쭉이, 백금녀, 후라이보이 등이 왔고 노래하는 사람도 있었다. 어른들이 빽빽하게 서 있어 앞에서 무엇을 하는지 아예 나한테는 보이지도 않았고 어른들 옷 속에 가려서 쿵작쿵작 노랫소리와 말소리만 들릴 뿐이어서 지루했다. 또 오줌이 마려운데 바깥에 나가면 정자언니를 잃어버릴 것만 같아서 참고 참다가 아래를 내려 보니 그곳은 가마니가 깔려있질 않아서 그 자리에서 치마를 걷어 올리고 쉬를 할 수밖에 없었는데, 그래도 누구 한 사람 보는 이가 없었고 또 알지 못했다. 나한테는 아무것도 보이지 않았고 또 볼 수 없는 것을 알면서도 정자언니가 나갈 때면 꼭 따라가곤 했는데 그냥 따라가는 것이 즐거웠다.

언제였나? 아버지가 일하시는 곳이 궁금했고 또 보고 싶어서 엄마를 졸라 몇 차례 가본 적이 있다. 술 주전자를 들고 갈 때도 있었는데 무거워서 많이 들어본 기억은 없고, 간식으로 막걸리에 곁들인 안주로 돼지고기를 큼직큼직하게 썰고 감자, 두부, 김치, 파, 계란을 큰 냄비에 차례로 넣어서 끓인 찌개를 가지고 가면 일하시는 아저씨들 모두가 아주 좋아하셨다.

검푸른 바닷가의 하얀 백사장 위에 또는 큰 돌 위에 앉아서 이마에 땀방울을 닦아내며 누런 막걸리와 찌개를 맛있게 먹는 모습이 어찌나 맛있어 보이는지 나는 그곳에서 또 밥을 먹곤 했다. 내가 엄마를 따라 아버지가 일하시는 곳에 나갈 때마다 아버지는 늘 말씀하셨다.

"엄마 일을 도와주니 착하고 또 이런 데 나와서 바다도 보고 아저씨들 일하시는 것을 보는 것도 괜찮은 거다."

그러다가 비가 오면 공사는 중단되고 일하던 장소를 가마니나 넓은 나무판으로 올려서 덮고는 그 위에 큰 돌로 눌러 놓아야 했다. 여름철 장대 같은 비가 계속되면 일을 못하게 되며 바다는 물이 불어서 백사장을 다 덮어버리기도 했고 또 무서운 파도가 높이 치솟아대면 우리는 꼼짝 못하고 집안에서만 놀아야 했는데 물론 비가 심하게 오면 학교도 쉬기 때문이었다.

이럴 때면, 축음기를 틀어놓고 아버지는 엄마 손을 잡고 춤을 추시는데 이제 갓 배우기 시작한 거라 발이 잘 안 맞고 그나마 엄마는 더 못하시는 춤이라 서툴렀다. 또 가끔 아버지의 큰 발 위에 내 발을 올려놓고는 손을 잡고 같이 하나 둘, 해가면서 빙글빙글 춤을 추었다.

나는 아버지가 매일같이 집에 있어 주었으면 했다. 아버지가 집에 계시면 항상 손님이 많이 찾아왔고, 또 카메라로 사진도 찍어 주시고 망원경이나 만년필 등 귀한 것을 볼 수 있어서 좋았으며, 나무판 위에 작은 알처럼 나무로 깎아 만든 주판으로 계산을 하시고 또 큰 종이 위에다 설계하시는 모습을 볼 수 있어서 아버지 옆을 졸졸 따라다녔다.

그때마다 아버지는 내가 알아듣지 못한다는 것을 알면서도 찬찬히 설명해 주셨는데, 아버지 옆에서 담배 냄새를 맡으며 또 파이프에서 나오는 연기가 허공에다 뭉게구름으로 그려내는 그림을 바라보는 것이 좋았다.

보통 우리 집에서는 아침식사가 끝난 후 설거지를 하면서 다시 점심 준비를 해야 하는데 현장에서 일하는 사람들의 점심준비를 하는 것이 꼭 잔칫집처럼 일거리가 많았다. 엄마와 아주머니, 정자 언니 이렇게 세 분은 항상 발목까지 내려오는 길고 흰 앞치마를 허리에 꼭 묶고는 마당 한쪽에 둥글게 돌로 쌓아서 만든 곳에다 장작불을 지피고 큰 가마솥에다 밥을 했다. 손풍기라고 해서 손으로 돌려서 바람을 내게 하는 풍로를 이용해서 국도 끓이고 반찬도 만들고 했다. 아버지가 일하시는 바닷가까지 걸어서 가는 시간도 있고 해서 서둘러 해야만 겨우 점심시간에 맞추었다.

육체노동을 하는 사람들이라 밥을 큰 양재기에 꾹꾹 눌러가며 소복하게 퍼서 담아주어도 또 더 먹는 게 보통이었는데 그때는 쌀이 귀할 때라 집에서 식구들끼리 밥을 먹을 땐 쌀로만 밥을 했고, 밖에 가지고 나갈 때는 많은 인부들의 밥을 해야 하므로 미리 삶아놓은 보리쌀을 가마솥의 아래에 깔고 그 위에 쌀을 얹어서 밥을 한 후, 밥을 그릇에 담을 때는 쌀과 보리쌀을 주걱으로 섞어서 담아내셨다.

학교에서 소풍을 이곳 바닷가로 온 적이 있다. 1학년 때인지 2학년 때인지 자세히 몰라서 지나간 나의 어린 시절의 흑백사진을 꺼내어 년도수를 맞추어 보았다. 묵은 사진첩에서 찾아낸 가로 4cm, 세로 3.5cm 정도의 조그마한 흑백사진 2장이 지금도 아주 또렷하게 잘 보였다. 사진 뒷면을 보니 연도수는 기록되어 있지 않고 초등학교 1학년 때 담임선생님과 친구들이라고만 적혀있는데 연필 글씨가 아주 희미했다.

기암괴석이 있는 큰 바위를 뒤로하고 8명은 뒷줄에 서고, 앞줄 8명은 쭈그리고 앉아 있거나 땅바닥에 엉덩이를 대고 앉아 있으며, 바른쪽에는 예쁜 여선생님이 무릎 아래까지 내려오는 까만색의 한복치마에 흰 저고리를 입고 긴 머리는 뒤로 넘겨서 땋은 머리를 하고는 돌 위에 앉아있는 모습이 참 이색적이다.

나는 앞머리를 반듯하게 눈 위에까지 내리고 뒷머리는 귀 위로 짧게 자른 것이 지금 말로 하면 커트머리같이 보인다. 바지와 스웨터를 입었는데 특이한 것은, 다른 친구들은 서 있을 경우 두 팔을 반듯이 내리고 차렷 자세로 서 있거나 열중쉬어 자세로 서 있는 게 대부분인데 나는 앞줄 왼쪽 두 번째에서 무릎을 세우고 팔짱을 낀 채로 쪼그리고 앉아있는 모습이 꽤 특이하고 멋있어 보인다.

또 다른 한 장의 작은 사진을 보니 둥근 식탁처럼 생긴 바위 끝에서 여선생님 두 분을 중심으로 학생들이 양쪽으로 서있는 사진인데, 나는 담임선생님 바로 옆에 서있고 내 옆의 여자 친구들은 저희들끼리 어깨동무를 하고 있거나 또는 손을 잡고 서 있는데 나만 유난스레 아무의 손도 안 잡고 어깨동무도 안 하고 선생님 옆에서 뒷짐 지고 서 있는 모습이 다른 한 장의 사진과 비슷한 점이 있다.

어려서부터 누가 나의 어깨에 손을 대거나 손을 잡거나 옆에서 상대의 체온이 닿기만 해도 얼른 비켜나곤 했는데 왜 그랬는지 잘 모르겠다. 사진에서도 보면 혼자 쪼그리고 앉아서 팔짱을 끼거나 팔을 허리 뒤로 돌려서 손을 맞잡거나 하여 혼자 서 있거나 앉아있거나 했다.

중·고등학교 다닐 때는 이런 증세가 더욱 심하여 옆에서 다른 냄새만 나도 얼른 피하곤 했는데, 이유는 없고 후각이 예민한 관계로 냄새를 피하느라 그랬으며, 또 다른 사람과 손을 잡거나 하면 언제쯤 손을 풀어야 할지 신경이 쓰이므로 귀찮았고 또 공연히 거치적거린다고 느꼈던 것이다.

어린 시절 사진을 보면 8, 9세 때부터 그런 조짐이 보였는데 그 대신 마음씨는 한없이 고왔던 것 같다. 속없고 뼈 없이 착하다는 말도 있듯이 좋은 일이면 다음을 생각 안 하고 그때 상황에 맞춰서 실행해 버렸다.

그 시절엔 학교 갈 때 도시락을 준비해 가야 했는데, 나는 항상 쌀밥에 쇠고기 장조림이나 김구이 또는 계란말이와 생선구이 등 맛있는 것으로 바꿔가며 도시락을 준비해 갔다. 친구들의 도시락 통은 나와 다른 커다랗고 누런 빛깔에다 도시락 통 안에는 시커먼 보리밥과 한쪽엔 된장이나 퍼런색의 김치 그리고 무장아찌가 대부분이었다.

엄마는 내 도시락에 밥을 조금 담고 반찬은 싱겁게 해서 많이 준비해 주셨는데 점심시간이 되면 담임선생님은 교단 앞 선생님 책상에서 우리들을 향해 도시락을 풀고 식사를 하셨다. 우리들은 각자 자기 자리에서 밥을 먹게 되는데 다른 친구들은 도시락을 책상 위에 올려놓지 않고 무릎 위에 도시락을 올려놓고 고개를 숙인 채로 밥을 먹는 모습이 보기에 참 안 좋았고, 나만 책상 위에 도시락을 올려놓고 밥을 먹으니 그것도 이상했다. 그러면 선생님께서는 전선영처럼 책상 위에 도시락을 올려놓고 자세를 반듯하게 하고 식사를 해야 좋다고 늘 말씀하셨다. 그러면 친구들은 도시락을 올려놓기는 해도 왼손으로 도시락을 가리고 밥을 먹는데 서로가 부끄러워서 그러는 것 같았다.

나는 친구들과 함께 밥을 먹고 싶은데 어떻게 해야 같이 밥을 먹을 수 있는지 생각이 안 났으며 또 친구들이 나를 대할 때 좀 어려워하는 것 같았다. 생활 형편이 서로 다르다 보니 자연히 그렇게 된 것인데 나는 어떻게 해야 여러 친구들과 친하게 지낼 수 있을지 생각하게 되었다.

그래서 정자언니나 아줌마한테 반찬을 많이 준비해 달라고 말했더니,

"그만하면 많은데 웬 반찬을 많이 싸달라고 하느냐!"라고 하셔서, 그저 맛이 있어서 그러는 거라고 했고, 점심시간 때면 반찬을 풀어서 친구들과 함께 먹었다. 그러자 친구들은 내 밥도 먹어보고 싶어 하기에 또 먹으라고 했더니, 몇 명이 한 숟갈씩만 떠도 밥은 금방 바닥이 나 버렸고 반찬 역시 맛있으니 금방 바닥이 났다. 그러고 나면 나는 또 굶는 것이었다. 나는 원래 성격이 왜 그랬는지 내 것 말고 남의 것을 함부로 대하지도 못하고 또 내 밥을 친구들이 먹고 난 후 자기들이 준비해온 도시락을 또 먹었는데, 난 배가 고파도 달라는 소릴 못했다. 내 밥을 주고도 달라는 소릴 못할 뿐더러 우리 집 식구들한테 내 밥을 먹었다는 얘기도 못하게 했다.

그러자니 학교가 파한 후 집에 와서는 허겁지겁 밥 먹기가 바빴고, 엄마가 알까봐 몰래 부엌에서 밥을 찾아 먹다가 정자언니나 아주머니에게 몇 번 들킨 적이 있다. 나중에는 엄마도 집에 와서 밥 먹는 것을 알게 되었고 또 옆집에 사는 친구를 찾아가서 엄

마가 알아보셨단다. 밥을 싸 가지고 학교에 가서는 친구들한테 다 먹이고 배를 곯다가 집에 와서 몰래 먹는다는 사실을.

그 후로 반찬을 친구들 수준처럼 할 수 없어서 조금 낮추어 준비하고, 밥에다 보리쌀을 섞어서 도시락 준비를 해 주었는데 그래도 여전히 학교에선 내 도시락이 친구들에게 인기였다. 또 나는 친구들이 먹는 누런색 보리밥이 왜 그렇게 먹고 싶었는지, 한 번도 안 먹어본 것이라서 호기심에 그랬던 것 같다. 옆자리 친구에게 부탁하여 도시락을 바꾸어 먹자고 해서 보리밥을 장아찌와 함께 먹어보았는데 껄끄러운 것이 맛도 없고 장아찌는 짜기만 한 것이 먹을 수가 없었다. 친구는 내 도시락을 거뜬히 다 먹어치운 뒤였다.

그래도 다음에 또 먹어 보려고 부탁을 했더니,

"네 엄마한테 밥을 바꿔 먹으면 나 혼나, 인제는 안 바꿔 먹을 거다." 그러면서 자꾸 말해도 안 된다고 고집을 부렸다.

그 친구가 자기 엄마한테 내 밥하고 바꿔 먹은 것을 얘기한 모양인데, 그 말을 들은 친구 엄마가 그러면 못쓴다고 하면서 바꿔 먹지 말라고 했단다.

아무튼 그때부터는 내 도시락을 혼자서 먹어야 했다. 그리고 옷이고 운동화고 무엇이든지 내 것은 다 비싸고 좋은 것이라 친구들이 예쁘다고 부러워하면 신도 벗어주고, 친구의 헌신을 신고 집에 돌아갔으며, 새 옷도 물론 친구의 헌 옷으로 바꿔 입고, 책가방이나 필통 할 것 없이 달라고 하면 다 주고는 친구들이 쓰던 낡은 것을 갖고 다녔다.

그러자 엄마는 지치셨는지,

“네 팔자는 거지 팔자라야 되는 건데 잘못된 것 같다. 제발 좀, 네 것을 챙기고 다녀라.”

미제 크레용은 빛깔도 더 많고 크기도 더 큰 것이 잘 부러지지도 않아 좋은 건데, 아무튼 무엇이든 간에 나는 나누어 쓰고 또 주고 싶고 그랬다. 친구들이 갖지 못한 것이 안타까웠던 것이다.

어느 날 저녁식사 후 엄마는 나의 이러한 성격을 아버지한테 세세히 얘기하시며 못마땅해 했으나 아버지는 역시 남자라 그런지 생각하시는 것이 달랐다.

“선영이는 이담에 자라서 사회사업가가 될 소질이 다분하구나. 너 이담에 커서 국회의원 하려고 지금부터 길 닦는 거니? 하하하!”

나는 그때 그게 무슨 말인지 잘 몰랐으나 자란 후에 엄마로부터 어린 시절 그랬었다는 얘길 듣고는 내가 자랑스러웠고 참 좋았던 기억이 지금도 새롭다.

59년 늦가을이거나 초겨울로 생각되는 어느 추운 날, 엄마와 우리 네 자매는 큰 배를 타기 위해 바닷가로 향했다. 아버지가 다른 여자를 알게 되어서 아버지만 이곳 진교면에 남아 계시고(또 아직 사업을 하고 계셨으므로) 충남 공주라는 아주 먼 곳에 엄마 친정이 있어서 그곳으로 이사를 가게 된 것이다.

아버지는 아들을 기다리고 계셨는데 엄마가 딸만 넷을 낳자 엄마한테서 희망이 보이질 않아 다른 여자를 알게 되어 살림을 또 차렸다고 한다. 그 지역에서 돈 많고 젊은 사업가였으니 여자는 많았으리라. 그리고 그때는 돈 있는 남자들이 여자들을 몇 명씩 두고 살던 때라 그리 흉허물이 되지 않던 시절이었다. 그러나 자존심 강한 엄마 성격에 같은 동네에서 살기가 남부끄럽고 해서 우리들을 데리고 친정으로 이사를 하게 된 것이다.

정자언니랑 아줌마와는 자연히 헤어지게 되었는데, 특히 정자언니는 우리와 함께 가고 싶어 했으나 함께 갈 형편이 못 되니 이곳에서 결혼하고 사는 게 나을 거라고 하시면서 엄마는 그동안 고마웠노라고 거듭 인사를 하셨다.

그때, 우리 집에는 누군가가 선물한 진도개가 한 마리 있었는데, 귀가 쫑긋하니 크고 새카만 눈이 무척 선량해 보이는 누런 황금색으로 귀티가 나는 순종 진돗개였다. 이사할 때 메리라고 부르는 이 개를 데리고 가야 하는데 나무로 네모진 상자를 크게 만들어 위쪽으로는 성글게 맞추어 공기가 통하게 만들었다. 또 앞에는 문을 열고 닫을 수 있게 만들어 개가 밥을 먹을 수 있게 양재기 하나를 그 안에 넣어두고, 한 쪽엔 변을 볼 수 있도록 모래를 판에 담아서 넣어두었는데 메리의 임시 숙소인 셈이었다.

바닷가로 나가는 길을 동네 어른들과 학교 친구들이 함께 걸었는데 모두가 섭섭해 하는 표정이었으며 가서 잘 살라고 몇 번이나 당부들을 했다. 정자언니랑 아주머니는 연신 소맷자락으로 눈물을 닦고 있었으며 의원집 아저씨와 아주머니 그리고 언니와 동생들은 부둣가로 나와 있었다.

큰 배를 타고 꼭대기 난간에서 바다를 바라보니 무시무시했다. 철썩 철썩 하는 소리와 남빛 바닷물을 바라보니 진짜로 멀리 떠나는구나 하는 생각에 엄마와 동생들 모두 그렇게 배 꼭대기의 난간에서 사람들이 안 보일 때까지 손을 흔들며 오랫동안 바닷바람과 함께 넓은 바다를 보며 서 있었다.

지난해 여름 바닷가에서 친구들과 물장난치고 놀던 때가 생각났다. 사다리처럼 만든 높은 데로 올라가면 그 아래는 시퍼런 바닷물이 보였으며 친구들은 허리를 굽혀서 다이빙을 잘 했는데 나는 아래를 바라보다가 무서워서 뒤로 돌아서 내려오고 말았다. 그러다가 또 한번 올라가서 뛰어내릴까 말까 하며 무서움에 망설이고 서 있는데, 뒤에서 누군가가 나를 떠밀어 엉겁결에 뛰어내렸으나 놀라서 소릴 지르고 난리를 피웠다.

그런 다음부터 겁을 먹고는 아예 올라갈 생각도 못했는데 시퍼런 바닷물이 그렇게 겁나고 무서웠다. 그러나 바닷물이 빠져 나간 뒤 갯벌에서 조개도 줍고 손을 물려가면서 조그만 게를 잡는 일은 참 재미있었다. 또 조그만 바구니와 호미를 들고 바위에 붙은 굴을 캐는 것도 즐거웠는데 발바닥과 손에는 온통 굴 껍질에 닿아 상처투성이였는데도 시간 가는 줄 모르고 굴을 캤다.

또 갯벌에서 여러 가지 모양의 조개를 줍던 일과 파란 미역과 물 위에 둥둥 떠다니는 나뭇잎 빛깔의 무언가를 쫒아서 물장구치며 친구들과 이리저리 물속에서 놀던 일들을 생각하며 철썩철썩 바닷물 소리와 새카만 밤바다의 풍경을 오랫동안 그렇게 서서 바라보았다.

갑판에서 올려다본 하늘에는 맑게 빛나는 별이 총총했고 멀리서 등대불이 깜박깜박 하는 것도 참 신기했다. 감기 들겠다고 엄마가 스웨터를 어깨에 걸쳐주면서 우리들을 배 안으로 데리고 들어갔는데 그곳은 참 아늑하고 좋았다. 운동장만큼 넓은 갑판에서 맘껏 뛰놀 수도 있고 식사하는 곳과 잠자는 곳이 따로따로 있는 무척 큰 배였다.

그러다가 며칠이나 걸렸는지 모르지만 아무튼 어느 날 육지에 내릴 수 있었는데, 처음으로 기차도 타 보고 버스도 타면서 도착한 곳이 충남 공주라는 곳이었다. 엄마의 친정집이 공주에 있어서 이곳으로 이사한 모양인데 외할머님이 혼자서 큰 집에서 살고 계셨고, 그 외에 다른 일가친척들은 모두 딴 곳에 사셨다.

외할머님은 딸 셋에 아들 하나를 두셨는데 큰딸과 둘째딸, 그러니까 나의 큰 이모님과 둘째 이모님께서는 서울에서 생활하고 계셨고, 외삼촌께서는 청주에서 살고 계셨다. 그리고 넷째이자 셋째 딸인 엄마가 경상도에서 생활하다 공주로 이사를 와서 우리들은 그때 외할머님을 처음으로 가까이에서 뵙게 되었다.

외할머님 댁과 우리 집은 거리가 많이 떨어져 있었는데 외할머님 댁은 구경할 것이 참 많았다. 우선 동구 밖에서 골목길을 따라 쭉 들어가면 길가에 우물이 하나 있으며 두레박이 걸쳐져 있는 게 보였다. 큰 밭이 우물가에서부터 시작하여 외할머님 댁을 빙 둘러싸고 있는데 외할머님 땅은 이곳 우물가 밭에서부터 시작되었다. 그리고 밭가로 한두 사람 걸어갈 수 있는 좁은 길이 약간 높은 경사를 이루며 대문 앞까지 기역자로 연결되는데 약 50보가량 밭가로 난 작은 길을 걸어가다 보면 정면에 기역자 모양의 기와집이 한 채 눈에 들어온다.

작은 사립문을 밀고 마당을 밟으면 안채에서 바른쪽으로 넓은 공터가 보이는데 그곳을 시작으로 집 뒤와 옆, 집 앞에 있는 밭 끝에까지 거리를 일정하게 맞추어 큰 감나무가 몇 그루인지 많이 심어져 있었는데, 아마 외할머님 댁의 땅을 구별하기 위해 그렇게 많은 감나무를 심어 경계선을 만든 것 같았다.

집 왼쪽으로는 외할아버님 산소가 양지 바른 언덕에 자리하고 있었으며, 바른쪽으로는 딸기밭이 있고 그 위의 언덕배기엔 커다란 밤나무 두 그루가 자리하고 있었는데, 우람한 것이 내 팔을 벌려서 두 번 돌아도 남을 만큼 큰 것이 아주 오래된 나무 같았다.

그 밤나무 아래로는 언덕이 가파르게 끊어지면서 풀이 무성하게 나 있는데 큰 통나무로 앞을 가려놓았으며 통나무를 치우면 그 안에 땅굴이 나타난다. 지하로 내려가는 몇 개의 좁은 층층 길을 따라가다 보면 꽤 깊게 파인 공터가 나타나는데, 가로 세로로 넓은 네모 모양의 땅 넓이는 어른들 대여섯 명이 누워도 될 만큼 꽤 넓은 굴속의 흙방인데 흙이 찰져서 바닥이 매끈매끈하니 먼지 하나 일지 않았고 벽은 또 삼면이 찰흙으로 되어 있는 것이 아마도 더 넓히려고 하다가 중지한 듯 보였다.

예전에는 전쟁이 많았고 피난지도 마땅하지 않아 가족들의 피난지로 외할아버님께서 시간이 있을 때마다 곡괭이로 파서 만들었다고 하는데, 여름엔 시원하고 겨울엔 따뜻한 땅굴을 다른 사람들이 모르게 입구엔 밤나무와 대추나무 등을 심어 놓았고, 그 아래 언덕배기에 깊은 땅굴이 숨겨져 있는 것이었다.

싸리나무를 고르게 엮어서 만든 외할머님 댁 사립문을 열고 들어가면 하얀 머리를 뒤로 돌려서 비녀를 꽂으신 외할머님이 안방에서 나오시며 우리들을 반겨 주셨다. 외할머님 댁은 작은방이 네 개 있는데 이곳 옥룡골은 시골은 아니지만 우리가 사는 시내 쪽보다는 조금 외진 곳에 위치하고 있어서 그런지 꼭 시골마을 같았고, 또 방이 작아서 더 시골마을 같은 느낌이 들었다. 지금은 그런 방 두 개를 합하면 방 하나가 될 듯싶다.

외할머님은 그곳에서 오랫동안 혼자 생활하셨고 또 그때도 혼자서 생활하시길 고집하고 계셨는데, 넓은 밭에서 야채를 심기도 하고 또 딸기나 감을 따서 나누어 주는 것을 좋아하셨는데, 더 중요한 이유는 외할아버님 산소가 이곳에 있기 때문에 좋아하시는 것 같았다.

외할머님 댁의 위치는 집 뒤로 야산을 병풍처럼 두르고 있으며 중간쯤에 외할머님 댁이 차지하고 있어서인지 아래로 넓은 밭과 확 트인 공간이 정말 시원한 시골 공기를 맡을 수 있었는데, 우리 집에서 맡던 바람의 냄새와는 아주 다른 상큼한 풀 향기 같았으며 또 그것은 외할머님 냄새였다.

우리들이 사는 집은 경치가 참 좋은 도시 중간에 위치하고 있는데, 천주교회 십자가 아래 종탑이 높게 서 있어서 공주시내 어느 곳에서나 잘 보였으며 또 교회가 아카시아 숲으로 둘러싸여 있어서 높게 솟은 십자가를 제외하고는 둥글게 숲 속에 가려져 있어 멀리서 보면 그렇게 아늑하고 전원적일 수가 없었다.

그곳의 유월이면 아카시아 향기가 온 동네 가득히 퍼져서 후각을 자극시키곤 했는데 그때 그 시절이 몹시 그리워 어린 시절로 향해 막 달려가고 싶은 충동이 물결친다. 꼭대기 십자가와 서양의 고딕식 건물처럼 붉은 벽돌로 만든 교회, 무성한 나무들이 빽빽하게 자리한 가운데로 돌 층층대가 교회에서부터 아랫동네로 길게 연결되어 있어서 마치 하늘나라와 하늘나라의 동네를 연결시켜주는 층층대 같았다.

고르지 못한 돌 층층대를 약 50번까지 세면서 내려오다 보면 끝나는 곳에서 약간 내리막길이 나오고, 바른쪽에 위치한 기역자형의 넓은 기와집에 대문 역시 기와를 올린 두 쪽의 문으로 아주 큰 집이 나오며 또 나무판자로 네 면에다 울타리를 만들어 놓았다. 집 뒤로는 교회 층층대 옆의 얕은 야산이 이어지고 있으며, 대문을 열면 넓은 마당이 흰 얼굴로 반겨주는 그곳의 안방이 수줍은 듯이 보인다.

안방 미닫이문을 사이에 둔 윗방은 다다미로 바닥을 깔아 놓아 사철 춥지도 덥지도 않았으며, 미닫이문 네 쪽에서 가운데 두 쪽 문을 옆으로 활짝 밀쳐내면 안방과 윗방은 또다시 넓은 하나의 방이 된다. 윗방은 또다시 넓은 대청마루로 연결되며 건넌방 하나가 크게 있다. 가운데를 넓은 사각형의 대청마루로 만들어 놓았으며, 그 양쪽으로 다다미방과 건넌방이 서로 문을 열면 또다시 큰 공간으로 사용할 수 있게 설계된 집이었다.

안방 옆에 큰 부엌이 연결되어 있는데 천정이 몹시 높았고 부엌 뒷문과 앞문이 마주하고 있어 통풍이 잘 되었다. 그리고 부엌의 넓은 벽면에는 마른나무 가지들이 수북하게 쌓여 있으며 그 옆으로 나무 찬장이 있고 아궁이 위로는 검은 무쇠솥이 놓여 있는데 솥뚜껑이 반질반질 윤기가 났다.

그리고 부엌 옆의 닭장에는 많은 닭이 있어 계속 계란을 먹을 수 있다. 그 끝으로는 송판으로 둘러쳐져 있는 집의 경계가 나오며 닭장과 대문 사이는 꽤 넓은 공간인데 그 중간쯤 되는 지점에서 약간 아래로 지대가 처진 쪽에 우물이 있다. 동네 우물이라 몇 집이 우리 집에서 두레박으로 길어 올린 물을 사용했으며 우물가로는 꽃밭과 텃밭이 담 안으로 길게 만들어져서 온갖 꽃이 계속해서 피어 올라왔다. 텃밭에는 외할머님 댁에서 받아온 야채 씨를 뿌려서 가꾼 아욱과 상추, 쑥갓 그리고 파와 고추나무, 깻잎 등이 잘 자라서 싱싱한 야채를 뽑아 먹을 수 있다. 대문 옆에는 나무로 만든 우리 집의 애완견 메리의 집이 예쁜 빛깔로 자리를 차지했고, 잉꼬와 비둘기도 추녀 밑에다 집을 만들어 주어 사철 새소리를 들으면서 지냈다. 마당에서 방을 오르려면 그 사이에 높고 넓게 만든 시멘트 뜰을 밟고 또 그 위에 댓돌이라고 하는 넓은 돌이 마루 앞에 놓여 있어서 그 댓돌을 밟고 마루로 오르게 되어 있다. 그리고 마당에서 넓은 뜰을 오르기 전에도 몇 개의 시멘트 돌계단을 밟아야 하므로 집이 꽤 높은 편이었다.

집 뒤쪽으로는 언덕이 있는데 그 언덕 위에 올라 송판으로 되어있는 울타리를 넘으면 천주교회 야산으로 연결된다. 뒤쪽 언덕에는 쑥, 냉이, 씀바귀, 돌나물 등이 봄이면 지천으로 깔려서 멀리 갈 것 없이 그 자리에서 한 소쿠리 가득 뜯을 수 있다.

엄마와 네 자매, 그리고 진돗개 메리와 더불어 이곳에서의 새로운 생활이 시작되면서 내 나이 10살 때 초등학교 3학년으로 편입되어 이곳 공주에서 중동 국민학교를 봄 학기 시작과 더불어 다닐 수 있게 되었으며 지영이는 7살로 입학하여 나와 함께 다니게 되었다. 그런데 경상도 하동 땅에서 학교 다닐 때 입던 옷이나 책가방 신발까지도 이곳 공주에서는 색다르게 보였나 보다. 하동 초등학교 때도 남의 눈에 띈 것은 물론이었지만.

그런데 이곳에서는 말하는 것이 무척 느렸다. 우리 가족 모두가 이곳 지역 말씨와는 다른 경상도 말씨여서 서로가 잘 못 알아들었고 친구들이 곧잘 놀려대기도 하며 또 웃음거리가 되기도 했다. 특히 국어시간이면 글 읽는 시간이 있는데 친구들은 으레 나를 지목하여 글 읽기를 원했으며 선생님께서는 나를 시키셨다.

경상도는 악센트가 강한데다 말이 빨라서 글을 읽으면 청산유수라 그 강한 악센트와 더불어 뭐가 뭔지 모른다고들 했다. 그러면서도 항상 나를 시켰는데 글 읽기를 마치면 저희들끼리 낄낄대며 웃기도 하여 교실 안은 소란스러워졌다. 그렇게 국어시간이면 일어서서 글 읽기를 하면서 또 차츰 나아져가고 있었는데, 이상한 것은 할머니와 할매는 같은 말인데도 고치기가 몹시 어려워서 오랫동안 나의 외할머니는 외할매로 계셔야만 했다.

나는 단발머리에 치마를 짧게 입었으며 타이즈에 구두를 신었다. 그리고 통가죽으로 만든 네모진 거북 무늬 가방을 메고 다녔는데 다른 학생들은 대개가 보자기에다 책을 싸들고 다녔으며, 조금 나은 학생들은 가방을 손에 들고 다녔다.

공주로 이사 오니까 산으로 둘러싸여 있으며 또 들판이 있어서 그 점은 좋았는데 이상하게도 전에 살던 동네 하동보다 더 시골스럽고 촌스러웠다. 이곳 학교에 와서 선생님이 처음 내 소개를 한 후 앉아야 할 자리를 정해야 하는데, 교실 중간쯤에 빈자리가 하나 있으니 그곳에 앉으라고 하셨다. 두 사람이 책상을 나란히 하고 함께 앉아야 하는 그곳의 옆자리에는 이름이 이건자라고 하는 여자애였는데, 그 애는 참 예뻤고 옷도 꽤 깔끔하게 입고 있었다. 긴 머리를 양쪽으로 갈라서 땋아 내렸으며 작은 얼굴에 커다란 눈과 오뚝한 코를 가졌으며 잘사는 집 애 같았다. 건자는 내가 옆자리에 앉는 것이 좋았는지 생글거리며 자꾸 나를 쳐다보곤 했다. 그러면 나도 따라서 말없이 웃어보였으며 공주에 와서 제일 먼저 가까워진 친구가 되었다.

건자네는 공주에서 제일 큰 여관을 운영했는데, 그때 공주에는 여관이 한두 개밖에 없을 때였다. 이름은 동명여관으로 시내 중심지에 위치한 아주 오래된 큰 기와집으로 목조로 된 웅장한 대문을 열고 들어가면 바로 정원이 눈에 들어오고 정원가로 큰 돌을 세워두었다.

비둘기와 잉꼬를 기르고 있었는데 소나무와 단풍나무 그리고 이름 모를 큰 나무와 대나무가 한쪽에 숲을 이루었으며, 그 나무 아래쪽으로는 조그만 시냇물이 만들어져서 물이 흐르고 있는데 연못 가운데는 금붕어와 이름 모를 물고기들이 많이 있고 연못 위로는 연꽃이 피어 있었다.

돌로 만든 석등이 몇 개 있고 석등 옆으로는 나무로 만든 조그만 샛문이 있는데 기와를 얹고 채색도 예쁘게 해 놓은 그 문으로 들어가면 안채로 연결되었다. 얼마나 아름다운지 나는 자꾸 건자네 집에 가서 정원을 보고 싶어 했다. 그러면 건자는 내 손을 잡고 가족에게 소개도 시켜주고 함께 정원을 돌기도 하면서 많은 얘기들을 재잘대었다.

여관이라 방이 많았는데 방마다 수를 놓은 큰 방석이 있었고, 한문 글씨가 쓰여 있는 액자와 두루마리에 글씨가 쓰여 있는 것도 있고, 새와 꽃이 그려진 큰 병풍이 있었으며 또 먹으로 글씨와 그림이 함께 그려진 것도 있었는데 방마다 다른 종류의 장식이 되어 있는 온돌방이었다. 건자 아버님은 희고 긴 수염을 하고 계셨으며 큰 키에 한복을 입으신 아주 풍채 좋으신 모습으로 나에겐 인상적인 분이었다. 건자 어머님도 항상 한복을 곱게 입으셨는데 키가 조그만 하시고 얼굴도 작고 갸름한 것이 건자가 얼굴은 어머니를 닮았고 키는 아버지를 닮은 듯했다.

건자네는 보통 우리들 집과는 아주 색다른 분위기를 갖고 있었는데, 꼬집어서 무어라 표현하기는 어렵고 서구적인 분위기에 개방적이라는 표현이 가장 어울릴 듯싶다. 그러면서 한옥과 정원, 온돌방과 건자 부모님의 한복 등이 묘한 조화를 이루었다.

지금도 알 수 없는 것이 대문을 들어서면 오밀조밀한 작은 정원이 보이고 정원 바른쪽에 있는 작은 대문을 지나야 안채가 나왔다. 그리고 그 정원의 왼쪽으로 난 작은 길을 따라가 보면 부엌문이 왼쪽에서 나타나고 그 집 안채의 넓은 대청마루가 보였다. 집 구조가 특이했는데 대문을 들어서서 만나게 되는 두 개의 작은 길이 바른쪽으로 난 길은 안채로 연결되었으며, 왼쪽으로 난 길은 또다시 부엌으로 가기도 하고 왼쪽에 있는 독립된 다른 한 채의 가옥과 연결되었다.

그 왼쪽에 독립된 큰 집이 실상은 독립된 것이 아니고 ㅁ자를 이루며 방이 몇 개나 있었는데, ㅁ자 안의 공터에는 모래를 깔아놓고 철조망을 네 면과 천장에 둘러놓은 후 그 안에 새를 기르고 있었다. 그리고 방 앞에서 연결된 ㅁ자의 마루가 한쪽 끝으로 연결되어 나와선 부엌으로 이어지는데, 작은 방들의 미닫이문을 활짝 열어놓으면 큰 방으로 쓸 수 있게 만들어져 있으며 또 부엌이 아주 인상적이었다.

웬만한 집 한 채 크기만 했으며 천정도 높고 어두워서 분간이 안 되었는데 양쪽으로 문을 내어서 안채로 연결되는 부엌문과 뒷문은 ㅁ자 형의 복도와 연결되었으며, 또 그 집의 작은 뒷문으로 연결되는 좁은 길의 한쪽 면에 방이 나란히 몇 개가 있다.

십자로 연결된 긴 복도가 부엌과 뒷문 쪽, 정원 옆의 방과 서로 연결되었으며 아주 큰 부엌에는 나무로 된 선반이 있고 그 위로는 사기그릇과 놋그릇이 가지런하게 놓여 있으며 종지기와 주발 등 종류도 많았다.

나는 어려서부터 여러 가지 신기한 것들을 보는 것을 무척 즐겨했고 호기심이 많았던 관계로 건자네 집에 가면 조그마한 골방에서부터 큰 안방까지, 그리고 작은 그릇 하나하나까지도 무척 인상적이었으며 지금까지 내 기억 속에 아주 유쾌한 추억거리로 남아있다.

큰 집에 어울리게 형제도 참 많은 집안이었는데 딸 여섯에(건자가 5번째), 아들이 셋으로 대가족이었다.

그때는 작은 부인을 갖는 것이 돈 많은 남자들에게는 자연스러운 일이었고 사회적으로도 당연히 받아들이던 시대였다. 거기다가 우리 집처럼 아들이 없으면 금상첨화로 작은 부인 갖는 것을 도와주는 명목이 되었다. 나의 아버지도 경상도에서 작은 부인과 함께 살고 계셨듯이 남자들에게는 이유도 많았다.

아들이 없기 때문에 집안의 대를 잇기 위해서 젊은 여자를 취하기도 하고 큰 부인이 남자처럼 드세거나 억세면 작고 예쁜 여자를 얻기도 했으며 또 돈 많고 지위 있는 남자라면 꽃처럼 예쁜 여자 한두 명씩 장식으로 갖는 것을 당연하게 받아들이던 시대였다.

건자와는 참 가깝게 지내게 되었으나 다른 친구들과는 그다지 가깝게 지내지질 않았다. 남학생들과 한 반이 되어 공부를 했는데, 짓궂은 남학생들 몇 명은 꼭 있게 마련인지라 그들이 골려대기 일쑤였다. 내가 입은 짧은 치마가 짓궂은 남학생들에겐 신기했는지 내가 길을 걸을 때면 긴 막대기로 치마를 걸어 올리는 것이었다. 내가 놀라서 막 뛰어가면 다시 그 남학생들이 막 뛰어와서 내 앞을 가로막기도 했는데, 그때마다 건자가 내 옆에서 남학생들을 상대하여 길을 터 주곤 했다. 또 건자는 긴 머리를 양 갈래로 나누어서 땋아 내렸는데, 남학생들이 머리를 양쪽으로 잡기도 하고 저희들끼리 키득거리며 말꼬리라고 골려대기도 했다. 그렇게 지내면서 우리는 한 학년씩 올라갔는데 계속 건자와는 같은 반에 머물러 있어서 참 좋았다.

새 학기가 되면 딴 곳으로 이사 가는 아이들, 또 전학 와서 같이 공부하는 아이들이 있었는데 유혜정이라는 예쁜 이름의 여자아이가 5학년 때 강원도에서 이사를 왔다. 먼 곳에서 온 것이 특이했고 애가 조그마한 것이 그때까지 코를 질질 흘렸고, 얼굴이나 체격이 조그만 했지만 우리들 곁을 졸졸 따라다니는 것이 꼭 다람쥐처럼 빨랐다. 그 애 아버지는 카메라를 빌려주고 필름을 파는 카메라 대여점을 했는데 가게에 딸린 조그마한 방에서 많은 가족이 살았다. 혜정이는 여동생 둘에 남동생이 셋이나 되는 6형제 중 큰딸이었다. 애가 하는 짓이 귀엽고 우리를 잘 따랐으므로 차츰 가까워져가고 있었는데 조그마하다고 해서 친구들이 꼬마라는 별명을 붙였는데 참 잘 어울리는 별명으로 중학교 다닐 때도 키가 크질 못하다가 고등학교 때는 내 키보다 더 컸다는 사실이 재미있다.

또 한 친구는 세탁소를 운영하는 집의 큰딸이었는데 그 집도 형제가 많았다. 공주가 고향인 김기선 역시 5학년인가 6학년 때까지 누런 코를 흘렸고, 단발머리는 잘 빗질 않아 헝클어트린 채로 다녔으며 세탁소를 하는데도 옷은 주름이 서질 않고 펴지지 않은 채로 입고 다녔다.

내가 학교를 가고 올 때마다 큰길가에 있는 기선이네 세탁소 앞을 지나게 되는데 창문 너머로 보이는 세탁소 안은 늘 어두웠다. 그때의 옷은 검은색이 많았고 또 염색을 하기 때문에 그 근처를 지나갈 때마다 염색 냄새가 코를 찔러대어 미리 코를 막고 멀리까지 가서야 손을 내려놓곤 했다.

유리창 너머로 염색소 안을 들여다보면 옷을 다릴 수 있도록 책상처럼 넓은 나무판에다 담요를 깔아놓았고 다리미는 무쇠로 만들어져 있어서 우리는 무거워서 들지도 못하게 생겼다. 천장에다 옷을 주렁주렁 걸어놓고 먼지가 앉지 못하게 비닐 덮개를 하나씩 씌워 놓은 후 꼬리표를 달아 이름을 적어 놓았다가 손님이 찾으러 오면 꼬리표를 뗀 후 옷을 내어주었다.

내 주위에 있는 친구 중에는 아이스크림도 만들고 얼음도 만드는 얼음공장을 하는 집도 있었고, 부모님이 돌아가셔서 결혼한 언니 집에서 살고 있는 친구도 있었다. 약국집 아들, 정미소집 아들, 시장 안에서 제일 큰 쌀집 아들, 택시 운전사가 아버지인 남자아이 등이 있었는데 이 친구들은 내가 38세가 되던 해 가을, 공주에서 결혼하여 독일로 떠날 때까지 교우했다. 또 내가 늦게 결혼했던 관계로 일찍 결혼한 친구들은 외국으로 떠나거나 또는 다른 지역으로 뿔뿔이 떠났지만 많은 친구들이 아직도 고향을 묵묵히 지키고 있어서 고향을 방문할 때마다 반겨주고 있다.

내가 살던 집은 공주 천주교회 바로 아래 동네였으며 천주교회 돌 층층대를 내려오면 첫 번째 기와집이었다. 시내 번화가를 조금 벗어난 곳으로 천주교회가 높은 언덕 위에 우뚝 솟아 있었는데 공산성과 천주교회, 그리고 교회 옆의 박물관과 앵산 공원이 이 지역에서는 조금 높았다.

앵산 공원 내에 있는 박물관은 커다란 기와집으로 되어 있으며 공원을 올라가는 언덕배기 길 모퉁이마다 한문 글씨가 새겨져 있는 새카만 비석들이 줄지어 서 있으며 그 아래로는 누런 잔디가 깔려 있었다. 그리고 아름드리 큰 벚꽃나무가 박물관을 둘러싸듯 서 있었는데, 봄이면 유채화 그림처럼 흐드러지게 피어올라 온통 벚꽃으로 장관을 이루며 긴 역사와 더불어 공주의 명소가 되었다.

우리 동네 다른 집들은 서로서로 담을 끼고 붙어 있는데 유난히 내가 살던 집만 동서남북이 툭 트여 있고 집 뒤의 작은 언덕이 교회 야산과 연결되어 얇은 송판으로 경계가 만들어져 있었다. 진회색의 기와집은 기역자 모양으로 되어 있고 높은 대문을 나서면 좌우로 길게 골목길이 나 있는데 우측으로 향하면 천주교회로 올라가는 돌 층층대가 나오고 좌측으로 향하면 세 갈래 골목길로 다시 연결되는 긴 골목 안의 골목길이었다.

우측으로 약간 길을 오르면 들쑥날쑥 만들어진 돌 층층대가 약 50층이 넘게 경사를 이루었으며 곧바로 올라가면 다시 S자 모양의 흙길이 나오는데 돌 층층대가 S자 가운데쯤 나 있는 셈이었다. 자동차가 이 S자 모양의 길을 서서히 올라가며 달리다 보면 약간 비스듬하게 또 경사를 이루며 교회가 높이 서있다.

공주로 이사 오던 해에 내 나이 10살, 둘째인 지영이는 7살로 초등학교에 입학했으며 셋째 딸인 미영이가 4살, 막내 여동생 혜영이가 2살 때였다. 그리고 이곳은 늦은 봄 5월에서 6월 초까지 온 동네가 아카시아 향기로 가득했다. 햇볕을 받아 녹색 잎이 반짝거렸고 샹들리에 꽃등처럼 생긴 조그만 꽃잎이 주렁주렁 매달려서는 화려한 무도회 얘기를 속살대는 것 같았다. 비가 오거나 바람이 불면 꽃잎이 가볍게 나비처럼 휘날리다가 바닥에 떨어져 하얀 꽃길을 이루었다. 또 꽃이 사라진 뒤에는 무성한 잎으로 뒤덮여 녹색 그림물감이 번지듯 그렇게 초여름을 싱그럽게 장식해 주었다.

60년대 한국의 천주교회에는 주로 외국인 신부님이 교회를 맡고 있었는데 큰 키에 얼굴은 희고 둥글었으며 배가 불룩하니 나온 프랑스인 방 신부님은 성격이 불같은 분이셨다. 교회 바로 아래 첫 번째 집인 까닭에 교회와는 아주 가까운 위치였으며 그 동네는 거의가 천주교회에 다니는 사람들이다 보니 자연스레 우리 집에서도 엄마와 딸 넷이 천주교회를 다니게 되었는데 나는 교회를 다니면서 참으로 많은 즐거움을 갖게 되었다.

고딕식의 건물로서 붉은 벽돌로 이루어진 교회 건물 전체가 서양 분위기를 물씬 풍겨주며 유리창은 색유리를 조각조각 끼워 놓아서 참 예쁜 보석같이 햇빛에 반사되면 영롱하게 반짝거렸다. 교회 본 건물 뒤쪽에는 넓은 밭이 있었고 밭의 끝자락에 수녀원이 있다. 교회 사무실은 언덕을 올라오면 첫 번째 건물로 입구에 있으며 또 멀리 정면에 위치한 성모 마리아상을 볼 수 있는데, 빨강과 분홍색의 넝쿨 장미꽃으로 둥글게 올린 그 사이로 하얀 대리석의 마리아상이 서 있다.

그 마리아상이 얼마나 예뻤는지 동생과 나는 마리아상의 치마 끝을 자주 만지곤 했는데, 그것은 키가 작아서 그 이상은 손이 닿지 않은 까닭이었다. 교회 길을 올라오면 제일 먼저 눈에 띄는 까닭에 우리는 같이 올라오다가도 손을 놓고는 빨리 뛰어서 서로 먼저 그곳으로 달려가서는 손을 합장하고 고개 숙인 뒤 인사를 했다.

어린 시절 서로가 앞 다투어 성당에 다녔는데 예쁜 한국 수녀님이 세 분 계셨다. 머리엔 하얗고 멋진 모자로 머리카락 하나 안 보이게 가리셨으며 새카맣고 긴 소매에 발등까지 가리는 원피스를 입은 모습이 참 정결하고 멋져 보였다.

토요일 오후면 우리 네 자매는 수녀원에 들어가서 하얗고 고운 쌀가루로 영성체 만드시는 옆에서 부스러기를 받아먹는 것을 좋아했는데, 작고 둥근 기계 안에다 쌀가루를 넣고 누르면 얇고 바삭거리는 쌀가루 익은 것이 나오는데, 그 작고 하얀 것을 입안에 살짝 넣으면 혀 위에서 그대로 녹아내려 목 안으로 넘어갔다.

보통 평일에는 오후 5시부터 교회 마당을 빙 둘러가며 10명씩 또는 5명씩 나이에 맞게 나뉘어 돌 위에 앉기도 하고, 의자에 앉기도 하면서 언니들이나 오빠들로부터 매일 1시간씩 교리문답을 배웠다. 막내는 어렸기 때문에 못 나가고 우리들 세 자매는 학교가 끝나면 집에 와서 손발을 깨끗이 닦고 옷도 갈아입고 교회로 올라가는데, 돌 층층대를 올라갈 때 셋이서 가위 바위 보를 하면서 이긴 사람이 먼저 한 계단을 오르고 또 가위 바위 보를 해서 이긴 사람이 오르다 보면 어느덧 50계단을 올라가 버렸다.

그리고는 맑게 씻은 엄마의 목덜미처럼 희고 맑은 S자 모양의 길이 아카시아 숲으로 덮인 채 나오면 우리는 서로 앞 다투어서 약간 가파른 그 길을 막 뛰어올라 마리아 동상이 보이는 곳에서 숨을 내쉬면서 손을 합장하고 고개를 숙였다. 그리고 난 후 마리아 동상 가까이 가서 치마 끝을 만지기도 하고 장미꽃으로 둥글게 싸여있는 마리아의 모습을 보다가 교회 안으로 들어갔다.

여름방학 때면 아카시아 나무 숲 아래 돗자리를 깔고 누워서 매미소리를 들어가며 방학숙제를 했고, 봄이면 아카시아 꽃잎을 따 먹기도 했는데, 이때쯤이면 온 동네가 향기에 휩싸였다. 흰색의 초롱 등처럼 생긴 그 꽃이 외국에서 들어온 나무라서 그 시절에는 귀한 나무였는데 우리 성당의 아카시아는 키도 늘씬하니 컸고 벌레도 없었으며 또 향기가 은은하여 나는 참 좋아했다.

여름방학 숙제 중에 아카시아 꽃씨를 주워가는 것이 몇 해나 계속된 적이 있는데, 친구들과 멀리 갈 것 없이 성당의 아카시아 나무 아래서 씨를 주웠다. 강낭콩 껍질처럼 생긴 껍질을 벗겨내면 그 안에 납작하고 조그만 씨가 반짝거리며 들어있는데 바싹 마른 껍질을 주워야만 했다. 비에 젖어 있다거나 습한 곳에 떨어진 껍질은 안에 있는 씨가 썩어 있어서 소용없기 때문이다.

아카시아 씨가 아주 작기 때문에 부지런히 모아야만 하는데, 여름방학이 끝나고 학교에선 아카시아 꽃씨를 저울에 달아서 많이 주워간 사람한테는 많은 점수가 주어졌다. 성당 오르는 길 가에서 또는 나무 숲 속에서 아카시아 씨 줍는 일이 참 즐거웠는데, 허리도 아프고 다리도 아프지만 자연 속에서 맑은 공기와 더불어 풀꽃과 나무들 그리고 소쩍소쩍 하는 소쩍새 소리를 들으면서 꽃씨 줍는 일을 즐겨했다.

내가 살던 집 앞 첫 대문 집에는 나뭇짐을 만들어 파는 아저씨와 떡을 만들어 파는 아줌마 내외가 아이들과 오순도순 사셨는데 매일 새벽마다 아줌마는 제일 먼저 우리 집 우물을 두레박으로 펴 올려서 항아리에 담고는 수건으로 동아리를 틀어서 머리 위에 얹고 물항아리를 그 동아리 위에 얹고 걸어가서는 부엌 한쪽에 놓아 둔 큰 장독에다 부었다.

새벽에 항상 우물을 퍼 올리시는 아줌마를 위해서 엄마는 새벽에 일어나셔서 대문 빗장을 당겨 놓으신 후 다시 주무시곤 하셨는데, 새벽 6시면 성당에서는 어김없이 종소리가 은은하게 멀리 멀리 울려 퍼지면서 졸음에서 미처 눈을 뜨지 못한 이들을 깨웠다. 삼종시간이라고 해서 하루에 세 번 성당의 종이 은은하고 맑게 울리면서 온 천지를 정화시키는데, 새벽 6시와 낮 12시 그리고 저녁 6시면 성당의 종소리를 들을 수 있다.

보통 이 시간쯤이면 동네 아줌마들이 물을 길어서 아침 준비를 하시는데 "컹컹" 짖어대는 메리의 소리와 닭장의 닭들이 "꼬끼오" 하고 부산한 아침을 열었다. 우리 집에서도 마찬가지로 부엌에서 쌀 씻는 소리를 들으면서 우리들 네 자매는 잠자리에서 일어났다.

그리고 저녁 6시면 멀리 공주극장에서는 꼭 유행가를 크게 틀어놓아 높은 지대인 우리 집에서는 아주 잘 들렸는데, 유행가 소리가 들리는 그 시간쯤 해서 저녁준비를 위해 떡집 아줌마가 제일 먼저 두레박으로 물을 퍼 올리시고 이어서 승문이 고모가 긴 머리를 땋은 위로 물동이를 이고 들어서시며 또 다른 이웃들이 우리 집 우물가에서 만나 서로 정다운 얘기를 나누기도 하면서 두레박으로 물을 퍼 올렸다.

그 무렵 멀리 공주극장에서는 영화배우 최무룡 씨의 "외나무다리"라는 유행가를 자주 들려주어 내가 제일 먼저 배운 유행가가 되었으며, 또 이미자 씨의 "임"이라는 유행가도 그때 익히게 되었다.

떡집 아줌마는 계절에 맞추어 봄에는 연한 쑥으로 쑥 버무리도 하고 쑥 절편에 흰색 쌀로만 하는 쌀 절편, 또 송편 같은 모양인데 끝이 송편모양과 약간 다르게 맞물려진, 지금 말로 하면 바람 떡도 만드셨다. 또 색색으로 쌀가루에 빛깔을 내어 만드는 무지개떡, 가을에 많이 하는 떡은 대개가 송편인데 쑥을 찧어서 쌀가루에 버무린 후 만드는 쑥 송편과 쌀 송편이 있고, 바람 떡과 팥 시루떡, 까만 콩을 얹어서 쪄내는 콩떡과 호박을 잘게 썰어서 쌀과 버무린 후 쪄내는 호박떡, 그리고 꿀떡, 깨떡 등등….

아무튼 이 세상에 있는 떡이란 떡은 모두 다 만드시는 아줌마는, 아침 일찍 두레박으로 퍼 올린 물을 장독에 부으신 후 전날 저녁 물을 부어 놓았던 쌀의 물을 따른 뒤 체에다 밭쳐서 물기를 빼낸 후 나무로 만든 절구통에 쌀을 빻는 일부터 시작하여 고운 체에다 하얀 쌀가루를 몇 번이나 내려서 아주 부드럽고 고운 쌀가루로만 떡을 만드셨다.

옆에서 구경하는 것도 아주 재미있고 신나는 일인데 아줌마는 떡을 쪄낸 다음 구경하는 우리들에게 꼭 나누어 주셨는데 그 뜨겁고 따뜻한 떡을 먹던 때가 어제 일만 같은데 지금은 떡을 먹어도 그때의 그 맛이 안 나고 왜 그렇게 입안을 겉도는지 모르겠다. 쫄깃쫄깃한 맛도 덜하고 쌀가루가 씹히던 그런 맛도 이젠 옛이야기로 흘러가는 듯싶다.

골목 안이 조용한 날은 아줌마 절구소리가 쿵쿵 들렸으며 우리 집 메리는 그 소리에도 컹컹 짖어댔다. 메리는 대문 밖의 발자국 소리만 나도 짖어대고 달빛이 환하게 밝은 밤에는 달을 쳐다보고 또 짖어댔다. 아름다운 달빛이 메리를 노래하도록 만들었는지 곡조를 붙여서 짖어댈 땐 정말 아름다운 노랫소리가 되었다.

메리는 수놈인데 어찌나 잘 생겼는지 지금까지도 나는 메리만큼 잘생긴 개를 본 적이 없다. 키도 크고 짧은 금빛의 아름다운 털에다 다리가 반듯하니 곧으며 꼬리가 위로 올라가서 무성한 털을 나부꼈으며 귀가 쫑긋하니 위로 크게 서 있다. 그리고 까맣고 둥근 큰 눈이 무엇보다 아름답고 예뻤다. 막내 여동생은 곧잘 메리의 등에 타려고 했는데 메리는 그래도 가만히 있었다.

다른 개들은 아무데나 똥을 누어서 더럽고 냄새나는 게 보통인데 메리는 앞발로 흙을 파내고는 그 안에다 똥을 누고 나서 파낸 흙으로 다시 덮어 놓았다. 그래서 표도 안 나고 또 냄새도 안 나는데 사람들은 말하기를 진돗개라서 그런 게 아니냐고 했지만 내 생각에는 메리만큼 머리가 영리하고 예쁜 개는 없을 것 같았다.

우리들이 하는 얘기도 다 알아들었고, 엄마와 우리들 네 자매 외에 다른 사람은 무조건 짖어댔다. 매일 두 차례씩 물을 길어가는 동네 아줌마들한테도 대문 바른쪽에 있는 메리가 꼭 짖어대는 것이 참 기특했고, 여자들만 사는 집이라 더욱 소중하게 느껴지는 개였다.

우리 집은 단독주택이었는데 울타리 사면이 송판으로 쳐져 있으며 뒤쪽에만 언덕배기로 비스듬하게 깎아지른 듯 되어 천주교 야산으로 연결되어 있다. 뒤쪽 언덕배기에는 봄이면 나물이 지천으로 깔려 있어서 나물 캐기 좋아하는 나를 만족시켰는데 쑥이랑 냉이 또는 톳나물과 씀바귀가 계속 자라났다.

언덕배기에서 조그만 칼로 연한 쑥을 바구니에 꼭꼭 눌러가며 캐어 가득 채워지면 물로 깨끗하게 씻은 뒤 떡집 아줌마한테 갖다 드리는 것이 참 재미있었다.

그러면 아줌마는 금방 한 말랑말랑한 떡을 한 그릇 가득 담아서 갖고 오셨는데, 떡을 내다 팔아야 하는데 어렵게 한 떡을 그냥 주시니 미안해서 어떻게 먹느냐고 하시면서 엄마는 안 받으시려고 했다. 그래도 아줌마는 마루 끝에다 떡 그릇을 놓고는 살그머니 나가시곤 했다.

쑥을 뜯어서 깨끗하게 씻어 갖다 드리는 나의 정성이 고맙다고 하시며 굳이 마루 끝에다 떡 그릇을 놓고 가시는 아줌마의 그 마음이 고마워서 엄마는 우리들에게 떡을 먹으라고 하시면서, 아줌마가 힘들여서 만드신 떡이니 항상 고마운 마음으로 먹으라고 말씀하셨다.

봄이면 항상 거르지 않고 쑥을 뜯어서 아줌마한테 갖다드리고 또 우리 집에서도 한차례 쑥개떡을 만들어서 동네에 돌리곤 했다. 연한 쑥은 송편이나 설기떡을 할 때 쓰고, 쑥개떡이라고 해서 쑥이 좀 자란 것을 캐어 삶아낸 후 쌀가루나 밀가루에 섞어 소금을 약간 넣고, 쑥 삶은 더운 물로 익반죽하여 손바닥 크기만 하게 도톰하고 둥글넓적하게 만들어서 찜통에 쪄내는 떡이다. 사실 쑥 맛은 쑥개떡이 제일이었고, 나는 그 쑥 맛을 느끼기 위해 쑥개떡을 즐겨먹었다.

그리고 떡이란 떡은 다 좋아했는데 쑥개떡을 하기 위해선 쑥이 많아야 하고 떡을 쪄낼 때 시간을 잘 맞추어야 했다. 조금 일찍 꺼내면 덜 익고 너무 오래 찌면 물렁거려서 맛이 없다. 쑥이 씹혀야 제 맛이 나므로 그 자리에 지켜 서서 정성을 들여야 하고, 식은 뒤에 고소한 참기름을 발라두면 딱딱해지는 것을 방지할 수 있으며 맛이 더욱 향기롭다.

봄이면 집집마다 쑥개떡을 해서 나누어 먹었는데, 누구네 떡은 모양이 두껍고 또 딱딱하게 되었고, 누구네 떡은 쑥이 적게 들어가서 쑥 맛이 안 난다느니 하면서, 동네 아줌마들이 모이면 쑥개떡 품평회로 얘기꽃을 피워댔다.

봄이면 쑥 다음으로 인기 있는 나물이 냉이인데, 뿌리까지 뽑아서 깨끗이 씻은 뒤 된장을 끓인 다음 냉이를 넣어 다시 한소끔 끓인 냉이국은 조개를 넣어서 끓이면 더욱 감칠맛이 났다.

초등학교 다닐 때 해마다 여름방학 자연 숙제로 곤충채집과 식물채집 두 가지가 있었는데 내가 참 좋아했던 숙제 중 하나였다. 식물채집은 갖가지 식물을 뿌리째 캐어서 깨끗하게 씻은 뒤 그늘에서 반듯하게 잘 말려 흰 도화지에 붙이고, 식물의 이름과 자라나는 시기 그리고 식물의 장단점 등 그 성질을 기록했고, 곤충채집 역시 잠자리나 나비, 벌, 매미, 거미, 메뚜기 등을 잡아서 식물채집 하는 것과 마찬가지로 곤충의 이름, 활동시기, 번식기간 등을 기록했다.

두 가지 숙제를 하기 위해서는 첫째 날씨가 좋아야만 할 수 있는데 햇볕이 온 누리를 가득 비추는 그런 날 집 대문을 나와 오른쪽으로 난 골목길을 내려가면 공터가 나오는데, 풀이 무성하게 자라나 있어 자연히 곤충들이 모이고 하여 그곳에 가면 두 가지 숙제를 다 할 수 있다.

긴 대나무 끝에다 망사로 자루를 만들어서 매미나 나비를 잡을 때 쓰고 메뚜기는 주로 손으로 잘 잡았는데 벼가 자라서 푸릇푸

릇할 때 아주 많았으며, 또 벼 잎이나 메뚜기의 빛깔이 비슷해서 살그머니 벼 근처로 가서 한번에 손으로 움켜잡아야 하는 요령이 필요했다.

그렇게 해서 잡은 메뚜기는 긴 벼잎을 하나 빼내어 메뚜기 등 쪽에다 꿰어내면 많은 메뚜기를 꿸 수 있으며 또 구울 때도 한꺼번에 구울 수 있어서 편했다. 불에 구우면 메뚜기의 날개 타는 냄새와 더불어 입 안에서 고소하고 바삭바삭 씹히는 것이 하나도 버릴 것 없이 다 먹을 수 있다.

또 매미 울음소리를 따라 큰 나뭇가지 위까지 올라가서 살그머니 손바닥으로 움켜잡기도 했는데 긴 여름 한낮을 목청이 터져라 지루하게 울어대던 매미가 내 손아귀에 잡혀서는 조용하게 날개만 파득거렸다.

나비의 아름다운 날개에 넋을 잃고 뒤따라 뛰어다니다가 긴 여름날의 하루를 땀을 줄줄 흘리며 보내다 지쳐서는 한 마리도 못 잡고, 그러다가 다음날이면 또다시 호랑나비와 노란나비의 유혹에 빠져서 함께 뛰어다니고, 그러다 보면 개학날이 눈앞에 다가와 부랴부랴 밀린 방학숙제를 하느라 끙끙대기 일쑤였다.

다른 숙제는 한꺼번에 해도 되지만 일기는 한꺼번에 쓰기가 아주 힘들었다. 일기 내용을 항상 같은 내용으로 쓸 수도 없고 그렇다고 없는 일을 만들 수도 없고, 어떻게 써서 제출했는지 기억이 나질 않지만 제일 힘든 숙제 중에 하나였다.

담장 밑에 봉숭아가 한참 탐스런 꽃송이를 자랑하고 있는 철에 맞추어 동생들과 더불어 손톱에 물을 들여 주기로 엄마와 약속한 날이 다가왔다. 우리들 자매는 이날 봉숭아 꽃잎을 모아 깨끗하게 물로 씻어서 그늘에 널어놓고, 봉숭아 잎을 따서 가지런히 준비해 놓은 뒤에 움푹하게 파인 돌에다 봉숭아 꽃잎과 봉숭아 잎도 조금 넣고 백반가루를 조금 넣어서 찧었다. 그리고 손톱 크기에 맞추어 조금씩 떼어내 손톱 위에 얹고는 커다란 봉숭아 잎으로 떨어지지 않게 잘 동여매고 그 위에 또다시 작고 엷은 무명천이나 비닐로 손톱을 또 한번 덮어서 이불 꿰맬 때 쓰는 굵은 실로 꼭꼭 묶어주면 되는데, 손톱을 싸맬 때 혼자서 하기가 어렵기 때문에 이렇게 모여서 서로서로 해주면 재미있고 즐거운 저녁시간이 되었다.

손톱을 싸매고 자리에 들면 쉽게 잠을 이룰 수가 없었는데 그것은 손톱을 묶어 놓았으므로 신경이 쓰였다. 얌전하게 잠을 자야 하는데 그렇지 않고 요란스럽게 잠을 잘못 자면 손톱에 묶은 봉숭아 꽃잎이 떨어지므로 이불을 더럽힐 수도 있고 또한 손톱에 물이 들지 않아 낭패가 되었다.

자연히 이리저리 뒤척이다가 새벽녘에 잠이 든 후 늦은 아침에야 일어나 서로서로 손톱을 풀고 봉숭아물이 잘 들었는지 구경하기에 바빴다. 백반가루가 조금 들어가도 물이 잘 안 들며, 백반가루가 너무 많이 들어가면 또 검은빛이 도는 붉은색이 되어 예쁘지 않았으므로 백반가루를 잘 조정해서 넣어야 예쁘게 물이 들었다. 이렇게 봉숭아꽃으로 손톱에 물들이고 나면 갑자기 내가 처녀가 된 것 같은 느낌이 들었으며 또 자꾸 손을 펴 보이면서 사람들한테 자랑을 했다.

어느 해 여름이었나? 지게꾼 아저씨가 샛노란 참외를 지게로 가득 지고 우리 집 대문을 들어서셨다.

"아니 웬 참외를 그렇게 많이 갖고 오시는 겁니까? 우리는 주문하지 않았는데요?"

"산성동 사시는 김 사장님 댁에서 갖다 드리라고 말씀하시더구만요."

교회에서 알게 된 김 사장 댁은 이곳 공주에서 유지인데, 김 사장님은 교회에 안 나오시고 김 사장 부인과 아이들이 교회에 열심히 나오고 있는 가정이었다. 그런데 그 사장 부인은 우리 엄마보다 나이가 좀 많은 분인데 엄마와 아주 친하게 지내시며, 또 교회의 여성회에 소속되어 김 아주머니는 회장을 주로 맡으시고 엄마는 총무를 맡으셔서 함께 회의도 하시는 아주 가까운 사이였다. 엄마가 과부 아닌 과부로 아버지와 떨어져서 네 딸을 데리고 혼자 사시는 것을 늘 안타까워하시는 분이셨는데, 참외를 지게꾼에게 배달시켜 보내셔서 엄마는 감격하셨다.

그날이 마침 토요일이라 부엌 한쪽 시원한 그늘에 참외를 잘 두었다가 다음날 주일 미사가 끝난 후 엄마와 산성동 아줌마, 그리고 양화점을 하시는 양화점 아줌마, 우리와 한 동네에서 사시며 시장에서 비단장사 하시는 승문이 엄마, 우리 집 아래에서 살며 시장에서 장사하시는 순덕이 엄마 등등, 아줌마들이 많이 모여서 큰 마루에다 돗자리를 깔고 또 발을 내려서 햇살이 들어오지 못하게 차단시키고는 부엌 한쪽에 쌓아둔 샛노란 참외를 광주리로 가득 담아 내오면 엄마와 친구 분들이 빵 둘러앉아서 형님 동생하며 서로 즐거운 시간이 된다.

남자 어른이 안 계신 집이다 보니 더울 땐 웃통을 내놓고 시원하게 부채로 바람을 내어도 흉허물이 되지 않아 교회에서 내려와 이렇게 즐거운 시간을 함께 보내셨다. 이럴 때 나와 동생은 마당가의 큰 나무 그늘 아래 놓인 평상 위에서 아침부터 계속 울어대는 매미 소리와 함께 시원한 참외를 먹으며 교회에서 빌려온 동화책을 읽기도 하다가 나른한 낮잠에 빠져 들기도 했다.

그러다가 엄마가 "저녁 먹자!"하고 부르실 때면 일어나서 밥 위에 갓 쪄낸 호박잎에다 된장으로 만든 쌈장을 얹어서 먹으면 또 얼마나 맛있었는지…. 낮의 열기로 인하여 한여름 밤 쉬 잠들기가 어려우면 두레박으로 퍼 올린 차가운 우물물로 등목을 하고 자리에 들면 그 시원함이 오래도록 머물렀다.

한여름 밤, 높은 하늘에서 별이 보석같이 빛나고 있을 때, 마당에는 하늘처럼 둥근 멍석을 깔아놓고 한쪽으로 모닥불을 피워놓으면 동네 사람들이 모여서 두런두런 얘기꽃을 피우기 시작했다.

하늘엔 그리운 이의 눈처럼 생긴 달이 온 동네를 비추고 뒤편에 있는 아카시아 나무로부터는 시원한 바람이 한 움큼 실려와 더위에 지친 몸을 식혀주었다. 그리고 소쩍새 소리가 유난히 맑게 들리는 이때쯤이면 우물 안에 넣어둔 참외와 수박을 꺼내 큰 부엌칼로 썽둥썽둥 썰어서 함께 나눌 때, 빨간 수박물이 입안에 가득하게 돌고 또 까만 씨를 퉤퉤 뱉어 내면 황후보다 더 행복한 그런 여름밤이 된다.

어른들은 끝도 없이 긴 얘기를 하며 껄껄 웃어대고, 우리들 어린애들은 멍석가로 뱅글뱅글 달리기도 하고 서로 손을 잡고 원을 만들어 강강술래도 했다. 이때는 메리도 목줄을 풀어주어 우리와 함께 뜰 안에서 뛰놀 수가 있는데, 메리는 그 탐스런 꼬리를 올리고는 우리들과 더불어 뛰다가 또 하늘의 달을 보며 노래도 했다.

그러면 어른들이 얘기하길, 메리가 만약 사람으로 태어났다면 성악가이거나 문학가였을 가능성이 높다고 하셨다. 달을 보고 노래하는 거 하며 아름다운 것을 보고 느낄 줄 아는 높은 문학성이 있다는 것이었다.

정말 우리 집 메리는 그럴 것 같았으며, 밤이 깊어 가는지 섬돌 밑에서는 귀뚜라미가 계속해서 연주를 했고 성당의 아카시아 숲으로부터 한줄기 시원한 바람이 온 몸을 식혀 주었다. 이때쯤 해서 우리들은 하나 둘 지쳐서는 엄마 무릎을 베고 잠들기도 하고 또는 누워서 어른들의 얘기를 듣다 보면 하늘의 별이, 달이, 내 눈 속으로 떨어져 내릴 것만 같았다.

소쩍새가 소쩍 소쩍 짝을 찾는지 계속하여 밤하늘을 울리는 소리를 들으며 그렇게 잠든 날은 모기에 물려서 여기저기 빨갛게 튀어 나오곤 했는데, 어른들이 부채로 모기를 쫓아내 주어도 워낙 모기는 날쌔고 무는 속도가 빨라서 다음날이면 당연히 손이 가기 마련이었다.

아마도 나는 여름이 다 가기 전에 잊혀진 고향을 다시 찾을지도 모른다는 예감에 젖어든다….

우리 집 마당이 너르고 또 우물을 길어다 먹는 관계로 자연히 이웃집 사람들이 자주 오게 되고 또 아버지가 함께 계시지 않기 때문에 여자들이 특히 맘 놓고 모일 수 있는 곳이 된 듯했다.

그때 아버지는 1년이면 몇 차례 공주로 올라오시곤 했는데 거리가 너무 먼 경상도에 계시는 때문이기도 하지만, 그곳에서 또 다른 가정을 갖고 계시므로 자주 오시는 것이 힘드셨으리라 생각된다.

매달 공주 집으로 생활비를 보내주셨으며 또 엄마한테 자주 편지를 보내셨다. 필체 좋은 한문 글씨로 애들 데리고 혼자서 생활하느라 얼마나 힘 드느냐고….

그리고 매년 추석 이틀 전날인 13일 엄마 생일에는 잊지 않고 미리 축하전보와 돈을 따로 보내 주셨으며, 또 논산으로 이사하신 후에는 아버지 집의 과수원에서 따낸 잘 익은 사과와 커다랗고 물이 많은 배를 한 상자씩 꼭 보내주셨다. 그리고 아버지가 가끔 공주 집에 오시면 엄마는 우리들에게 절을 하라고 하셔서 우리들 자매는 꼭 절을 올렸다. 그러면 아버지는 우리들의 나이 순서대로 내가 크니까 용돈을 제일 많이 주셨고 또 동생들에게도 나이 순서대로 차이 나게 용돈을 주셨는데 나는 아버지가 오시면 좋았고 엄마도 말씀은 안 하셨지만 즐거워하시는 것 같았다.

동생들도 물론 아버지가 오시면 희색이 도는 것이 아주 좋아했으며 아버지한테서 받은 용돈의 액수가 참 많았는데 학교에 가서 친구들한테 아버지가 오셔서 용돈을 많이 주셨다는 걸 자랑하곤 했다. 친구들은 그때 나의 용돈 얘기를 믿지 못하며 거짓말이라고 의심했다. 그만큼 용돈의 액수가 웬만한 집의 생활비 수준이었으니까 도저히 상상이 가질 않았을 것이다. 물론 아버지도 그 많은 용돈을 우리가 다 쓰라고 주신 것이 아니고 엄마한테 그 돈이 가리라고 생각하시고 자연스럽게 주시는 돈이었음을 우리는 많은 액수에서 알 수 있었다.

아버지가 떠나신 뒤 우리 자매들은 많은 액수의 돈을 엄마에게 모두 드렸고, 엄마는 또 우리들에게 조금씩 용돈을 나누어 주시었는데 나는 기다렸다는 듯이 돈을 받기가 무섭게 그날로 다 써버리고 동생들은 며칠간 가지고 있다가 엄마한테 다시 돌려드렸다.

“지영아, 그 돈을 나한테 주면 안 되겠니? 어차피 용돈으로 쓰라고 엄마가 주신 것인데, 네가 쓸 곳이 없으면 내가 써도 되잖아? 그러니까 엄마한테 드리지 말고 나한테 줘라.”

그러나 지영이는 나한테 안 주고 꼭 엄마한테 드리는 것이 아주 얄미웠다. 나는 어디에다 그 용돈을 다 썼는지 지금은 기억이 나지 않지만 아무튼 어릴 적부터 통이 커서 몇 시간이면 용돈이 다 바닥나고 말았다. 그리고 어디에다 그렇게 쓸 곳이 많은지 매달 받는 용돈이 미리 정해져 있어 받은 날로 바닥이 나 버리는데, 동생들은 며칠간 가지고 있다가 거추장스럽다고 하면서 엄마한테 드리곤 하여 귀염을 받았다.

해마다 구정을 맞이하기 전에(어렸을 때부터 습관이 돼왔던) 새 옷과 신발을 사주셨으며 추석 때도 계절에 맞는 옷과 특별한 용돈을 꼭 주셨다. 아버지는 이렇게 1년에 몇 차례씩 오셔서 일주일이나 며칠씩 계시다가 경상도로 내려가시곤 했는데, 나는 엄마가 새로 사주신 치마 끝을 이빨로 자근자근 물어뜯어서 헌옷으로 만들어 버리는 이상한 습관이 있었다. 또 무릎에 나 있는 도톨도톨한 작은 살집을 손톱 끝으로 자꾸 만지면 크게 상처가 되는데, 얼마나 뜯어 대었는지 내 무릎에는 그때의 흉터가 지금도 옮게 자리하고 있다.

어린 시절 아버지가 안 계신 반쪽 가정에서 자란 탓으로 무언가 욕구불만이 그렇게 분출되었던 것 같다.

동네 남자 친구 승문이와 성관이, 그리고 몇 명의 남자애들과 우리 집 솟을 대문 앞 골목에서 구슬치기를 했는데 항상 구슬치기는 승문이가 이겼다. 승문이는 구슬치기할 때 주머니를 들고 나오는데, 구슬치기하는 그 구슬에도 종류가 있어서 굵은 유리구슬이 있고 작은 유리구슬이 있어 작은 유리구슬 5개가 큰 유리구슬 1개와 맞먹는 숫자로 계산이 되므로 큰 것과 작은 것 모두가 필요했다.

예쁜 빛깔의 유리구슬도 있어 크기에 따라 구슬치기를 하게 되는데 땅 위에다 막대기로 세로로 길게 금을 그어놓고 그 위에 구슬을 각자 큰 것이든 작은 것이든 놓고는 몇 발짝 뒤에서 자기 구슬로 다른 사람 구슬을 맞추는 것이므로 거리 조정을 잘 해야 하고 몸을 앞으로 굽혀야 되므로 허리 운동도 되는 꽤 재미있는 게임이었다.

또 땅에다 구멍을 몇 군데 파놓고는 구슬을 손으로 굴려서 그 구멍에 넣는 것도 있는데 대개 구슬치기 게임에서는 승문이나 성관이가 많이 이겼고 딱지치기에서는 내가 많이 이겼다. 가로 2cm, 세로 3cm 정도의 크기에 도화지로 3장 붙인 정도의 두께에다 이것저것 그림이 그려져 있으며, 한쪽 귀퉁이에 아라비아 숫자가 뚜렷하게 적혀 있다. 크기가 조금 더 큰 것도 있고 종류가 몇 가지나 되며, 바른손으로 딱지를 들고 땅바닥에 놓인 상대방의 딱지를 뒤집혀지게 쳐 내려야 하는 놀이인데, 거리 조정은 물론이고 팔에 힘이 좋아야 상대방 딱지를 홀렁 뒤집을 수 있다. 나는 딱지치기에 자신이 있어 매일 늦도록 딱지치기 하느라 저녁밥 먹는 것도 잊을 때가 많았다. 그럴 때면 엄마가 대문을 열고 “선영아! 밥 먹어라” 하고 소리 지르시면 그때서야 손을 놓았다.

어느 날이었나? 그때도 딱지치기와 구슬치기를 동네 남자애들과 함께 늦도록 하다가 나는 딱지를 많이 땄고 또 구슬은 승문이에게 많이 잃었던 날이었는데 집에 들어와서 잘 때까지도 괜찮았는데 아침에 일어나려니 영 일어날 수가 없었다. 바른쪽 옆구리가 당기고 어깨에서부터 시작하여 바른쪽 팔 전체가 아픈 것이 학교는커녕 밥숟가락도 제대로 들기 어려워 밥도 못 먹었고 힘이 들어서 허리를 펼 수 없이 아팠다.

학교는 자연히 못 갔고 택시에 실려 병원에 갔는데 의사 선생님이 진찰을 하신 후 어제 뭐 했느냐고 물으셨다. 구슬치기와 딱지치기를 했다고 말씀드리자 앞으로는 왼쪽으로도 운동을 해야 한다고 하시면서 너무 바른쪽으로만 운동을 많이 해서 근육이 조금 땡기는 것이라고 하셨다.

엄마는 두고두고 그 얘기를 사람들한테 해서 함께 웃고 하셨는데 나는 주로 남자애들하고 잘 노는 편이었다. 그것은 여자애들하고 놀 때는 조그마한 것까지 세세히 신경을 써야 하는데 남자애들은 좀 화통한 것이 나와 잘 통했고 또 남자애들하고 함께 노는 여자애는 나 혼자라서 남자애들이 내 말을 잘 들어주었다. 남자애들하고는 구슬치기와 딱지치기를 했고, 여자애들하고는 고무줄넘기와 막자치기를 했다. 막자치기는 땅바닥에 가로 세로 같은 넓이의 네모 칸을 만들어서 그 안에 숫자를 적어놓고 숫자의 순서에 맞추어서 판판하고 작은 돌을 발로 차서 금 안에 정확히 넣어가며 뛰어서 그 칸을 넘어야 하는데, 돌을 가능하면 한쪽 귀퉁이의 네모 안에 넣어야 내가 뛰어넘어서 발을 그 안에 넣고는 또 다른 칸으로 돌을 차 넣을 수가 있는 것이다. 1, 2, 3, 4, 숫자대로 돌을 차도 되고 한 칸 건너뛰어서 돌을 차도 되는데, 문제는 너무 먼 곳으로 돌을 차면 내가 그곳까지 뛰어넘질 못하니까 내가 뛸 수 있는 거리 측정을 잘 해야 했다.

동네에서 승문이와 제일 친하게 지냈는데 승문이네는 할머니와 어머니, 고모와 두 분 삼촌과 함께 사는 대가족이었으며 승문이는 외아들이었는데 그 애는 키가 작았으며 하얀 피부에 둥근 얼굴이 귀엽게 생겼으며 나이는 나하고 같은데 초등학교를 7살에 입학한 까닭에 한 학년 위였다. 또 성관이는 승문이네 집 앞의 독채에서 월세로 살고 있었으며, 울타리 안의 마당을 서로 같이 썼고 장독대는 서로가 따로 썼다. 떡 만드는 아줌마네 집도 승문이네 집인데 월세로 살고 있으며 대문을 열면 첫 번째 방과 부엌이 아줌마네 집이었다.

집 앞으로 마당이 있고 집 뒤쪽으로 성당 산이 끊어져서 언덕을 만든 것이 우리 집 건물 뒤나 마찬가지로 언덕배기였다. 승문이는 작지만 귀공자같이 생겼고, 그 옆집에 사는 성관이는 한 살 위지만 키도 크고 체격도 컸으며 또 의젓한 것이 남자다웠다. 학년은 승문이와 같았는데 함께 학교 갈 때 보면 한 아이는 키도 크고 체격도 큰데 한 아이는 또 작고 피부도 하얀 것이 서로 대조를 이루었다.

어느 해 여름이었나? 아마도 내가 초등학교 6학년 때였고 성관이는 중학교 1학년 때쯤으로 기억된다. 하루는 그 의젓하고 멋진 남자아이 성관이가 금강으로 수영을 갔는데 저녁 늦게까지 돌아오지 않아 경찰서에 신고를 했고, 경찰서에서는 금강을 샅샅이 뒤져 성관이를 건져내 병원에 안치한 후 성관이네 집으로 경찰이 와서 말해주었다.

금강의 강 깊이가 고르지 못하여 야트막하다가는 갑자기 깊어지고 하여 그때 많은 사람들이 수영하다가 죽는 예가 많았다. 성관이 엄마는 경찰의 말을 들은 후 방에서 기절하여 쓰러지셨고 성관이 아버지는 시내 사거리의 작은 가게에서 구두 수선집을 하고 계셨는데 그곳으로 급히 연락을 했다. 성관이가 큰아들이었고 남동생이 셋이나 있었는데 아들 사형제 중 하나가 떠난 것이다.

승문이가 친구를 잃어 나보다 더 슬펐으리라 생각되며 내가 이 세상에 태어나서 가장 처음으로 죽음이라는 단어와 접하게 된 계기가 되었으며 또 무척 슬픈 기억이 오래도록 사라지질 않았다. 성관이네 식구들만 보아도 성관이 생각이 나서 눈물이 났고 승문이를 보아도 함께 다니던 성관이 생각이 나서 또 눈물이 났다.

그 뒤로 학교 갈 때 승문이가 나와 같이 가게 되었는데 아침마다 우리 집 메리가 먼저 컹컹 짖어대면 "선영아! 학교 가자" 하고 대문 밖에서 승문이가 소릴 질렀고, 나는 준비하고 있다가 얼른 책가방을 들고 대문을 나섰다.

엄마는 우리들과 함께 할머님 댁에 자주 가셨는데, 할머님 댁에 가면 여러 가지 신기한 것들이 많이 있어서 나의 호기심을 자극시키곤 했다. 할머님 댁에 가려면 우리 집 골목 위로 성당 가는 층층대를 올라가야만 가깝다. 성당에서 S자로 이어지는 길의 끝에서 시내 쪽보다는 시외로 빠지는 자동차 길이 있는 쪽인데, 그곳은 조금 시골 분위기가 나면서 입구엔 작은 시냇물이 흘렀다.

맑은 물가에서는 빨래하는 아줌마들이 방망이로 두들겨 대는 소리가 들리고, 그 물가로는 많은 미루나무들이 서서 키 재기를 하고 있는 것같이 보였는데 그 지역의 입구에 미루나무가 많아서 미루나무골이라는 지명이 생긴 것 같다.

작은 골목길로 들어서면 집이 드문드문 있으며 밭과 야산이 보이는 것이 아주 전원적이었고 마을의 공동우물이 중간 지점에 터를 내리고 있다. 매년 봄이면 밭갈이를 하고 나서 씨앗을 뿌리며 여름엔 그 장소에서 또 여러 가지 야채들이 무성하게 자라난 것을 대할 수 있다.

그러다가 가을엔 곡식들을 추수하게 되는데, 감나무에는 주홍빛과 녹색 그리고 노란색 등 아름다운 빛깔이 섞인 감잎이 노란감과 더불어 무성한 가지를 늘어뜨리고는 우리들을 반겼다. 나는 감잎이 그렇게 예쁜 것을 미처 몰랐는데 할머님 댁에서 밭을 거닐면서 눈길이 가기에 한 장을 주워 자세히 보고는 그 아름다움에 매료되어 예쁜 감잎을 줍느라 시간가는 줄을 모르고 지낸 적이 많았다.

오래된 해묵은 밤나무에서는 시도 때도 없이 하나 둘 밤이 툭툭 떨어지는데 바람이라도 불라치면 후두둑 하고 한꺼번에 많은 밤송이들이 바닥에 떨어져서 땅에 꽂혔다. 그러면 우리들은 끝이 날카로운 대나무를 가지고 가서 한쪽 발로 밤송이를 밟고서 끝이 날카로운 대나무 송곳으로 밤송이의 껍질을 벗겨냈다. 날로 먹는 날밤도 맛있고 쪄서 먹어도 맛있는데 할머님은 치아가 안 좋으시므로 찐밤만을 잡수셨다.

그리고 잘 익은 홍시감을 딸 때는 긴 대나무 끝에 작은 자루를 매달아서 하나씩 살짝 따내야 하는데 외할머님은 홍시감이 터지지 않게 잘 따내셨다. 그리고 밭에서 호미로 고구마를 넝쿨 따라 캐낼 수가 있으며 연두색과 분홍색 그리고 노란색 등의 콩이 넝쿨을 타고 탐스럽게 매달린 밭가로 크고 누런 호박이 누워 있다.

호박잎과 깻잎 고추와 고춧잎 등을 따서 호박잎은 밥에 쪄서 쌈장으로 쌈을 싸서 먹으면 맛있고, 깻잎은 깨끗이 씻은 뒤 물기를 거두어 된장 항아리에 몇 개씩 드문드문 넣어 두었다가 몇 개월 지난 뒤 꺼내서 다시 양념을 하여 밥에 쪄내면 아주 맛있는 밑반찬이 되었다.

고춧잎은 삶아서 나물을 해도 되고 기름에 볶아서 먹기도 하며, 고추도 연한 것과 두꺼운 것을 나눈 뒤에 연한 것은 밀가루를 입혀서 밥에 쪄낸 뒤 양념간장으로 버무려서 먹고, 두꺼운 고추는 맵기 때문에 된장찌개에 잘게 썰어 넣기도 하고 또 반 갈라서 씨를 털어낸 후 찹쌀 풀을 발라서 따가운 가을 햇살에 말려 두었다가 튀겨내면 고소한데, 깻잎과 깨송이도 이렇게 찹쌀 풀을 입혀서 말려두었다가 필요할 때마다 기름에 튀겨내어 먹으면 아주 맛있는 간식이 되었다.

가을이면 햇볕에 말리는 종류가 많은데 첫째, 시장에서 자루로 빨간 고추를 사온 후 물기를 꼭 짠 수건으로 먼지를 하나하나 깨끗이 닦아낸 다음 햇볕 가득한 마당가에 멍석을 깔고 빨간 고추를 고르게 펴서 몇날 며칠을 말려야 했다. 그러다 비가 오기라도 하면 후닥닥 고추를 걷어 방안의 아랫목에 모셔놓고 따뜻한 자리를 내 주어야만 했다.

그리고 가을이면 솜틀집에서 이불솜을 한차례 틀어내 가볍고 부드럽게 된 솜으로 이불을 다시 꿰매어 덮었는데 그런 날이면 우리 네 자매는 이불 속에 들어가서 오랫동안 엄마로부터 신비스런 동화 얘기를 들으며 언제 잠들었는지 모르게 깊은 잠 속으로 빠져 들었다.

가을이 깊었는지 섬돌 밑에서는 귀뚜라미가 찌르륵 찌르륵 소리를 내고 성당의 숲 속으로부터는 뻐꾸기가 뻐꾹뻐꾹 하며 우리들의 꿈속에까지 따라와서 울어댔다.

그러면서 속절없이 시간이 흘러 겨울채비를 해야 되는데, 연탄을 가득 쌓아 두어야만 하고 창문마다 두꺼운 비닐로 덧씌워서 바람을 막아야 했다. 배추를 마당 가득 쌓아 놓고 반으로 가른 배추를 소금물로 절여서 또다시 굵은 소금을 뿌려 차곡차곡 쌓아 놓은 뒤, 다음날 새벽에 배추를 찬물에 몇 차례 씻어낸 후 큰 대나무 소쿠리에 얹어서 물기를 쭉 빼낸 다음 고춧가루로 버무린 맛있는 양념으로 속을 넣어 배추김치를 준비한다.

꽃밭 한쪽에 흙을 깊게 파낸 후 장독을 묻어놓고는 독안에 김장배추김치를 한 켜 한 켜 얌전하게 꼭꼭 눌러 담는다. 또 다른 장독에도 깍두기와 동치미를 담은 후 장독 옆에 흙을 고르게 펴 놓고 그 위에 가마니를 잘라서 덮어 놓았다.

이렇게 준비된 김장김치는 겨울 내내 밥상에 올라오게 되는데, 특히 잘 익은 배추김치로 김치전을 부치기도 하고 시원하게 김치국을 끓여서 목안이 깔깔하거나 감기 기운이 있을 때 먹으면 아주 시원했다. 그러다 김치가 쉬게 되면 김치를 꼭 짜서 잘게 썰고 고기 다진 것과 양파, 대파, 숙주나물 등을 넣어 만두를 빚어서 떡만두국을 끓이기도 했다.

긴 겨울밤 아랫목에 가족이 둘러앉아 화롯불에 밤을 넣어 굽고 또 고구마를 깎아서 먹기도 하며 윷놀이도 하다가 잠들기도 하고, 어떤 때는 엄마가 들려주시는 동화를 들으며 신비의 나라에 사는 공주가 되는 상상을 하면서 깊은 잠 속으로 빠져들었다.

그때는 못사는 사람이 많아 천주교회에서 겨울에 강냉이 죽을 끓여 배급을 했으며 밀가루도 배급하던 때였다. 그런데 그게 아무나 주는 것이 아니고 극빈자들에게만 주게 되어 있어서 읍사무소에서 가가호호 표를 주어 그 표를 내야만 죽도 타 먹고 밀가루나 설탕을 타갈 수 있었다. 우리 집에서는 반대 방향인 박물관 앞에서부터 교회 사무실 앞으로 연결되는 높고 긴 시멘트 층층대가 두 번 나뉘어 굽어지면서 나 있었는데, 성당 건물이 높다보니 꽤 가파르고 높은 층층대였다.

그 층층대 아래 교회 문 옆에는 작은 건물이 있었는데 성화 그림엽서, 묵주, 성경책, 성가책, 그리고 촛대도 있었으며, 성분이라고 하여 성인 성녀들의 그림이 그려진 그림엽서 크기만 한 그림도 있었는데 서로 사서 선물도 했다. 신부님이나 수녀님으로부터 선물을 받기도 했는데, 우리는 성분엽서 한 장을 받기만 해도 기뻐서 자랑하곤 했다.

그 성물들을 교회 사무실로 옮기고 그 자리에 큰 가마솥을 몇 개 걸어놓고 나무로 불을 때어 강냉이 가루로 죽을 쑤어 매일 낮 한차례 극빈자들에게 따뜻한 죽을 나누어 주었다. 극빈자들은 줄을 서서 강냉이 죽을 받아들고는 성당 층층대에 앉아서 죽을 먹었는데 나는 처음에 그 강냉이 죽이 있다는 것도 몰랐었다.

우리 집 쪽에서 조금 떨어진 곳에 성당 보급소가 있었는데 우리 집 근처에는 극빈자가 별로 없었던 까닭이다. 누구네 집에선가 강냉이 죽을 한번 먹어 봤는데 뜨끈뜨끈한 데다 익은 김치를 얹어서 먹으니 어찌나 맛있던지 엄마한테 당장 얘기했다.

"엄마! 우리도 강냉이 죽 좀 타다 먹으면 안 돼요?"

"애가 지금 무슨 소릴 하는 거야? 밥도 못 먹고 사는 사람들 위해서 배급으로 외국에서 온 것을 나누어 먹는 건데, 너 어디 가서 그런 소리 하면 절대 안 된다. 배부른 소리 한다고 욕먹어!"

엄마는 펄쩍 뛰시며 나에게 말조심하라고 하시니 더 이상 말을 할 수도 없었다.

'그럼 내 밥하고 바꾸어 먹으면 되겠구나. 다른 사람들은 밥 먹기를 원하니까 내 밥을 주고, 나는 죽이 먹고 싶으니까 죽하고 바꾸어서 먹어야지!'

그런데 누구하고 바꾸어 먹어야 할지 생각이 떠오르질 않았다.

하루는 떡 하는 집에 낮에 가 보았더니 아주머니가 큰 양재기에 받아온 죽을 마침 아이들에게 덜어주고 계셨다. 떡집 아이들은 나보다 훨씬 어렸는데 김이 모락모락 오르는 그 강냉이 죽이 냄새도 구수하고 빛깔도 노오란 것이 얼마나 먹고 싶었던지, 얼른 내 밥을 들고 와서는 한 아이에게 바꾸어 먹자고 말해 보았더니 그러자고 순순히 받아주었다.

나는 그때부터 점심때가 되면 내 밥을 엄마나 동생들 모르게 살짝 들고 와서 그 애하고 바꾸어서 먹었는데, 집에까지 갖고 가지도 못하고 떡집 마루에 같이 걸터앉아서 소금을 약간 뿌린 후 김치를 곁들여서 먹었는데 참 맛있는 강냉이 죽이었다.

하루는 메리가 먹고 싶어 할 것 같아서 조금 남겼다가 주었더니 메리도 맛있게 핥아서 먹기에 메리에게 뽀뽀도 해주고 함께 공범자가 된 기분이 들어 공연히 메리 눈치를 보았다.

그러다가 떡집 아줌마는 내가 강냉이 죽을 좋아하는 것을 아시고는 어느 날 따뜻한 강냉이 죽을 큰 냄비에 담아서 갖고 오셨다.

"별미로 한번 드셔보세요. 이 댁에서는 이런 거 구경도 못하실 터이니까요."

엄마는 고맙게 받아서 우리들에게 죽을 덜어 주셨다. 그리곤 떡집 아줌마네 점심을 우리가 먹는 거라고 하시며 밥을 그 댁에 갖다 주라고 하셔서 내가 심부름을 갔다. 떡집 아줌마는 받지 않으려고 하셨지만 내가 그동안 철없이 그 집 죽을 많이 먹었으므로 나는 당연하다고 생각했다.

"아줌마! 제가 그동안 죽을 많이 먹었고 또 앞으로도 얻어먹어야 하니까 이 밥을 받아주세요."

그래야 내 맘이 편하고 자주 죽을 얻어먹을 수 있을 것 같았다.

겨울철이면 성당에서 극빈자에게 죽을 쑤어 주었으며 또 생전 처음 보는 이상한 장갑을 나누어 주기도 했다. 그리고 다른 철에는 밀가루와 설탕을 나누어 주기도 했는데 나는 그런 것들을 아주 부러워했다. 어떻게 하면 나도 저 사람들처럼 물건을 받아 쓸 수 있나 하고 생각해 보다가 내 장갑과 그 서양 장갑을 바꾸기로 했다. 아이들은 내 장갑을 갖고 싶어 했으니까 쉬운 일이었다.

우리 집과 승문이네 집 사이에 골목길이 좁다랗게 나 있고 그 길로 조금 올라가면 성당으로 오르는 돌 층층대가 50계단 나 있는데 겨울철에 눈이나 비가 오면 조금 가파르기 때문에 아주 위험한 길이 된다. 밤새 쌓인 눈을 새벽에 만나게 되면 부지런한 동네 어른들이 싸리비로 골목 안의 눈을 쓸어 내시고 또 긴 층층대까지 다 쓸어내리셨다. 그리고 간밤의 추위로 말미암아 길이 미끄러우면 그 위로 재를 깔아놓거나 가마니를 잘라서 깔아놓으면 성당에 오르는 길이 어렵지 않았다.

동네 어른들이 번갈아 가면서 서로 상의한 적도 없는데 그렇게 말끔하게 세수한 얼굴처럼 길을 내 놓으시면 보기에 참 좋고 또 편하게 다닐 수 있었는데, 나는 항상 성당으로 오르는 돌 층층대의 눈을 쓸어낼 수 있는 기회를 바라고 있었는데 쉽지 않았다. 새벽 일찍 일어나서 성당에 오르는 사람들이 미끄러지지 않도록 해야 하는데, 어른들이 항상 새벽에 길을 깨끗하게 닦아 내시므로 나한테는 차례가 주어지질 않았다.

그리고 싸리비로 마당 쓸어내는 것을 참 좋아하여 자주 마당 청소를 했는데, 겨울에 눈이 쌓였을 땐 눈만 쓸어내면 되지만 가을에는 많은 나뭇잎들이 이리저리 쓸려 다녀서 꽤나 신경 쓰였다. 그리고 여름 장마철이 지나면 마당이 엉망진창이 되는데, 더러운 흙물을 쓸어내고 마당이 마른 뒤에 다시 싸리비로 싹싹 쓸어내면 흙탕물을 말끔히 씻어낼 수 있다. 더러워진 부분은 물을 뿌려 가며 쓸어내면 원래의 다져진 마당이 제 모습을 보이면서 흙먼지 하나 날리지 않고 단단한 찰흙이 보였다. 엄마가 외출하고 돌아오셔서 세수한 얼굴처럼 깔끔한 마당을 보시면서 어떻게 이렇게 깨끗하게 마당청소를 했느냐며 활짝 웃으셨다.

성당의 마리아상 옆에는 꽃밭이 널따랗게 있는데 성모 마리아를 상징하는 장미나무가 가득 심겨 있고 또 마리아 동상 바로 뒤에다 길게 타원형으로 넝쿨장미를 올려서 예쁘게 장식을 해놓았다. 사람들은 그곳에서 사진촬영도 하고 앞마당에서 여러 가지 행사를 할 때 모이는 곳이었다. 우리들은 엄마가 해 주신 한복을 색색으로 다르게 해 입고 또 엄마도 예쁜 한복으로 입으시고 1월

1일 첫날 신부님께 세배를 드리기 위해 사제관 앞 건물에서 줄을 서야 했다. 시골 먼 곳에서 새벽부터 신부님께 세배 드리기 위해 오신 분들이 계시므로 그분들이 신부님을 뵙고 난 후에야 우리들 차례가 된다.

온 가족이 나란히 서서 신부님께 절을 올리면 신부님도 우리들처럼 마루에서 절을 하시는데 아무래도 외국분이라 절하시는 모습이 엉성했다. 그러나 따라서 하시는 신부님의 그 정성이 얼마나 고마운지 몰랐다. 세배가 끝난 후 덕담을 나누고는 서양 사탕을 한 주먹씩 나누어 주시면 받아들고 나와서는 그 다음에 수녀원으로 가서 수녀님 세 분을 뵙고 다시 세배를 했다. 수녀님들은 모두 한국분이라서 또 좋았다.

이렇게 신자들의 세배가 끝나면 모두 마리아상이 있는 앞마당에 모여 한복차림으로 널뛰기도 하고, 제기차기 또는 연날리기와 윷놀이를 동별로 나누어 하면서 마지막으로 제일 잘한 동에게는 상품이 주어졌다. 방 신부님도 한국의 민속놀이를 신기해했고 또 함께 즐기셨으며 추석에는 신자들이 교회에 모여서 송편을 만들어 극빈자들에게 대접했다.

갓 따온 싱싱한 솔잎을 씻어 시루에 얹어서 쪄낸 송편은 향기도 좋았고 하얀 떡쌀을 반죽해서 작게 새알만큼 떼어내서는 둥글고 편편하게 만들어 그 안에 깨를 볶아서 찧은 것, 콩을 익힌 것, 밤을 쪄서 잘게 썰어 놓은 것 등을 넣은 후 둥글고 편편한 면을 반으로 접어 반달모양이 되면 맞물리는 쪽을 꼭꼭 눌러서 떨어지지 않게 했다.

김이 무럭무럭 나는 가마솥에 솔잎을 깔고 쪄낸 송편은 쫄깃쫄

깃했으며 아주 맛있었는데 우리 집 옆에 사시는 떡 장사 아줌마가 특히 신나는 날이었다. 아줌마가 제일 많이 일을 하시고 또 즐겁게 그 일을 하셨는데 아줌마네 집에서 주신 떡을 집에서 먹을 때보다 성당에서 여럿이 모여 만들면서 갓 쪄낸 따뜻한 떡을 함께 나누니까 더욱 맛있었고 또 정말 신나는 일이었다.

크리스마스 행사는 12월 24일 자정미사를 올리게 되는데 보통 주일에는 1시간이면 되는 미사시간이 이때는 2시간도 넘게 미사가 길어지는데 딴 지역의 신부님들도 오시고 시골에서 많은 신자들이 오는 까닭에 영성체 시간이 길어지면서 미사 시간이 길어지는 까닭이었다. 성가대원들의 성가 찬양이 얼마나 멋지고 감동적이었는지 지금까지도 나는 그 찬양소리를 간직하고 있다.

미사가 끝난 후 묵직한 성당의 나무문을 열고 나오니 온 천지가 새하얀 눈나라로 변해 있었는데 성당의 너른 마당에는 쌀가루 같은 눈이 소복하게 쌓여 있으며 앙상한 겨울나무에도 하얀 털옷을 입혀 놓은 것이 따뜻하게 보였다. 그리고 성당의 언덕배기와 층층대에 쌓인 눈들이 꼭 떡집 아줌마가 만드신 하얀 백설기 떡처럼 보였다. 그리고 낮에 내리는 눈보다 캄캄한 밤에 새하얀 눈을 바라보니 그 느낌이 아주 달랐는데, 내가 읽었던 동화책 속에서의 전설 같은 그런 눈으로 변하면서 나는 또 요술나라의 공주가 되기도 했다.

성장하여 음악 감상을 하거나 여행지에서 합창을 듣거나 할 때마다 그때 공주 천주교회 성가대의 자정미사 때 들었던 그 찬양소리가 늘 내 마음속에서 머물고 있다. 다시금 그 어린 시절로 돌아가 그때 그 사람들과 더불어 미사도 드리고 또 언니 오빠들이 부르는 찬양소리를 다시 듣기를 소망해 보았지만 지나간 세월은 돌이킬 수 없었으며 나는 속절없이 자꾸만 커 가고 있었다.

남자친구 박승문, 박성관은 신부님이 미사 드릴 때 복사라는 이름으로 시중을 들었는데, 가운을 입고 집기를 들어서 신부님께 드리기도 하고 무릎을 꿇고서 옆에 있기도 했다. 그때 소년들 대개가 서로 복사를 하려고 노력하던 때였다.

프랑스인 방 신부님은 이곳 성당의 주임 신부님이시고 성당이 크다보니 보좌 신부님이 또 오셨는데, 프랑스인 권 신부님은 꼭 영화배우처럼 잘 생기신 분이었다. 훤칠하니 큰 키에 방 신부님처럼 배가 불룩하니 나오지도 않았고 날씬했으며 희고 긴 얼굴에 노란 머리칼을 가진 분이었다. 두 분 신부님이 계시니 첫째 방 신부님이 프랑스 말을 많이 하실 수 있어서 우리들이 보기에도 좋았고, 또 멋진 신부님이 계셔서 신부님 보려고 성당에 자주 가게 되었다. 두 분이 검은색의 긴 신부복을 입고 성당 마당을 산책하며 불어로 얘기하실 때면, 우리는 교리공부를 하느라 마당가의 큰 돌 위에 앉아서 신부님을 쳐다보며 자주 웃을 때 새들도 따라서 노래했다.

프랑스 말은 참 듣기에 좋았는데 노랫소리 같기도 한 것이 부드러운 느낌이었으며, 신부님의 하얀 얼굴과 금빛 머리카락 그리고 긴 얼굴에 파란 눈, 높은 코와 붉은 입술이 인상적이었다. 또 방 신부님은 둥근 얼굴에 갈색머리를 갖고 계셨으며 파란 눈동자에 눈도 동그랗고, 권 신부님보다는 약간 작은 키에 둥글둥글한 느낌의 체격에다 배가 나오신 분이라 의젓해 보이고 풍채가 중후한 분이셨다. 두 분이 항상 같이 다니셨는데 권 신부님은 프랑스

남쪽 지방에서 잘 사는 집의 아드님이시고, 방 신부님은 프랑스 중부지역에서 사셨는데 집안이 조금 어려웠다고 하는 어른들 말씀을 들었다.

두 분 신부님이 얼마나 인자하고 사랑이 많으신 분인지 우리는 신부님 곁에서 함께 있기를 좋아했고, 또 권 신부님이 가지고 오신 서양 장난감에 취미를 붙여서 학교가 끝나면 사제관 거실에 있는 여러 가지 희한한 장난감으로 신부님과 함께 게임을 했다. 방 신부님은 조금 엄격한 분이셨고 권 신부님은 젊은 분이라 그런지 방 신부님과는 다른 성격을 가진 분이었다.

공주에 이사 오던 해가 59년 가을이었으며 내 나이 9살 때로 초등학교 2학년을 다니다 왔는데 벌써 가을 학기가 시작되어 편입이 어려웠고 겨울방학을 지낸 후 다음해 3월에 3학년으로 편입이 가능하다고 했다. 둘째인 지영이가 6살인데 유치원에서는 받아주어 다닐 수 있었는데, 천주교회 부설 근화 유치원으로 교회 건물 내에 유치원이 있어 집 대문을 나와 성당으로 가는 층층대만 쪼르르 올라가면 유치원이었다. 셋째인 미영이가 그때 3살, 막내 혜영이가 1살 때였다.

천주교회에 나간 후 첫 번째 크리스마스를 맞이했고, 다음해 봄이 되어 나는 3학년으로 편입되어 학교에 다닐 수 있었으며 지영이는 7살로 초등학교에 접수를 했으나 아직 어리므로 내년에 다시 오라는 통지를 받아들고 엄마는 노발대발 야단이셨다.

다른 애들은 7살에도 학교를 다니는데 왜 안 되느냐고 하자, 생일이 9월생이라 6월 이전에 태어났으면 되지만 그 이후 생은 안 된다는 것이었다. 만 나이로 계산하면 채 7살이 안 되는 시기였기에 어쩔 수 없는 일이었다. 그래서 지영이는 1년을 유치원에 더 다니기로 결정했고 미영이는 4살에 유치원을 언니와 함께 다닐 수 있었다.

아침에 일찍 일어나서 밥을 먹고 난 후 세수와 양치를 한 후에 대청마루 한쪽에 네 자매가 나란히 앉아서 차례를 기다렸다. 엄마는 손 검사와 얼굴 검사를 마친 후 지영이의 머리를 땋기 시작하셨는데 우리 집에서 지영이 혼자 긴 머리를 갖고 있었다. 나는 어렸을 때부터 단발머리를 계속하고 있었으며, 막내는 짧은 커트 머리였고 셋째 여동생 미영이는 짧은 단발 파마머리였으므로 시간이 오래 걸리지 않았는데 지영이가 긴 머리를 땋아야 하기 때문에 시간이 좀 걸렸다. 머리를 꼭꼭 잡아당겨서 땋아야지 그렇지 않고 살살 땋아 내리면 지영이는 성질을 내면서 다시 머리를 땋아 달라고 하기 때문에 시간이 더 많이 걸릴 때도 있었다. 이건 순전히 엄마의 습관에서 시작된 일인데 처음 지영이의 머리를 땋기 시작할 때부터 느슨하게 땋아 주었으면 그렇게 지영이도 습관이 되었을 텐데, 매일같이 꼭꼭 잡아당겨서 머리를 땋다 보니까 이제 와서 살살 할 수도 없게 된 것이었다.

"너무 잡아 당겨서 머릿속이 빨갛게 되었는데 아프지 않니?"

그러나 지영이는 그때서야 괜찮다고 했다. 동생들이 다니는 천주교회의 유치원은 수녀님이 지도해 주시어 동생들이 아주 좋아했고 또 천주교회에서는 하루에 세 번 종이 울리면서 맑고 은은한 소리가 온 동네를 감쌌다. 그럴 때 우리들은 교회에 나가서 교리문답을 외우곤 했는데 그때는 교리문답 책이 조그만 포켓용으로 되어 있어서 갖고 다니기 좋게 만들어져 있었으며 천주교회의 교리를 묻고 답하는 식으로 되어 있어 외우기 쉬웠다. 천주경, 성모경, 영광송, 사도신경 등을 딸딸 외워야만 했고 잘 외워야 영세성사가 주어졌다. 보통 초신자가 3년을 다녀야 하며 교리문답에 합격해야 영세 성사를 받을 수 있었다.

다음해 봄 4월, 부활절 대축일 미사 때 유아 세례식이 있었는데 이때 대전교구에서 주교님도 오시고 많은 사람들이 유아 세례식 구경을 하기 위해 모여 들었는데, 지영이와 미영이가 함께 유치원에 다니던 때라 수녀님은 두 애들을 천사로 만드셨다.

닭털인지 오리털이었는지 잘 모르지만 흰색의 진짜 털로 큰 천사의 날개를 만들어서 두 애들의 어깨 뒤에 달아매고, 흰색 치마저고리에 흰 장미꽃을 둥글게 엮어서 머리 위에 장식했으며 흰 양초에 불을 밝혀 들고 교회 문을 들어서니 사람들이 놀라며 정말 천사가 하늘에서 내려온 듯 예쁘다고 웅성웅성했다.

그런데 입장하고 얼마 안 되어 난리소동이 벌어졌다. 맨 앞줄에 선 두 명의 천사가 양초를 들고 입장한 그 뒤로 어린이들이 한 복차림으로 양초에 불을 켜 든 채 들어오다가 천사 바로 뒤에서 걸어오던 아이의 부주의로 천사 날개에 불이 붙었다. 교회 안이 갑자기 소란스러워졌고 어른들이 막 달려들어서 불은 꺼졌으나 천사역의 두 동생들이 몹시 놀랐으며 또 머리카락 뒤쪽이 조금 타들어 갔다.

갑자기 교회 오르간이 중단되었으며 미사도 중단되었다가 다시 시작했다. 수녀님 세 분이 손으로 하나하나 털을 꿰매서 만드시느라 몇 밤을 새워서 완성된 천사의 날개가 이렇게 몇 사람에게만 선을 보인 채 다시는 볼 수 없게 되었다.

이날, 이 사건으로 인해 다음해엔 천사의 날개도 볼 수 없게 되었고 또 양초도 사용하지 못하게 되었다. 처음으로 천사의 날개를 만들어 어린이들에게 환상과 꿈을 선물하려고 했던 일이 어린이들의 부주의로 순식간에 물거품이 되어 버린 것이다. 어쨌든 이날 지영이와 미영이는 서양 인형같이 생긴 아이들이라는 찬사를 받았다.

이렇게 부활절 땐 유아 세례식이 있었고 크리스마스 때 엄마와 내가 함께 영세 성사를 받을 수 있었다. 이때 세례명을 엄마는 마리아로, 나는 가멜라로 했는데 우리들 자매가 좋아하던 수녀님 세례명이 가멜라여서 서로가 그 수녀님 세례명을 가지려고 양보를 하지 않아 가위 바위 보로 정했는데 내가 이겨서 가멜라 본명을 갖게 되었고 동생들은 다른 두 분 수녀님 본명을 따라 세례명을 정했다.

성인 성녀 중에서 자신이 좋아하는 이름을 갖게 되는 것인데, 수녀님들이 좋다보니 수녀님의 본명을 그대로 갖기를 희망한 것이었고 막내는 어렸던 관계로 우리들이 지어 주었다. 교회 나간지 만 1년도 채 안 되어서 영세 성사를 받을 수 있었던 것은 지영이가 워낙 교리를 잘 외웠고 나도 교회에 열심히 나가 출석이 아주 좋았던 까닭이었다.

5학년 때, 12살 되던 해 봄에 성당 본 건물의 넓은 나무 바닥에는 많은 학생들이 띄엄띄엄 앉아서 시험을 치르는 날이었다. 교리문답 시험이 1년에 한차례씩 봄이면 꼭 실시되었는데 나는 1등을 하고 싶어 학교 공부보다 더 열심히 했고 또 조금 자신이 있었다. 많은 사람들이 교회 마리아상 앞에 모여서 시험 발표를 기다리고 있었는데 정말 놀랍게도 내가 1등으로 많은 사람들이 보는 앞으로 나가게 되었다.

엄마는 내가 1등으로 불려지자 처음에는 믿지 못하고 잘못 들었는가 했고, 나 역시 자신은 있었지만 태어나서 처음 1등으로 호명되어 놀라는 것은 마찬가지였다. 그리고 엉겁결에 앞으로 나가서 다른 학생들과 몇몇이 서게 되었으며, 상품으로 프랑스 소녀 인형이 나에게 주어졌는데 안고 다녀도 될 정도로 꽤 컸으며 털실 바지와 털실 스웨터를 사람들이 입는 것과 똑같이 정교하게 떠서 해 입힌 인형이었다. 커다랗고 긴 상자에 인형을 넣을 수도 있으며 그 상자 안에는 원피스랑 블라우스 치마와 스웨터가 가득 들어 있었다. 옷도 참 예뻤지만 처음 보는 프랑스 인형은 노란색의 짧은 파마머리를 한 소녀로 남색 빛의 큰 눈이 누이면 감기고 인형을 세우면 다시 눈을 뜨고는 나를 바라보았다. 팔 다리도 움직일 수 있게 만들어 놓았으며 고무가 말랑말랑하면서도 약간 딱딱한 인형이었다.

'세상에! 내가 1등을 다 했구나!'

생각하지 못했던 귀한 상을 받고는 가슴만 쿵쾅거렸다. 그것도 그럴 것이 학교공부를 잘 못하니 중학교에 떨어질까 봐 걱정되어 5학년인 나에게 가정교사가 들락거리는 마당인데 나보다 엄마가 더 놀라고 기뻐하셨다. 얼마나 엄마의 기쁨이 컸으면 그날 앞에 나와서 찬송가로 하나님께 감사를 드렸으며, "학교 공부보다 교회에서 1등을 한 내 딸이 최고다!"라고 말씀하셨다.

그때부터 나는 교회에서 스타였으며 인기 좋은 여학생이었는데 온 세상이 내 것만 같았고 갑자기 세상이 즐거워졌다. 10살 때부터 성당에서 많은 책을 빌려 읽는 취미를 가졌다. 한국에서는 그때 당시 책이 귀하던 때라 사제관 2층에 도서실을 따로 만들어 교회 책과 일반 교양서적을 갖추어 놓고 빌려주었는데 그때 난 “소공녀”, “소공자” 그리고 약 10권 정도 되는 장편의 “붉은 머리 앤”과 “장발장”이나 “백설공주와 일곱 난쟁이” 등을 읽었다. 또 그곳에 있는 책 모두를 다 읽고 싶어 했으며 어떤 책은 내가 아직 어린 관계로 이해하지 못했으나 그래도 빌려서 읽었다.

책을 읽으면 알지 못하는 세계를 간접적으로 경험하게 되고 또 상상을 많이 할 수 있어서 좋고 책을 다 읽고 나면 뿌듯하게 마음이 꽉 차는 느낌이 들어서 좋았다. 나는 이상하게도 독서에 욕심이 많아서 누구보다도 제일 많이 독서를 하려고 노력했다.

도서부의 언니 오빠들은 내 이름을 독서카드에 기록하면서 어떻게 이렇게 많은 책을 읽느냐고 대견해 했는데 교회 도서관에 없는 책은 학교 도서관에서 또 만날 수 있었기에 나는 양쪽 도서관에서 빌려온 책을 항상 열심히 읽었다. 제일 즐거운 시간이 책 읽는 시간이었는데 초등학교 5학년으로 진급하면서부터는 교과서 외에 다른 책을 만날 수 없게 되었다.

우리 집에는 아래 윗방 외에 대청마루를 건너면 조금 큰 방이 하나 따로 있고 작은 마루로 또 연결되어 있는데 그 방이 비교적 조용해서 내가 혼자 그 방에서 공부하고 자고 했다. 엄마는 내가 3학년 때부터 그 방을 사용하도록 하셨는데, 5학년 학기 초에 공주사범대학 수학과의 남자대학생이 가정교사로 우리 집에 오게 되어 저녁때 몇 시간씩 그 방에서 과외지도를 받게 되었다. 놀 때는 밤이 늦어도 졸리지 않았는데 어찌된 일인지 책상 앞에 앉기만 하면 그때부터 졸음이 쏟아지는지….

엄마는 큰 책상을 일부러 가구점에서 맞추어 그 방에 들여놓았고 책상에 맞춘 의자도 2개 준비하여 대학생 선생님과 나란히 앉아서 공부를 했는데 지금 생각해 봐도 참 한심스러운 것이 오죽 공부를 못했으면 초등학교 5학년 때 집에서 따로 과외공부를 했겠는가?

네 자매가 어른이 된 후 지영이와 그때를 얘기하면서, 내가 5학년 때였는데 무슨 가정교사가 그렇게 필요했겠느냐고, 순전히 엄마 극성으로 그렇게 되었던 것이고 또 엄마의 사치성이 그렇게 만들었던 것으로 우리 둘이서 현명한 판단을 내렸다.

역사와 국어, 도덕은 딸딸 외우며 잘 했는데 수학이나 과학은 잘 못했으며 또 공부하기도 싫어했다. 그때 검정색의 대학생 교복이 있었는데 가정교사는 항상 교복차림으로 우리 집에 왔다. 내가 공부하다 졸리면 추운 겨울에도 데리고 나가 직접 우물에서 두레박으로 퍼 올린 찬물로 세수하라고 하셨다. 그러면 찬물에 손 담그는 것이 싫어서 도망가려고 했고 엄마는 안방에서 뜨개질하시다가 방문을 활짝 열고는 소리를 지르셨다.

"졸리면 찬물로 세수하고, 찬물로 세수하는 게 싫으면 졸지 않으면 될 게 아니냐! 너 때문에 선생님이 추운 데서 얼마나 고생하시냐!"

할 수 없이 차가운 엄마 말소리가 무서워 찬물로 세수하고 덜덜 떨면서 방으로 다시 들어갔다. 그러면 대학생 선생님은 나를 달래시면서 기분을 맞춰가며 공부를 가르쳐 주셨는데, 전라도 어딘가가 고향이었고 공주로 유학 와서 친구와 함께 자취를 하던 분이었는데 우리 집에 오신 뒤로는 저녁식사를 우리 집에서 따로 하셨고 또 어떤 때는 우리들과 함께 식사도 하셨다.

공부시간에 넓은 방에서 선생님과 둘이 있을 때, 지영이가 살그머니 들어와 내 옆에서 선생님이 얘기하시는 걸 듣고 있다가 선생님이 질문을 하면 지영이가 답을 말하고 나는 답을 찾지 못했다. 엄마는 내가 걱정되어 공부 잘하고 있나 보고 오라고 지영이를 그 방에 보낸 것인데 지영이는 옆에 서 있다가 선생님이 가르쳐 주시는 걸 다 외우고 또 정답을 말했던 것이다. 나는 지영이가 엄마한테 가서 말할 것이 걱정되었다.

선생님한테는 친구 두 분이 있었는데 군대를 갔다온 분들이라 다른 학생들에 비교하면 나이든 학생들이었다. 어느 날인가 친구 두 분이 방문을 왔고, 마침 주일이라 성당을 갔다온 뒤 엄마가 준비해준 김밥이랑 과일 등을 친구 분들이 가방에 챙겨서 들고 선생님과 친구 두 분, 그리고 셋째 여동생 미영이가 예쁘다고 선생님께서 미영이를 안고 지영이와 나, 그리고 이웃에 사는 지영이 친구와 함께 7명이 공주산성 공원으로 걸어갔다.

그때는 시내버스가 없었고 웬만한 데는 걸어서 다니던 때였는데 내 나이 12살로 초등학교 5학년이었으며 지영이가 9살로 초등학교 2학년 때였다. 그리고 미영이가 6살 때였으며 막내 여동생 혜영이가 4살 때였다. 지영이와 미영이는 머리 빛깔이 약간 노란색이었으며 지영이는 머리를 둥글게 땋았고 미영이는 짧게 파마머리를 했는데, 특히 미영이는 하얀 얼굴에 눈이 크게 쌍꺼풀져 있고 눈썹이 정말 반달같이 생긴 데다 새카맣고 긴 속눈썹이 서양인형에서 본 눈같이 생겼다. 그리고 빨간 볼과 조그만 입술이 꼭 사과같이 생겨서 예쁜 원피스를 입혀 놓으니 마치 서양인형 같았다.

선생님과 친구 분들이 번갈아가면서 미영이를 안고 공산성까지 올라갔는데 나무가 많았고 꼬불꼬불한 산길이 참 좋았으며 높다란 기와 건물과 잔디가 깔려 있었는데 산꼭대기에 서니 우리 동네가 작게 보였으며 금강 다리와 남색 빛깔의 금강도 그때 처음 보았다. 넓은 모래사장도 보였으며 강 위엔 조그만 배도 몇 개 있었는데 공기도 참 맑았으며 새소리가 어딘가에서 들려왔고 햇볕은 누런 황금가루를 뿌려놓은 듯 그렇게 찬란한 오후였다.

우리는 모두 둥글게 앉아서 엄마가 싸 주신 김밥이랑 과일 등을 먹으며 노래도 했는데 그때 선생님 친구 분이 영어로 하던 노래가 참 듣기 좋았는데 지금은 하나도 생각이 안 나고 아무튼 영어노래였던 기억만 난다. 우리 선생님은 노래에는 별로 소질이 없었던 것 같았는데 무척 자상한 아버지같이 대해 주시던 그 선생님과도 헤어져야만 했다.

지금 생각해 보면 대학을 졸업하신 것 같았는데 졸업 후에는 선생님 고향인 전라도로 내려가신다고 했다. 고향으로 내려가시기 전에 우리 집에 오셔서 함께 식사하고 헤어질 때, 내 손을 꼭 잡고는 공부 열심히 하고 건강하라고 몇 번이나 말씀하셨으며 동생들도 선생님과 정이 들어서 떠나신다고 하니까 울먹여댔다.

지금 이 글을 쓰면서도 가정교사 선생님의 성함은 잊었지만 얼굴과 모습을 생생하게 기억하고 있다. 그리고 친구 분들까지도…. 지금 이렇게 글 쓰는 것을 좋아하고 있는 나의 모습을 선생님께 보여드리고 싶다. 그리고 선생님이 보고 싶어서 한국에 빨리 날아가 선생님을 찾고 싶은 충동에 사로잡혔다. 선생님과 공산성에서 사진 촬영한 것이 지금도 변하지 않고 잘 보관되어 있다.

그렇게 선생님과 헤어진 뒤, 두 번째 가정교사로 오신 분은 같은 공주사대 학생으로 여자 분이었는데, 나에게 공부는 열심히 가르쳐 주지 않고 멋만 부리고 또 나 혼자 공부하라고 한 뒤 나가서 늦게 들어오고 하여 한 달을 못 채운 채 엄마는 중단시켰다.

그 후 초등학교 6학년 담임선생님 댁에서 실력이 모자란다고 생각되는 학생들 몇몇이 과외지도를 받았는데, 지금 생각해 봐도 정말 과외지도를 안 받았더라면 중학교에 떨어졌을까? 곰곰이 생각해 봐도 그 정도의 실력은 아니었을 것 같다. 그때는 돈이 좀 있는 욕심 많은 부모님들이 유난히 자식들을 공부시키려고 했고, 과외지도를 누구한테 받느냐 하는 것이 중요하던 때였다.

무슨 유행처럼 대학생 중에서도 영어과나 수학과 대학생은 더 비쌌으며 다른 과의 대학생들은 과외비가 조금 낮았다. 그리고 직접 학교 교사로부터 과외지도를 받는 것은 정말 운이 좋은 것이었다. 선생님 체면에 어떻게든 합격시킬 것이며 또 현직 교사로부터 수업을 받으면 마땅히 비싼 수업료를 치러야 했다.

가정교사가 떠난 뒤 다다미방으로 되어 있는 윗방으로 내 책상이 옮겨졌으며 엄마는 미닫이문을 항상 열어놓고는 내가 공부할 때 졸고 있는지 아닌지 뜨개질을 하시며 다 보고 계셨다. 그리고 건넌방은 세를 주었는데, 일가족 네 명으로 큰딸이 지영이보다 한 살 아래였고 둘째인 외아들은 우리 집 넷째하고 같은 나이였다. 젊은 부부였는데 우리 집에서 가까운 양조장에서 일하시는 아저씨라고 했다.

우리 집이 다른 집과는 조금 떨어져 있고 젊은 엄마 혼자서 나이 어린 딸 넷을 데리고 사니까 도둑들이 알고는 밤이고 낮이고 들어왔으며, 또 엄마가 항상 도둑을 쫓아내셨다. 아무튼 엄마는 혼자 우리들을 기르시면서 담대해졌을 테고 어느 누구도 엄마를 따를 자가 없었다. 우리 엄마는 어느 방면에서고 제일이었다. 몇 차례 도둑을 쫓은 뒤에 방을 비워두니 안 되겠다고 여겨 남자분이 있는 가족을 그 방에 세를 내주게 되었던 것이다.

특히 동생들이 아주 좋아했고 건넌방에 이사 온 경희와 재홍이도 좋아했는데 나이가 비슷하여 곧 친해졌다.

엄마가 도둑을 쫓아낸 이야기 중 지금까지 기억나는 한 가지가 있는데 어느 날 밤, 잠을 자다가 무단히 눈이 떠지면서 엄마 머리 위로 웬 시커먼 그림자가 서 있는 것이 보였단다. 순간 엄마는 놀라서 "누구요!" 하고 소리 지르면서 벌떡 이불을 걷어차고 일어나셨고, 윗방 문은 네 쪽으로 된 미닫이문이었는데 한쪽 문이 벌써 옆으로 열려져 있었고, 도둑은 그 문으로 해서 다다미방인 윗방을 거쳐 대청마루로 해서 건넌방으로 뛰더란다.

그래서 엄마도 다다미방을 거쳐 대청마루를 지나 건넌방까지 뒤따라서 뛰었는데 건넌방 옆에 조그만 마루가 길게 가로로 연결되어 있고 그 끝이 화장실이었는데 화장실 문을 열고는 들어가더란다. 쪽마루까지 쫓아온 엄마는 화장실문이 쾅 하고 닫히는 소리에 정신이 번쩍 나면서 그때서야 다리가 후들후들 떨렸단다.

도둑이야! 하고 크게 소리를 질러 사람들을 모아야 하는데 입술이 덜덜 떨리고 소리가 입 밖으로 영 나오질 않았으며, 화장실 문도 무서워서 못 열고 서 있다가 쪽 마루의 긴 유리창문을 열어

젖히고 "불이야! 불이야!" 하고 소릴 질렀단다.

몇 시경이었는지 동네는 쥐 죽은 듯 조용했고 그렇게 잘 짖어대던 메리도 어쩐 일인지 조용하기만 했단다. 그때, 달빛이 훤하게 밝은 밤이었는데 천주교회 돌 층층대 맨 위까지 올라간 도둑이 뒤돌아서서 우리 집을 보고 서 있는 게 보였단다. 다시 유리창문을 잠그고 건넌방을 들어서자 그때서야 장롱 속에 옷이 다 나와 있고 찬장문이 열려 있는 것들이 보였다고 한다. 안방까지 건너오는데 꼭 뒤에서 붙잡는 것만 같아 발이 떨어지질 않았고 등 뒤에선 식은땀이 줄줄 흘러내렸다고 하셨다.

전축을 훔치러 왔나 하고 도둑을 뒤따라 방을 건너면서 언뜻 보니 전축 손잡이가 반짝반짝 거리고 있어서 안심을 했다고 하셨다. 그때는 전축이 귀하던 때라 공주에서 몇 집만이 갖고 있었는데 그 무거운 전축을 아무리 장사라 해도 밤에 혼자서 들어 나르기는 힘들었을 것이다.

이튿날 동네에는 도둑 들어온 이야기가 큰 화젯거리였는데 우리 집에만 들어온 게 아니고 동네 몇 집을 거쳤으나 다행히도 잃어버린 물건이나 돈이 없어 안심이 됐지만 이 사건을 계기로 해서 건넌방을 세놓게 된 것이었다.

경희네는 우리가 중동 초등학교 입구에 있는 큰 집으로 이사가기 전까지 같이 살았다. 함께 사니까 참 재미있고 엄마도 좋아하셨다. 도둑이 들어왔던 일로 메리는 침울해졌는데 그것은 메리로서도 어쩔 수 없는 일이었다. 도둑이 다녀간 다음날 아침, 양재기로 된 메리의 밥그릇에 시커먼 자국이 보여 자세히 보니 약을 뿌려 놓았는데 사람들이 말하길 수면제 같다고 했다. 수면제를 뿌려놓았으니 메리는 전혀 모르고 있었던 것이며, 아침에 사람들 눈치를 보고는 도둑이 들어왔구나 하고 생각해 낸 것 같았다.

메리는 귀가 축 늘어져 있었으며 예쁜 꼬리를 내려 뒤로 감추고 우리들의 눈치만 슬슬 보았는데 메리의 까맣고 큰 눈에는 눈물이 글썽글썽하니 미안해서 어쩔 줄 몰라 하고 있었다.

그 후 또 한번 도둑이 들어왔을 땐 메리 덕분으로 도둑이 도망갔으며, 딱 한번 그때 실수가 아닌 어쩔 수 없는 경우를 제외하고는 별다른 일이 없었는데, 메리도 슬슬 늙어 가는지 자꾸 누워있는 날이 많아지고 웬만한 것은 짖지도 않게 되었다.

예전에는 대문 밖에서 작은 소리만 나도 크게 짖어대던 그 좋던 목청도 이젠 쇠잔해져서 가끔 짖어댈 뿐이고 이웃사람이나 자주 오는 사람은 아예 짖지도 않았다. 그러다가 한번은 작은 소년이 메리 옆으로 지나다가 신발을 물렸는데 양말과 발등까지 이빨 자국이 나서 병원으로 실려 간 적이 있다. 한번도 물지 않던 메리가 그런 이상한 행동을 보였으며 그것도 꼬마 아이의 발등을 물었으니 큰 사건이었다.

그 후로도 메리는 우리와 함께 집에 계속 있었는데, 하루는 엄마가 장날 시장에 가서 개장사한테 얘길 하여 어느 날 아침 그 개장사가 큰 자전거를 끌고 왔다. 자전거 뒤에는 나무로 얼기설기 만든 큰 상자가 놓여 있었는데, 그 상자의 문은 위에서 열고 닫게 되어 있었다. 메리는 이날 자신의 운명을 예감했는지 아침밥도 안 먹었으며 초조하게 왔다 갔다 목줄을 끌고 다녔다. 그러다 개장수 아저씨가 집에 들어서자 달려들며 짖어대었는데, 그 아저씨 팔을 물려고 하면서 목줄을 풀지 못하게 막 뛰고 하여 몹시 애를 먹였다.

오랫동안 서로 그렇게 잡으려고 했고 또 잡히지 않으려고 하다가 결국 엄마가 메리의 목에 손이 가자 순순히 그때는 주인의 행동에 복종했다. 나는 옆에서 지켜보고 서 있었는데, 메리가 측은하고 딱해서 그냥 집에 두자고 말했으나 나이가 많아서 자꾸 망령된 행동을 하므로 이대로 두어서는 사람만 다친다고 하시며 어쩔 수 없는 일이라고 하셨다.

개장사가 자전거 뒤의 큰 상자에 메리를 싣고 갈 때 메리는 우리들 쪽을 보면서 눈물을 줄줄 흘리고 있었다. 엄마는 메리를 안 보려고 방으로 들어가셨고, 나는 메리를 태운 자전거 뒤를 쫓아 긴 골목길이 끝나는 데까지 쫓아가다 지쳐서 더 이상 뛰지 못했다. 메리가 타고 가는 자전거 뒤를 오랫동안 서서 바라보며 손을 흔들고 있었는데 눈물이 막 쏟아져서 그 골목길을 어떻게 걸어서 집까지 돌아왔는지 모른다.

지금 이 글을 쓰면서도 메리를 생각하니 또 눈물이 막 흐른다. 메리의 나이를 대충 생각해보니 내 나이 14살 때 메리가 개장사 아저씨를 따라갔으니 경상도 집에서 내가 철들어서 보니 메리가 있었는데, 내 기억은 8살 때 메리가 우리 집에 있었으므로 그 이전으로 나이를 환산해 보면 대충 10년 조금 넘게 함께 살았던 것 같다.

또 기억나는 한 가지가 있는데, 진교면의 그 큰 집에서 살기 전에 어느 조그만 집이 생각난다. 그러니까 태어난 후 최초의 내 기억인데, 진교면의 큰 집에서 살기 이전으로 거슬러 올라가서 어린 시절 몇 살 때였는지 모르겠는데, 그때 안방 벽에는 큰 무명천에다 위의 양쪽으로 기역자 모양의 봉황새가 긴 꼬리를 늘어뜨리고 있었으며 가운데는 한문으로 수壽와 복福 자가 새겨져 있었다. 그리고 무명천의 사방 테두리에는 ㄱㄴㄷㄹ이 연결된 것 같은 수를 놓아 장식을 했는데, 흰색의 그 무명천 위쪽을 벽에 붙여놓고 그 무명천을 걷어 올리면 옷을 걸어 놓은 것이 보였다. 그러니까 장롱이 없던 그때, 그렇게 벽에 못을 박아놓고 옷을 걸은 뒤 옷에 먼지가 앉지 못하도록 무명천으로 벽 한쪽을 덮어 놓은 것이 어린 나에겐 꽤 신기했는지 지금까지 기억이 새롭다.

그리고 비가 많이 오던 날이었는데 엄마는 방 옆에 붙은 작은 부엌에서 무언가를 하고 계셨으며, 머리를 덮은 국방색으로 된 비옷을 입으신 아버지가 문 앞에 서 계셨는데, 문이라고 표현은 했지만 실상은 가마니로 앞을 막은 것이라고 해야 정확한 표현이 될 것 같다. 위의 두 가지가 최초 내 어린 시절의 기억인데 초등학교 입학하기 전이었던 것 같다.

두 여동생들이 자라서 이제 어엿한 학부모가 되었으며 나를 제외한 세 여동생들이 모두 교직에 있다 보니 어렸을 때 언니가 얼마나 공부를 못했으면 초등학교 때 과외지도를 다 받았겠느냐고 네 자매가 모이면 그때 얘기를 하면서 웃어댄다. 그리고 무엇이든 남한테 뒤떨어지는 것을 싫어하는 엄마 성격에 오죽했으면 불안해서 그랬을 거라고 하며, 학교 교사가 되어 보고 또 학부모가 되어 보니 알만하다고 하며 웃었다.

우리 집은 엄마가 학교공부에는 유난히 극성스러운 편이었으며 누구에게 뒤떨어지는 것을 싫어하셨고 또 옷도 최고로 해주셨다. 책가방과 구두 등 모든 것을 다 최고 좋은 것으로 해 주셨고,

음식도 요리 강습이 있을 때마다 다니시면서 항상 새로운 요리로 맛있고 보기에도 멋진 요리로 우리들에게 요리실습을 하셨는데 그 외에도 엄마는 여러 가지로 솜씨가 참 좋으신 분이셨다.

한국요리와 서양요리를 다 배우셨고 또 큰 잔치가 있는 집에서 엄마를 꼭 초대하여 귀빈으로 모시었다. 엄마는 또 예쁜 그릇에 예쁘게 음식을 담아 내셨는데, 과방이라고 해서 잔칫집에서는 중요한 일을 하는 방이었는데, 과방에서 그 집의 솜씨가 다 나오게 되어 있고 그 집안의 안목이 나오기 마련이었다. 엄마는 예쁜 한복을 입고 흰 앞치마를 두르시고 머리에 흰 수건을 쓰고는 음식을 정갈하게 다루셨다. 그리고 오징어를 가위로 열심히 그림 그리듯이 썰어서 예쁜 공작새나 여러 가지 모양을 만들어 장식용으로 쓰기도 하고, 과일도 갖가지 모양과 색을 맞추어 어울리는 접시에 예쁘게 담아내셨다.

특히 엄마가 잘 하시는 것 중에는 결혼식 때 쓰는 폐백닭인데, 손질한 닭을 등이 보이도록 펴서 반듯이 놓은 후 그 위에 대추, 은행, 밤, 잣 등으로 장식을 하는데 닭의 머리에도 장식을 했다. 굵은 실에 색색으로 꿰서 장식을 하기도 하며, 가늘고 작은 나무 꽂이에다 꿰어 닭의 온몸을 수놓듯이 둘러놓으면 아주 멋진 작품이 되었다.

우리들의 도시락을 준비할 때도 엄마는 달랐다. 다른 집 애들은 밥하고 반찬만 준비해 오는데 빵을 쪄서 점심 준비를 해주셨고, 감자를 쪄서 으깬 후 색색의 야채를 잘게 썰어서 섞은 후 빵가루를 입혀서 튀겨내는 크로켓과 야채샐러드 등이었다. 요즘에는 이런 음식이 보편화 되었지만 60년대에는 귀했으며 구경하기도 어려웠던 때인데 같은 재료를 갖고도 독특하게 요리를 하셨고 모양도 예쁘게 해서 찬합에 담아 준비해 주셨다.

가끔은 담임선생님께 드리라고 따로 준비해 주시기도 했는데 김밥과 유부초밥, 생선튀김과 새우튀김 등 요리책에 나오는 요리는 엄마 손을 거쳐서 내 도시락에 한번씩 올라와서는 많은 사람들의 찬사 속에 선을 뵈었다.

학년 때마다 담임선생님들 모두가 엄마를 모르시는 분이 없고 소풍 때나 운동회 때는 꼭 봉투에 내 이름을 써서 새 돈으로 준비하여 담임선생님께 드리라고 하셨다. 그리고 구정과 추석 때는 선생님 댁으로 고기나 과일 한 짝씩 아저씨들이 지게에 지고 가서 선생님 댁 마루에 올려놓도록 하는 엄마의 지극한 정성이 있었다. 엄마는 상당히 학구열에 불타는 분이어서 옛날식으로 스승 모시듯이 하신 분이었고, 요즘처럼 치맛바람 일으키는 부인네들과는 다르셨다.

"선영이가 공부 못하면 때려서라도 제대로 시켜주세요. 저를 의식하지 마시구요."

담임이 바뀔 때마다 엄마가 늘 하시는 말이었다.

겨울이 오기 훨씬 전부터 엄마는 털실 꾸러미를 꺼내서 나와 동생들의 스웨터나 풀오버 또는 털실 바지와 덧커버 모자 등을 대나무바늘로 뜨개질을 하셨는데, 해마다 털실을 풀어서 다시 뜨는 이유는 소매 끝이나 앞판이 아무래도 빨리 해지기 때문이었다. 털실이 약한 쪽은 뒤판으로 가게 해서 뜨고, 실이 비교적 튼튼한 것으로 소매나 앞판을 뜨셨는데 무늬도 항상 바꾸고 모양도 바꾸어 언제 입어도 새로운 기분이 들었다. 그리고 아주 따뜻했으며 다른 집 아이들이 입은 스웨터보다 훨씬 예뻤다.

긴 겨울밤이면 가족이 모두 아랫목에 앉아서 화롯불에 밤을 넣어 굽기도 하고 또 고구마를 생으로 깎아서 먹기도 하며 윷놀이도 하고, 길게 배를 깔고 누워 아랫목의 따뜻한 곳에 발을 밀어 넣고 책을 읽었다. 그러다 보면 밤이 깊었는지 "찹쌀떡이나 앙꼬!" 하는 소년의 목소리가 적막한 겨울의 동네 골목을 울리면서 크게 들렸다가는 이내 멀어지면서 아랫목 우리들의 잠 속에서까지 길게 여울져 들리는 그런 겨울밤이었다.

64년, 해가 바뀌어 드디어 중학교에 입학을 했으며 양장점에 가서 교복을 맞추고 타이즈도 사고 운동화와 가방 등 이제 중학생이 되었으니 모양도 새로운 것으로 사고 교복에 맞추어서 운동화도 정해져 있어 빛깔까지 맞추어야 했다. 머리도 단발로 해야 하는데 어려서부터 단발머리 모양을 항상 해왔기 때문에 별로 신경 쓰지 않아도 되었다. 엄마가 단발머리로 깎아 주시니까 항상 그 머리모양을 하고 다녔었다.

지영이는 유치원 다닐 때부터 머리를 둥글게 땋아서 예쁘게 했는데, 엄마는 머리 만지는 솜씨도 좋아서 지금 생각해봐도 어떻게 머리를 둥글게 땋을 수 있는지 나는 연습을 해봐도 안 되었다. 미영이는 또 앞머리를 내려서 단발파마를 했는데 꼭 서양 인형 같았다. 지영이가 중동 초등학교 3학년 때 큰 사건이 하나 있었다. 학교에서 통지표(성적표)를 가지고 왔는데, 통지표에 기록된 점수와 시험지 점수가 다르게 기록되어 문제가 생겼다. 그때 학교에서는 시험을 치른 후 선생님이 O, X로 채점을 하여 가정으로 시험지를 돌려보냈는데 엄마는 그 시험지를 다 모아 두셨다.

그러다가 한번은 지영이가 받아온 통지표 점수가 시험지에 나와 있는 점수와 다르게 기재되어 있어 전체 점수가 다르게 나왔고 또 석차순위가 다르게 될 수밖에 없었다. 엄마는 시험지와 성적표를 들고 학교로 직접 가셔서 지영이 담임선생님에게 말씀하셨으나 담임선생님은 인정하지 않았다고 한다. 그러자 엄마는 다음으로 교감선생님과 교장선생님을 차례로 만나 시험지와 성적표를 보여주며 잘못된 것을 말하셨다. 그러자 교감선생님과 교장선생님 두 분은 인정을 했으나 담임선생은 다르게 말씀하였다고 한다.

이번에는 그대로 두고 다음부터 조심하겠노라고 하셨다는데, 엄마는 그럴 수 없는 일이라고 하며,

"성적표가 잘못 되었으면 고치면 되는 일인데 왜 고치질 않느냐? 그리고 항상 1등 하던 애가 3등이 되었으면 왜 그런가 하고 한번쯤 의심을 갖고 다시 훑어보았어도 이런 일이 안 일어났을 텐데 어떻게 일을 하는 것인지 모르겠다. 1등으로 고쳐서 적지 않을 경우엔 다른 방법을 연구하겠다"고 하셨단다.

그러나 지영이의 담임선생님은 석차를 고치지 않았으며 아무런 말씀이 없었다고 한다.

그리고 여름방학이 되자 엄마는 지영이를 부속국민학교로 전학시켜 버렸다. 그때는 한 지역에서 딴 학교로 전학시킬 수가 없었기에 우리 집을 논산으로 이사시켜 놓고 주소를 만든 후, 지영이의 학교를 논산으로 전학시켜 놓았다가 몇 주 후에 다시 공주로 이사 온 것으로 서류가 되었으니 지영이를 부속국민학교로 전학시킬 수 있었던 것이다.

아버지가 사업을 하시는 관계로 이사시키는 것이 쉬웠고, 또 부속초등학교에서는 지영이가 성적이 좋은 아이여서 쉽게 받아 주었던 것이다.

사실은 초등학교 1학년 때부터 부속초등학교로 입학시키고 싶어 하셨던 엄마의 꿈이 뜻하지 않게 담임선생님의 실수로 인하여 좋은 계기가 되었고, 엄마는 또 그 기회를 잘 이용하셨던 것이다. 이렇게 하여 지영이가 부속국민학교로 옮긴 것이 지영이의 일생에 정말 빛나는 업적이 되었다.

아무튼 우리 엄마는 머리도 명석하고 못 하는 것 없이 다 잘하는 팔방미인이셨으며, 갸름한 얼굴에 훤칠한 키 하며 한복을 입으면 날아갈듯이 늘씬했으며 또 여자로서 대장부감이었다. 그 후 중동초등학교에서는 엄마에 대해서 혀를 내둘렀다고 하며 지영이 담임선생님은 다른 곳으로 가게 되었다고 한다. 이런 우여곡절을 겪으면서 지영이가 4학년으로 편입되었고 미영이가 같은 학교 1학년으로 입학하여 나란히 학교를 다니게 되었다.

공주에는 제민천이라는 이름의 긴 시냇물이 시내 중앙을 흐르고 있었으며 시멘트로 만들어진 다리가 냇물 위로 몇 개나 있었는데, 양쪽으로 또 건물이 늘어서 있었으며 그 제민천을 따라 올라가다 보면 산 아래 있는 큰 건물이 교육대학이고, 대학건물 옆에 부속국민학교가 있었는데 학교가 멀리 있기 때문에 학교버스로 다녔으며 그래도 둘이서 학교를 가니 조금 멀어도 안심이 된다고 하셨다.

63년 4월, 내가 초등학교 6학년 때 권 신부님께서 본국인 프랑스로 떠나시게 되었다. 몇 개월 안 되는 짧은 기간을 우리들과 함께 보내셨지만 참 인상 깊은 만남이었으며 그 후 몇 개월 지나 우리들의 주임 신부님이셨던 방 신부님께서 또다시 딴 지역으로 떠나시게 되어 몹시 슬펐다.

충남지역은 대전 대교구에서 발령을 내어 한곳에서 오래 머물지 못하게 되어 있으며, 수녀님들 역시 학교 선생님들처럼 기간이 있어 그 기간을 채우거나 아니면 조금 일찍 딴 지역으로 발령이 나며, 즉시 딴 지역으로 옮겨가게 돼 있었다. 신부님은 송별식이라도 하고 떠나기에 덜 섭섭한데 수녀님들은 언제 어느 때 떠나셨는지 통 알 수가 없으며 조용히 왔다가 조용히 떠나므로 그저 우리들은 미사시간에 수녀님들이 앉아 계시는 곳으로 눈을 돌려서 다른 수녀님의 얼굴이 보이면 그 수녀님이 가셨구나 하고 생각할 뿐이었다.

미사 드릴 때도 수녀님은 우리들하고 떨어져서 왼쪽 벽 쪽에 한 줄로 책걸상이 붙어있는, 무릎을 꿇을 수도 있고 앉을 수도 있으며 또 성경책을 얹어 놓을 수 있는 그런 곳에서 세 분의 수녀님이 한 줄로 나란히 계셨는데, 제일 어려보이는 수녀님이 항상 앞에 앉으시며 나이가 지긋한 원장 수녀님이 세 번째로 뒤에 앉으셨다.

나이 어린 수녀님들이 대부분 유치원을 맡으셨고 중간에 앉으시는 수녀님이 교회 안 제단에 꽃도 꽂으시고 교리문답 지도를 언니 오빠들과 맡아서 하시는 언니 오빠들의 교장선생님이셨으며, 나이 어린 우리들은 언니 오빠로부터 나뉘어져서 교리를 또 배웠다. 원장수녀님은 주로 교회의 신자들과 새로 온 신자들의 가정방문을 하셨으며 병문안과 임종 직전에 연락을 받으면 찾아

가시었고, 또 초상집에서 연도를 할 때 할머님들과 함께 그 모든 까다로운 임종절차를 맡아서 하셨다.

그리고 가끔 영화배우같이 아주 예쁜 수녀님이 우리 성당에 오실 때도 있는데 까만 수녀복에 하얀 얼굴이 더욱더 돋보이며, 또 하얀 손과 머리를 가린 검은 천이 그렇게 멋져 보일 수가 없어서 어떻게 저렇게 예쁜 분이 수녀님이 되셨을까? 하고 항상 궁금했으며 나도 이담에 저렇게 예쁜 수녀가 되어야 하겠다고 몇 번이나 마음먹은 적도 있었다.

그러다가 어느 날 수녀님들은 대전교구로부터 발령장이 나오면 그 즉시 간단한 가방 하나만 들고 딴 곳으로 가시므로 엄마는 항상 그때마다 쓸쓸해 하셨다. 동생들 세 명이 계속 유치원을 다니면서 많은 수녀님이 바뀌었는데, 아버지가 다른 지역에서 딴 여자와 살고 계시므로 과부 아닌 과부로 살고 계시는 엄마는 우리들과 성당밖에는 모르는 분이었다. 그리고 우리들이 다니던 학교가 엄마한테는 두 번째로 관심이 큰 곳이었다. 그래서인지 엄마는 새해면 가래떡을 방앗간에서 가지고 와 따뜻할 때 제일 먼저 신부님과 수녀님께 드렸다. 그리고 별미로 집에서 새로운 음식을 하실 때도 제일 먼저 신부님과 수녀님이었다. 그때마다 물론 심부름은 맏이인 내가 해야 했는데 흰 눈을 사각사각 밟으며 성당에 심부름 갈 때면 물론 춥지만 참 좋았다.

가을 추석에는 나뭇잎이 성당 마당에 가득 쌓여있는 모습을 볼 수 있으며, 외부와 차단된 생활을 하시는 신부님과 수녀님들이시기에 호기심과 경외심에서 심부름 가는 것을 좋아했던 게 아닌가 싶다. 그러나 더 정확하게는 하나님께 음식을 드리는 마음으로 심부름을 다녔었다. 새로 오시는 수녀님과 정이 들어 가까워지면 어느 날 갑자기 딴 곳으로 떠나시어 엄마는 쓸쓸해하셨는데, 아버지가 안 계신 가정을 혼자서 꾸려가면서 혼자 사는 여자들끼리의 이심전심이라고 할까? 아무래도 통하는 데가 있었을 듯싶다. 물론 수녀님들이야 처녀로 하나님의 딸이 될 것을 서원하고 기도와 봉사로 일생을 생활하시는 분들이니 아예 자식이나 남편이 없었기에 엄마가 느끼는 적적함과는 다를 것이다. 그래도 어떤 수녀님들은 떠나시기 전에 엄마한테 살짝 귀띔을 하여 서로 송별의 말이라도 할 수 있었는데, 대부분의 수녀님들은 아무도 모르게 떠나는 것이 보통이었다.

참으로 빈손 들고 왔다 가는 인생길이며 구름처럼 아침이슬처럼 소리 없이 흔적도 없이 떠나시는 수녀님들이 무척이나 야속했고, 이해는 하면서도 마음속이 휑하니 뚫려 나가는 그 적막감이 오래 갔는데 아마도 엄마가 느끼시는 감정은 무척이나 깊으셨으리라.

방 신부님께서는 이곳 성당에서 오래 계셨다고 하는데, 우리들이 이사 오기 훨씬 전부터 계셨다고 하니 3년은 확실히 지났고 약 5년 정도 계신 것으로 짐작된다. 방 신부님은 공주 인근에서 모르는 분이 없을 정도로(그때는 외국인이 없던 때였다) 사교적이셨고, 또 열정을 갖고 교회를 운영해 나가셨던 분이었다. 권 신부님이 몇 개월을 함께 이곳에서 계시다 프랑스로 떠나신 뒤 몇 개월 지나자 방 신부님이 또 딴 지역으로 발령이 났는데 공주 근처 조치원으로 떠나시게 되었다.

그날, 신자들이 모여서 송별식을 할 때 마리아상 앞의 마당 안이 눈물바다를 이루었다. 또 몹시 마음 아파했던 것은 공주 천주교회에서 이렇게 많은 신자들과 교회건물도 잘 갖추고 계셨던 신부님이, 우리 교회보다 보잘것없는 조치원에 있는 천주교회로 가시기 때문이다. 행정적으로는 같은 읍 단위지만 조치원이라는 고장은 교통의 요새로서 기찻길이 사방으로 뻗어 있으며 지역만 넓었지 다른 것은 제대로 갖추고 있질 못했다. 그래서 같은 읍 단위지만 공주는 군 소재지이면서 읍이었고, 조치원은 단지 읍으로 있을 뿐이라 작은 도시였으며 학교나 행정기관이 공주만 못했다. 기차가 있는 이 지역은 예로부터 기찻길이 사방으로 뻗어 있어서 소란스러웠고 말썽부리는 사람들이 많아서 공주와는 완연하게 다른 분위기의 도시였다.

공주는 먼 백제시대 때는 임시수도로 군림했고 일본 제국주의 시대에는 도청소재지로 명성을 날렸다. 그리고 현대에 와서는 교육·문화·역사의 도시로 아담하며 정서적인 분위기가 짙은 도시로서 조치원과는 도시의 품격이 달랐다. 그러니 방 신부님께서 조치원으로 가시는 것이 무척 슬픈 일일 수밖에 없었다.

방 신부님이 떠나시고 이곳 성당에는 한국인 신부님이 오셨는데 이 신부님이셨다. 엄마와 나는 조치원으로 몇 차례 방 신부님을 뵈러 갔었는데 그때마다 늙어 가시는 신부님이 초라한 곳에 계셔서 뵈올 때도 울기만 했고 돌아와서도 또 울기만 했다.

하루에 세 번 은은하고 맑게 울리는 성당의 종소리마저 방 신부님이 떠나신 뒤로는 슬프고 처량한 소리로만 들렸으며, 아카시아 꽃향기가 퍼지는가 했더니 금방 세월은 흘러 약 1년 정도 지나자 방 신부님이 병원에 입원하셨다는 소식을 접하게 되었다.

그러나 그땐 먼 곳의 병원에 계셔서 뵙질 못했으며 그 후 교회에서 들은 얘기로는 프랑스 본국의 고향에 가셔서 요양 중이시라는 얘길 듣게 되었다. 그래서 공주사대 불어과 교수님께 부탁을 드려 내 편지를 번역한 뒤 프랑스로 편지를 드렸더니 방 신부님께서는 그때까지도 나를 기억하고 계셨으며 또 자세한 편지를 보내주셨다. 그리고 방 신부님께서 장미 나무로 정교하게 깎아서 만든 갈색의 묵주에 성모송을 하는 곳마다 갈색 장미꽃으로 만들어져 있는 참 예쁜 묵주를 하나하나 조그만 갈색 가죽 지갑에 넣어서 친구들과 나누어 쓰라고 많이 보내주셨다.

나는 그때 무엇이었는지 잘 기억이 안 나는데(아마도 한국적인 무엇이었을 것이다) 엄마와 상의하여 신부님께 보내 드렸으며 또 잘 받았다는 서신이 왔었다.

그 후 어찌어찌하다 편지를 계속하여 보내 드리지 못한 것이 못내 죄송스럽고 또 조치원에 계실 때에도 좀 더 자주 찾아뵙지 못한 것이 두고두고 한이 되었다.

새로운 생활, 즉 중학교 때의 사춘기 생활이 시작되면서 무언지 모르게 좀 바빠지게 되었다. 내가 다니게 된 공주여자중고등학교는 상당히 역사가 깊은 학교였는데, 큰 한옥 건물이 여러 채로 길게 지어져 있는 것이 꼭 기숙사같이 생긴 집이었으며, 그 안에는 큰 우물도 있어 아마 예전에는 관청으로 쓰여졌을 것 같은 집이었다. 마당가에는 큰 은행나무가 할아버지 같은 위엄으로 서 있고 두 쪽의 넓고 큰 나무 대문을 활짝 열면 학교 안마당이 사각의 흰 종이를 깔은 듯 보였고, 학교에서 집에 갈 때 그 대문을 나서면 큰길이 곧바로 나오는 길가에 위치하고 있었다.

중학교 1학년 때 그곳에서 입학식을 했으며 약 1년 남짓 그 한옥 건물의 학교에 다니다가 이사를 가게 되었는데 지금 생각해봐도 참으로 운치 있고 낭만적이었던 몇 개월이었다.

1학년 때 담임선생님은 그 여학교에서 제일 예쁜 음악 선생님이셨는데, 나는 이담에 크면 우리 음악 선생님처럼 멋지고 귀품있으며 세련된 여자가 되어야지 하고 생각했으며 또 선생님 흉내를 내느라 노력했었다.

권귀옥 선생님은 안동 권씨 문중의 귀품 있는 집 규수였으며 서울에 가족이 모두 계시므로 주말이면 항상 서울로 올라가셨다가 일요일 오후면 다시 공주로 내려 오셨는데, 서울 이화여자대학교 성악과이셨는지 피아노 전공이셨는지 확실하지는 않지만 아무튼 음악지도를 해주셨는데, 피아노나 오르간을 치시면서 우리들에게 교가도 가르쳐 주시고 가곡과 외국곡들을 가르쳐 주시었다.

그리고 가정과 선생님은 50세가 넘은 할머니 선생님이셨는데 항상 한복을 입으셨으며 치마를 무릎 아래로 짧게 하여 걷는 데 편하도록 했으며, 또 짧은 파마를 하셨는데 회색과 흰색이 섞인 아주 멋진 머리카락을 갖고 계셨다. 나는 가정과 선생님의 머리빛깔이 너무나 멋져 보여서 나도 이담에 늙으면 선생님처럼 저런 머리카락을 가져야지 하면서 부러워했다. 작은 돋보기안경을 늘 코끝에다 걸치고, 작은 키에 체격이 당당하셨으며 항상 환한 웃음기 있는 얼굴에 꼭 기숙사 사감 같은 느낌과 위엄을 갖고 계셨다. 그리고 요리실습 시간이 되면 우리들은 제일 좋아했는데, 책상에 앉아서 공부하는 것보다 자유스런 분위기에서 맛있는 음식도 만들고 또 선생님들께 음식을 갖다 드리는 것이 참 좋았다.

교장선생님과 교감선생님도 참 인상이 깊은데 특히 교장선생님의 외모에서 풍기는 느낌이 좋았다. 지금 이렇게 나이 들어 생각해 보면 지적인 충만감이 외모로 풍긴 것이었으며, 맑고 인자한 눈길이 거저 생기는 것이 아님을 알게 되었다. 그만큼 살아온 인생이 학식과 인격으로 조화가 되어야 하며 또 자신의 얼굴을 남부끄럽지 않게 가꾸려는 노력이 필요하다는 것을 느껴본다.

50대에 인생의 어떤 결실이 이뤄지던 그 시대, 큰 키에 안경 쓰신 모습과 알맞은 체격으로 학교 운동장이라고 해야 되는 좁은 안마당에서 조회를 할 때, 교장선생님을 바라보면 떨어져 사는 아버지를 떠올리게 해 주었는데 그것은 어딘가 얼굴 모습이 비슷한 부분이 있었으며, 또 아버지는 나에게 아련한 추억과 동경을 마음속에 간직하게 해 주셨던 분이었다.

초등학교에 다니던 친구들 대부분이 같이 진학했는데 건자와 한 반이 되어서 좋았으며 또 시골에서 많은 아이들이 들어왔다.

몇 개월을 기와집 여학교에서 다니다 그해 가을, 우리들의 여학교는 한번도 그곳 윗동네에는 가본 적이 없는 그런 꼭대기 동네로 이사를 하게 되었다.

학교가 이사하는 날 전체 학생이 자신의 걸상을 들고 그 꼭대기 새 학교까지 걸어가야 했는데, 책상은 조금 무거우므로 큰 트럭으로 실어 나르고 걸상만 학생들이 각각 들고 가게 되었다. 지금 생각해보니 그 먼 거리를 그것도 소나무로 만든 나무의자를 들고 어떻게 그곳까지 많은 학생들이 날랐을까 하고 의아심이 생기는데, 그것은 시내버스로 아마 20분 정도 가야 하는 거리였기 때문이다.

물론 그때 우리들의 나이가 중학교 1학년 때니까 13살에서 14살 때였으며, 고등학교 3학년 언니들은 18살이나 19살 때였으니 그만한 무게는 능히 들 수 있었을 터이지만 약간 먼 거리여서 고생이 심했다. 선배 언니 중 한 분은 내가 힘들어하자 대신 들어주기도 하여 그때부터 한동안은 그 선배언니와 가까이 지낸 적도 있다.

이사하는 날 중·고등학교 전교생이 까만 세라복에 의자를 하나씩 들고 큰길가로 일렬로 서서 걸어갔던 것을 상상해보면 지금도 즐거운 추억으로 떠오른다. 다행이었던 것은 비바람이 잠잠했지만 햇볕에 땀을 흘리면서 무거운 걸상을 들고 걷는데 너무 힘들었다.

우리들의 새 학교는 시멘트 건물로 몇 채나 되는 상당히 큰 학교로서 입구에서 보면 제일 뒤쪽 약간 높은 지대의 층층대로 올라가서 운동장이 있는데 공주시내 끝 쪽에 해당되는 야산 아래에 자리하고 있었다.

교문을 나서면 가운데로 일직선의 곧고 긴 길이 나 있으며 그 길을 약 30분 정도 걸어야 제민천이 나오는데, 그때 그곳의 제민천은 제대로 된 교각이 없었고 나무로 엉성하게 엮어서 흙으로 다져놓은 다리였는데 군데군데 흙이 내려앉은 곳은 나무 사이로 흐르는 물이 보였으며 또 자갈이 보였다. 옆에는 당연히 난간이 없어서 술에 취한 아저씨가 밤이면 그곳에서 발을 헛디뎌 떨어지는 사고가 난 적도 많았다.

학교 정문을 나서면 가운데 길을 하얗게 두고 양쪽으로는 넓은 뽕나무 밭이 있었는데 밭가에는 작은 시냇물이 흐르고 있어 아주 운치가 있었으며 학교 뒤쪽과 양 옆으로는 작은 산이 병풍처럼 둘러쳐져 있어 참으로 좋은 위치였다. 한 가지 문제점은 시내에서 먼 거리였기 때문에 우리 집에서 학교 갈 때면 약 1시간 정도 그것도 쉬지 않고 계속 걸어야만 했다.

처음 학교가 이전하고 난 후 체육시간이나 결강 시간 또는 수업을 마친 후 전교생이 약 1시간 남짓 운동장에서 풀을 뽑아야만 했는데 풀만 뽑는 것이 아니라 다시 풀이 올라오지 못하도록 풀의 뿌리까지 완전히 뽑아내야만 했다. 그것도 한꺼번에 소탕작전을 해야 효과적이므로 전교생이 함께 풀을 뿌리째 뽑아내고 다음으로 자갈이나 돌을 완전히 주워 내야만 했다.

오랫동안 쓰지 않았던 학교라서 운동장엔 풀이 무성했고 교실마다 냄새가 났다. 그래서 운동장이 부드러운 흙으로 될 때까지 발로 다지고 비로 쓸어내고 해서 아주 넓고 훌륭한 운동장으로 만들어 놓았다.

그 다음이 학교 정원에 꽃나무를 심는 일이었으며 교실 의자에 앉는 줄을 따라 매일 청소 당번이 교실과 유리창, 화장실 등을 청소했다. 이렇게 1학년 생활은 학교 가꾸기로 지나갔으며, 2학년이 되면서 신학기 초에 1학년 때 담임선생님이셨던 권귀옥 선생님이 서울 고향으로 전근이 되어 떠나셨으며, 가정과의 할머니 선생님은 정년이 되어 퇴직하셨다. 그리고 인자하시던 교장선생님도 정년퇴직을 하시고 서울로 가시게 되어 내가 좋아하던 선생님들께서 모두 떠나시게 되어 몹시 슬펐다.

중학생이 되면서 교회생활 역시 바빠졌는데, 교회 학생회에서는 교리, 도서, 성가, 봉사부 등 여러 부서로 나뉘어서 학생들이 참여했다. 몇 군데 부서에 참여해도 되지만 대개는 한 부서에서 맡은 일을 했는데, 나는 성가부와 도서부에 이름을 올렸으며 또 두 곳에서 열심히 봉사했다. 성가대에선 토요일 학교가 파한 후 연습을 했는데 성가 연습할 때 파이프 오르간 소리를 듣는 것이 참 좋았다.

우리 성당은 상당히 크고 높은 고딕식이었는데 교회 입구의 작은 문을 들어서면 길고 둥근 통모양의 꼬불꼬불한 층층대를 올라가야 했는데, 그곳에 오르면 성당 안이 모두 보였고 멀리서 미사 올리는 신부님을 마주 볼 수 있었으며 높았기 때문에 성가대의 성가소리가 잘 들렸다. 천정이 높아서 울림이 좋았으며, 미사 올리는 일반 신자들은 성가대원들을 잘 볼 수가 없었는데, 영성체 때는 성가대원이 한 줄로 내려가서 영성체를 모시므로 그때는 성가대원들을 볼 수 있었다.

파이프 오르간의 웅장한 소리에 반해서 성가대원이 되었고 또 내 목소리는 알토에 적합하다고 하여 알토를 맡게 되었다. 그리고 주 중에 하루 시간을 내어 도서부의 여러 가지 일을 맡아 했고 주일 오후에는 도서 대출을 다른 부원과 함께 했다. 봉사부원들은 토요일 오후 교회 안의 넓은 나무 바닥을 자루걸레로 깨끗이 닦았으며 신발장 청소와 유리창 청소 그리고 넓은 마당을 싸리비로 쓸었다.

교회 종탑 아래 미사 올리는 본 건물을 중심으로 빙 돌아가며 마당이 나 있고, 신부님이 계시는 사제관의 앞뜰과 맞은편의 마리아상이 있는 그 아래로 S자 모양의 긴 자동차 길, 그리고 두 군대의 긴 시멘트 층층대와 돌 층층대까지 청소하려면 많은 인원과 시간이 필요했다.

그러나 봉사부의 남녀 학생들은 참 재미있게 농담도 하고 성가도 부르면서 청소를 즐겁게 해서 보기만 해도 늘 부러웠다. 나는 욕심에서 봉사부와 다른 부서까지 다 하고 싶었는데 시간이 겹칠 때가 많아서 욕심을 낼 수 없어 늘 안타까웠다. 그리고 민감한 사춘기 시절을 교회에 다니면서 유익하고 뜻있게 보낼 수 있게 된 것을 지금도 회상할 수 있어서 다행이고 또 그래서 행복했다.

방 신부님 후임으로 오신 이 신부님은 서양 사람처럼 키도 아주 크셨으며 체격도 우람하셔서 호인 형으로 생기신 분이었는데, 그 해 64년 8월에 우리 교회 학생들과 피정이라고 해서 방학을 이용하여 특별교리도 듣고 극기 훈련과 여러 가지 수련을 했던 기념사진이 남아있다.

다음해 65년 6월 25일, 이 신부님은 1년을 못 채우시고 대전교구의 부주교로 떠나시게 되었다. 대전교구의 주교는 충남의 사령탑이었으며 부주교는 대전교구 내의 부속 성모병원장을 겸직하게 되어 있어 또 바쁜 자리였다. 아무튼 이 신부님이 부주교로 영전하여 떠나시게 되어 방 신부님 때처럼 눈물 흘릴 일이 없어서 좋았다. 그 무렵부터 한국에 신부님들이 많이 배출되어 외국인 신부님이 계시던 성당에 한국인 신부님으로 바뀌기 시작했다.

그 다음에 부임해 오신 분이 이 신부님이셨는데 먼저 신부님과 같은 연세였고 같은 성씨였지만 예쁜 은발을 지니고 계셔서 그런지 대전으로 떠나신 이 신부님보다 조금 연세가 지긋해 보이는 분이었다.

그런데 이때 공주 천주교회에 한 사건이 있었는데 그 무성한 아카시아 나무를 다 잘라내고 그 자리에 소나무와 전나무를 심어 놓았다. 오랫동안 눈에 익었던 모습이 사라지고 긴 머리를 잘라 낸 것 같이 깡뚱하니 보기에 이상했다. 꼭대기 십자가만 보이고 그 아래로는 온통 녹색의 아카시아 숲으로 사철 신비스럽고 아름다웠던 교회가 어느 날 휑하니 언덕배기를 우리들에게 보였을 때 무척 실망했으며 내 어린 시절이 어디론가 날아가 버린 착각이 들 정도였다.

엄마가 말씀하시길, 교회 전교회장이 극구 원해서 결정이 났다고 하시는데 어린 내 마음에는 보기 좋은 아카시아 나무를, 그것도 병이 들어서 할 수 없이 잘라내야만 한다면 정말 어쩔 수 없는 일이지만 왜 멀쩡한 나무를 잘라내고 돈 들여가면서 다른 나무를 심는 것인지 이해가 안 되었다.

"그러게 외국 사람들은 자꾸 나무를 심어서 울창하게 만드는데, 한국 사람들은 오히려 울창한 나무를 베어내고 있으니 나무를 심어도 부족한 판에. 그리고 소나무는 송충이가 끼어 잘 자라지 못하고 빨리 키가 자라지도 않아요. 아카시아는 벌레도 끼질 않아 아주 깨끗한 나무이고 빨리 자라니까 또 좋은데, 그렇게 큰 나무를 기르려면 또 얼마나 시일이 걸리는지 알고나 있는지 원."

엄마도 무척 안타까워하셨는데 이 무렵 우리 집은 같은 중동으로 이사를 갔다. 동은 같았지만 교회에서 많이 떨어진 곳이며 또 아카시아 향기를 맡을 수 없는 곳이었다. 우리 집이 독채로 떨어져 있는데다가 몇 차례 도둑을 겪고 난 뒤라 엄마는 그 집에 정이 떨어지셨는지 내가 초등학교를 다녔던 중동 초등학교 담 옆에 있는 큰 집으로 이사를 가게 되었다.

초등학교 2학년이던 9살 가을부터 15살 되던 중학교 2학년 때까지 중동 50의 5번지, 천주교회 돌 층층대 아래 바른쪽 첫 번째 집에서 6년간을 보냈으며, 또 공주로 이사와 낯선 지역에서 처음 지냈던 집이라 그런지 나에겐 상당한 추억과 미련을 갖게 해준 집이었다.

우리가 살던 집은 승문이네가 이사를 오게 되었으며 드디어 이사하는 날, 승문이는 학교 가기 전에 우리 집에 와서 안방 벽에 걸려있는 큰 괘종시계를 품에 안고는 학교 가는 길가에 있던 우리의 새 집에다 옮겨 주었다. 이사하게 되면 시계를 자기가 들고 가고 싶다며 오래전부터 엄마와 약속했던 것이 이루어진 것이다. 무슨 보물 상자라도 되는 것처럼 품에 안고, 한 손으로는 책가방을 든 채 까만 교복에 까까중머리의 조그만 승문이는 그 후 고등학교까지 공주에서 다녔고 대학은 서울에서 다녔으며, 그 후엔 신문사인지 출판사인지 확실히 기억이 안 나지만 아무튼 기자로 활동한다고 엄마한테서 들은 기억이 난다.

어린 시절 동네 친구 승문이와도 제각각 학교생활에 바빴으며 승문이가 또 대학을 서울로 가게 되자 더욱더 멀어져서 그 후론 거의 못 만나보았다.

〈유월의 언덕〉

아카시아꽃 핀 유월의 하늘은
사뭇 곱기만 한데
파라솔을 접듯이
마음을 접고 안으로 안으로만 들다

이 인파 속에서 고독이
곧 얼음모양 꿋꿋이 얼어 들어옴은
어쩐 까닭이뇨.
보리밭엔 양귀비꽃이 으스러지게 고운데
이른 아침부터 밤이 이슥토록
이야기해 볼 사람은 없어
파라솔을 접듯이
마음을 접어가지고 안으로만 들다

장미가 말을 배우지 않은 이유를 알겠다
사슴이 말을 안 하는 연유도 알아듣겠다
아카시아꽃 핀 유월의 언덕은
곱기만 한데.

오랫동안 잊고 지냈던 어린 시절과 또 6월이면 활짝 피는 아카시아 꽃을 보기 위해 반드시 6월에 공주 내 고향을 방문해야만 될 것 같다. 숱한 세월 속에 찌들고 더럽혀진 나의 마음과 육신을 아카시아 꽃잎처럼 희고 맑게 만들어서 새로운 생활에 임하고 싶다. 그리고 아카시아 향기에 흠뻑 취해서 어린 시절로 다시금 날아가 보고 싶다.

물론 내 어린 시절과 함께 아카시아 꽃 핀 성당의 언덕도 모두 사라진 지 오래지만 내 마음속에 간직하고 있는 추억의 아카시아 숲길을 다시금 걷고 싶다. 어린 시절의 기억은 나에게 경이로움으로 다가왔으며 이렇게 문자화하여 기록해 놓고 보니 때론 그 시절로 막 달려가서 따뜻한 엄마의 품에 안기듯 안기고 싶었다.

또 한없는 그리움에 온밤을 뒤척이면서 잠 못 이루는 밤이 많았지만 여름이 가기 전에 잊혀진 고향을 다시 찾을지도 모른다는 강한 예감에 사로잡히면서 초조하게 그날을 기다려본다.

그리고 이젠 소중한 보물 상자의 뚜껑을 닫아야만 할 것 같다. 보물 상자는 가끔씩 뚜껑을 열어야 더욱 소중하게 남아있는 것이므로, 그리고 아카시아 향기 날릴 때 그때 그 자리에 항상 서성이며 함께 있게 될 것이므로….

제2부

사랑의 빛깔

동해 바닷가,

푸르다 못해 남빛으로 넘실대는 그 바닷가 끝에서

육군 군복에 철모를 쓰고 긴 총을 어깨에 멘 채로 바닷가를 지키던 그…

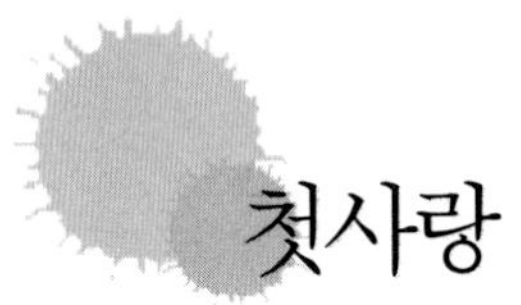

첫사랑

17살 때 첫사랑의 남자를 만났다. 그의 이름은 이강민. 공주여자고등학교 2학년에 재학 중이던 67년 그해 가을, 설악산과 동해안으로 수학여행이 결정되어 친구들과 교직원이 함께 떠났는데 여행 중 그를 만났다.

동해 바닷가, 푸르다 못해 남빛으로 넘실대는 그 바닷가 끝에서 육군 군복에 철모를 쓰고 긴 총을 어깨에 멘 채로 바닷가를 지키던 그는 대한민국의 육군이었고, 나는 친구들과 함께 낙산사를 둘러본 후 바닷가를 거닐던 중 그를 만났는데, 우리 친구들은 군인 아저씨들과 사진촬영도 하며 또 서로 주소를 주고받았다.

그때, 이강민 씨와 또 다른 두 명의 군인아저씨가 있었는데 월남 파병으로 인하여 월남에 있는 국군 장병들과의 펜팔이 유행이던 때라 서로 앞 다투어 주소를 쓰느라 한창이었다.

이강민 씨는 다른 두 명의 군인아저씨보다 단연 돋보이는 미남이라 친구들이 서로 강민 씨에게로 몰려들었다. 체격이 약간 왜소하게 보이지만 TV 속 탤런트나 영화배우들이 사진보다 실제는 작은 체격에 조그마한 얼굴을 갖추고 있지 않은가. 강민 씨의 얼굴이나 표정 등에서 흐르는 귀티가 빼대 있는 가문의 자손같이 보였다. 흰 피부에 붉은 입술, 검은 눈썹 등이 인상적이었고, 쌍꺼풀진 큰 눈에 속눈썹이 유난히 길어 보여서인지 그의 눈은 우수에 차 있는 듯했다. 친구들 모두 강민 씨를 단번에 사모하는 눈치였으며, 그 후 여행에서 돌아온 우리들은 서로 앞 다투어 그에게 편지를 했는데 이름이 영화배우나 탤런트 같았고 외모 또한 그렇게 보였기에 그의 인기는 단연 하늘을 찌를 듯했다.

나 또한 그중 한 사람으로 편지를 써서 보냈는데 어찌된 일인지 나에게만 편지 회답이 왔다. 낙담하던 친구들의 모습이 지금도 내 눈에 선연하게 남아있다. 그때 우리 학급 내에서는 "문장에는 선영이고, 글씨는 수열이"라고 공공연하게 인정받고 있을 때라, 내가 편지내용을 써서 수열이에게 넘겨주면 수열이가 깔끔하게 펜글씨를 써서 마무리가 되었다. 월남에 계신 국군 장병 아저씨들에게 친구들의 이름으로 나는 수많은 편지를 써야 했으며, 또 수열이는 펜촉을 바꾸어 가면서 깔끔하고 정성스런 글씨를 유감없이 발휘했다. 그리고 아저씨들로부터 편지 회답이 있을 경우 친구들이 나에게 편지를 보여주어야 계속해서 연결되는 편지를 할 수 있기 때문에, 나와 수열이에게는 편지 비밀이 있을 수 없었으며 또한 수고비로 찐빵이나 만두를 사주어야만 했다.

등하굣길에 지나치게 되는 제민천가에 위치한 찐빵집은 유리창을 통해 김이 무럭무럭 오르는 것이 보였고, 어떤 때는 큰 솥뚜껑을 열고 부풀어 오른 찐빵이나 만두를 접시에 담아내는 모습이 보였는데 아침을 먹었음에도 불구하고 군침이 돌기 마련이었다.

그래서 돈이 생기면 언젠가는 만두와 찐빵을 실컷 먹어보고 싶은 것이 소원이었는데, 마침 구실이 생겨서 우리들은 맛있는 찐빵과 만두를 먹을 수 있으며, 또 직접 만두와 찐빵 만드는 것도 볼 수 있어 아주 즐거운 시간이 되었다.

그때 내 나이 17세, 강민 씨는 24세의 육군병장이었으며 제대를 앞두고 만난 우리는 자주 편지를 주고받았는데 상당히 문학적인 편지를 썼던 것으로 기억된다. 많은 분량의 편지에 번호를 써서 차례대로 누런색의 큰 봉투에 넣어 다시 책상서랍에 꼭꼭 숨겨두었으며, 편지가 와야 할 날짜에 그의 편지가 없으면 온통 정신이 나가 궁금함으로 어찌할 바 몰랐다.

자주 가슴 설레고 호기심과 유혹에 약하던 방년 17세 때, 그이를 만나 가슴에 별 하나를 간직한 꿈 많던 단발머리 소녀였다.

그때, 우리들의 교복은 진남색 쎄라복으로 해군복장과 비슷한 상의에 진남색 주름을 넓게 가지런히 잡은 모직 치마를 입었다.

그러던 어느 날이었나? 학교에서 내 편지가 검열대상이 되어 담임선생님에게 불려갔는데, 교무실에는 그때 다른 선생님들도 많이 계시었고 우리들이 은근히 사모하던 총각 선생님들도 그곳에 계셨으므로 몹시 당황했고 또 부끄러웠다.

담임인 황 선생님은 서울에서 대학을 나와 국회의원에 뜻을 두었으나 꿈을 이루지 못하고 이곳 공주로 내려와 교사직을 맡고 있는 분으로 돈을 좋아한다는 소문이 있었다. 황능구렁이라는 별명에 맞게 능글거렸으며 얼굴이 둥글넓적한데다 항상 개기름이 번질거렸고 머리에도 기름을 발라 번질거렸다. 또 몸매가 둥글둥글하게 생겨서 하마처럼 보였으며 교사 분위기와는 아주 거리가 멀어보였다. 그러니 내 편지가 무사할 리 없었다.

내용으로 보자면 문학적인 내용에 불과하지만, 학교에서 흠을 잡자면 편지 왕래 자체에 불순함을 강조하고 있었기에 다른 친구들은 나보다 더한 내용의 편지를 주고받아도 아무렇지 않은데 재수 없이 들킨 나에게 문제가 생긴 셈이었다.

언제부터 알고 지냈느냐, 얼마나 자주 편지를 했느냐, 집에서는 알고 있느냐 등등 별것도 아닌 편지를 두고 황 선생님은 건수를 만들어서인지 우리 집 가정방문을 오겠다고 하셨다.

선생님이 집에 온다는 것은 문제가 있어서 방문하는 것으로 생각하는 것이 보편적이었으므로 어머니는 당연히 아연실색하셨다. 퇴학이냐 정학이냐로 고민하던 중, 정작 선생님을 만나고 나서야 편지 때문인 것을 아셨다.

물론 나는 퇴학도 아니고 정학도 아닌 훈계에서 끝났는데, 나중에 친구들로부터 들은 얘기들은 나를 정말 구역질나게 만들었다. 학교에는 각자의 신상 카드가 있어서 선생님들은 학생들의 집안 속사정을 대강 알고 있었는데, 그 중에 돈이 있어 보이는 학생들은 나처럼 개별적으로 건수를 만들어 가정방문을 했으며, 또 학부모들은 그때마다 두툼한 돈 봉투를 내밀곤 하는 모양이었다.

선생님이 가정방문을 하여 학생의 잘못을 얘기하며 은근히 어렵다는 식으로 분위기를 띄우면, 자식 둔 학부모들이야 어떻게 해서든지 그 일을 무마시키려 들 것이고, 그러자니 표시 안 나게 하는 방법이 선생님이 가정방문 왔을 때 즉시 돈 봉투를 건네는 방법이었다.

어머니는 처음에 그렇게 하지 않으셨다. 단지, 나를 선생님 댁으로 보내시며 "다시는 이런 일이 없도록 조심하겠습니다"하고 인사하고 오라고 시키셔서 그대로 했는데, 시일이 길어지자 나에게 과일 바구니와 돈 봉투를 주시면서 선생님 댁에 또 다녀오라고 하셨다.

저녁때 선생님 댁을 찾아갔는데 정말이지 그때 내 마음은 꼭 죽고만 싶었다. 돈을 건네준다는 것은 내 스스로 무언가 잘못을 인정하는 꼴이 되는 것 같아서…. 편지 좀 했기로서니 이렇게까지 해야 하나? 그리고 편지 내용도 단순하게 문안 정도였으며 문학적인 내용이 전부인데 무엇 때문에 이래야 하는지 알 수가 없었다.

교칙에 있는 사항인지 아닌지 알아보는 것이 순서지만, 선생님에게 잘못 보여서 나에게 득 될 것이 없으므로 조용히 좋게 해결하고자 하는 것이 부모님의 마음이었을 게다. 어머니께서 말씀하시길, 최소한 고등학교는 졸업을 해야 이담에 결혼할 때 괜찮은 자리에 선을 볼 수 있다고 하시면서 무척이나 신경을 쓰셨다.

어찌 되었건 과일 바구니만 접수되었고 돈은 거절하셔서 그냥 들고 나올 수밖에 없었다. 돈을 안 받았으니 퇴학당하는 것이 아닌가? 그러면 다른 사람들이 다 알게 될 텐데 이 일을 어찌하나! 집으로 돌아오면서 생각하면 생각할수록 황 선생님이 미웠다.

조그마한 일을 가지고 이렇게 크게 만들어서 나를 망신시키시나? 며칠간 밥맛도 없고 잠도 못 이루면서 끙끙 앓기만 했다.

어쨌든 학교는 계속 나갔는데, 그 이후로 황 선생님은 편지 건에 대하여 아무 말이 없었으며 계속해서 잘 나갈 수 있어 다행이었다. 아무튼 학교 다니면서 나에겐 강민 씨 편지 사건이 큰 기억으로 남아있으며 다른 문제는 전혀 없었다.

세월이 흘러 졸업한 후에 친구들과 만난 자리에서 들은 얘기인즉, 우리들이 학교 다닐 때 어느 친구는 임신을 했단다. 선생님들도 다 알고 있으면서 쉬쉬했고 학교 체면을 생각하여 몰래 병원에서 낙태수술을 시키고는 아프다는 핑계로 결석시키곤 했다는 것이다. 우리는 그런 걸 전혀 알지 못했는데 졸업 후 동기 동창회 때 낙태 수술한 아이들의 이름까지 알게 되었다. 세상에는 비밀이란 것이 없는 법이라 언젠가는 꼭 알려지게 되어 있다.

그 후 강민 씨 편지는 친구네 집 주소로 계속 연락을 주고받았는데 그 친구는 집을 떠나 혼자서 자취를 하고 있었으므로 편지 문제는 수월해졌다.

해가 바뀌어 69년, 고등학교 3학년으로 올라가면서 그 징그럽던 능구렁이 황 선생님과도 이별하게 되었다. 정말 세월의 흐름을 감사하게 생각했으며 친구들도 모두 안도의 한숨을 내쉬면서 좋아했다. 새로운 교실, 새로운 장소, 그리고 새로운 희망의 시간에 대해 기대를 갖게 되었다.

학교생활에서 내가 몰두했던 것은 명작을 읽는 것과 음악 듣는 것, 그리고 원예실과 방송실에 자주 가는 것이었는데, 학교 도서실에 가면 책장에 가득 차 있는 그 많은 책들을 바라보기만 해도 가슴이 뿌듯했다. 서고에 쌓인 그 많은 책들을 다 읽고 싶은 욕심에 밤을 새워가며 집에서 책을 읽다가 어머니에게 핀잔을 많이 받았다.

"전기요금 많이 나오는데 빨리 안 자고 왜 올빼미처럼 밤이면 불 켜놓고 앉아 있나. 공부를 그렇게 열심히 했으면 지금쯤 판사가 되고도 남았을 거다."

그러면 할 수 없이 불을 끄고 앉아 창호지로 된 미닫이문을 열어놓고 달 밝은 밤이면 달빛을 온 몸으로 받으며 신비스러운 달나라의 공주가 되는 꿈을 꾸기도 했는데, 이런 때면 일기장에 가득 환상을 쓰곤 했다.

그 무렵, 박계형 선생님의 "외롭지 않으려고 써버린 낙서"라는 책이 출간되었는데, 상당히 많은 소녀들의 인기를 독차지했던 책으로 하룻저녁 단숨에 읽어내려 갔었다. 그리고 나도 이담에 이런 글을 써서 많은 사람들에게 깊은 감동과 즐거움을 선사할 수 있을까? 하고 상상도 많이 해 보았다.

또 마가렛 미첼 여사의 "바람과 함께 사라지다"를 읽고, 내 가슴엔 얼마나 감동의 물결이 가득 찼는지, 그리고 "의사 지바고", "폭풍의 언덕", "전쟁과 평화" 등 세계적으로 유명한 명작들을 두루 읽었는데 의사 지바고의 경우는 조금 딱딱하고 어려운 부분이 있어 쉽게 이해하기 어려웠으나 그래도 끝까지 독파한다는 의지로 뜻도 잘 모르고 읽었다.

그리고 "바람과 함께 사라지다"에 상당히 매료되어 이담에 나도 이렇게 유명한 작품을 쓰려면 운명적인 경험을 많이 겪은 뒤에 체험한 것을 글로 쓰리라 다짐했다. 그때 당시 내가 정해놓은 책의 제목은 "약혼, 파혼, 결혼, 이혼, 그리고 재혼"이었다.

그런데 그때 단순하게 생각해낸 내 책의 제목처럼 정말 그렇게 인생을 살아왔다는 것이 무엇보다도 신의 축복이었던 것 같다.

학교 문예반에서 문예지인 "청란靑蘭"을 함께 만들면서 활동하기도 했으며, 또 점심시간과 등굣길에 음악을 들을 수 있었는데,

교내 방송실에서 들려주는 음악에 매료되어 방송반에서 특별활동을 하며 듣고 싶은 음악을 많이 들을 수 있었다.

고등학교 1학년 때로 기억되는 어느 날이었다. 학급 성적이 많이 떨어진 그때, 담임선생님께서는 축음기와 레코드판을 교실로 가지고 오시어 음악을 들려 주셨다. 그때 들었던 음악의 제목은 잘 기억이 안 나고 음악만이 나의 기억에 각인되었다가 훗날 알게 되었는데 그 음악의 제목이 Puccini 작곡의 'Madam Butterfly'에서 "Humming Chorus"라는 곡이었다(푸치니 작곡의 나비부인 중에서 허밍 코러스).

그때 성적이 떨어진 반 전체의 분위기와 음악에 예민했던 내 감성이 또한 작품을 만들어 내었는데, 그것은 내가 앉았던 자리에서 창밖으로 시선을 멀리 돌리면 부여로 가는 야산 둔덕이 보였으며, 둔덕 사이로 난 작은 신작로 길이 뿌옇게 들어왔다.

그때 보였던 신작로 길은 하얀 천이 물위로 떠서 흘러가는 형상이었는데, 그 위로 상여꾼들이 상여를 메고 천천히 걸어가는 것이 내 눈에 들어오는 순간, 나는 목을 놓아 울었다. 누군가 내가 사랑하던 사람의 주검을 그때 피부로 느꼈으며, 또 헤어져야 하는 절박한 상황을 어찌할 길 없어 책상에 엎드려 엉엉 소리 내며 울었는데, 다른 급우들은 내가 이때 성적이 떨어져서 그런가 보다라고 생각했단다.

그러나 그때 성적이 떨어져서 그런 것이 아니고 음악에 도취되어 나도 모르게 감정이 폭발했던 것인데 이토록 감성이 아주 여린 학창시절이었다.

교내 한쪽으로 가면 온실에는 갖가지 수목이 있었는데 약간 후

텁지근한 온도가 기분 좋을 리 없건만, 그곳에는 아주 아름다운 꽃들이 만발했고 녹색의 싱그러운 작은 나무들이 항상 나를 반겨주어 자주 찾아갔었다. 이렇듯 학과공부보다는 과 외로 살짝 입맛 보듯이 하는 다른 과목들이 더욱 구미가 당겼던 나의 고교시절이었다.

그해 봄, 강민 씨는 제대하기 전에 마지막 휴가라면서 나를 찾아 공주에 왔는데 친구들도 그를 알고 있었으므로 가까운 친구 세 명과 함께 제과점에서 만났다. 지난해 가을 수학여행 때 동해안 낙산사 바닷가에서 처음 만난 후 편지로 서로의 정을 주고받다가, 해가 바뀐 이른 봄에 군복 입은 모습을 다시 대하니 부끄럽고 말도 안 나오고 가슴만 쿵쾅거렸다. 친구들은 내 얼굴이 벌게지는 것을 보고 놀려 댔다.

"편지는 그리도 유창하게 잘 쓰면서 막상 만나니까 이상한가 보네? 계집애 흉악하기는?"

강민 씨 역시 친구들하고는 자연스럽게 웃고 떠들면서 나한테는 얘기도 잘 안하고 또한 관심 없는 듯이 보였다. 군 생활 하면서 심심하니까 편지야 심심풀이로 한 것이고 정작 그의 마음은 딴 데 있는 것이 아닌가? 그리고 나를 정말 좋아하지 않는 것 같아서 조바심이 났다. 짧은 휴가 일정이라 서울 집에 들러 귀대해야 한다는 그는 둘만의 시간을 낼 틈도 없이 그렇게 서울행 버스를 타고 떠났다.

나 혼자 나가서 강민 씨를 만나는 건데, 공연히 친구들과 함께 나간 내가 잘못이지, 뭐하려고 같이 나가서 만났나? 후회도 되면서 안타까움이 밀물져 왔으나 지나간 일이라 그저 안타깝고 후회스럽기만 했다.

그 후 내가 학교를 졸업하기 훨씬 전에 강민 씨는 제대를 하여 서울에서 복학을 할까, 취직을 할까, 한동안 고민하는 것 같았다. 그러다가 취직이 결정되어 큰 회사에 근무하게 되었다고 연락이 왔다.

70년 1월에 고등학교를 졸업했으며 같은 해 3월에 공주사범대학 학장 비서실에 취직이 되었다. 같은 대학에 동창생 두 명이 진학했는데, 그들이 입학하는 것과 동시에 나의 근무가 시작되었으니 근무입학을 한 셈이랄까?

학장 비서실 근무는 육체적인 노동이 아니고 조용한 가운데 일을 처리해야 하며, 또 학교 내의 여러 가지 사정에 밝아야 하며 그때그때 상황판단을 잘 해야 하는 그런 자리였는데 별로 어려움 없이 적응해 나갈 수 있었다. 학장님께서 출타 중이실 땐, 대학 도서관에서 책을 빌려 맘껏 독서를 할 수 있었으며 또 교내 시청각실에 가면 여러 가지 기계들이 많았는데, 그때 당시 서민들이 대하기 어려웠던 녹음기와 텔레비전, 카메라, 영사기 등이 있어 나는 자주 그곳에 가서 사용방법을 배우기도 하며 또 신기한 것들을 대하는 것이 즐거웠다.

계절의 여왕 오월, 우리 집 앞뜰에 장미꽃이 활짝 피어 향내를 집안 가득 풍기고 있었으며 멀리 천주교회를 둘러싸고 있는 아카시아의 울창한 숲으로부터 날아온 향기가 온 동네를 진동하고 있는 그런 계절에, 어머님께 정식으로 결혼신청을 하기 위해 입기 싫어하던 양복을 말쑥하게 차려입고 강민 씨가 공주로 내려왔는데 꼭 영화배우처럼 잘생긴 모습이었다.

그러나 어머님은 한 마디로 승낙도 거절도 아니셨는데 이때 내 나이 20세로 아직 어리지만 그의 나이는 결혼 적령기인 27세로 7살의 나이 차이가 있었다.

“나이가 문제가 아니라 솔직하게 말해 당신보다 더 좋은 남자가 있을 수도 있고 부모 마음에 욕심 부려서 시집보내고 싶은 것이 당연하지 않겠어요? 그러니 서로 인연이 닿으면 또 만날 수 있는 일로 생각하고 시간을 더 두고 봅시다.”

강민 씨는 몹시 서운해 하는 표정이었으나 곧, “어머님 말씀을 이해하니 기다리겠습니다”라고 말했다.

70년 1월부터 여성중앙 월간지가 창간호를 발간했는데 강민 씨는 창간호 1월호부터 매달 소포로 편지와 함께 보내 주었다. 다락방엔 계속 월간지가 쌓여만 갔고, 대학 내에 소문이 자자하게 났으며, 나는 직장동료들과 돌려가면서 월간지를 보았다.

햇빛이 화사한 어느 주일이었다. 어머니는 어딘가 잠시 나가셨고 동생들은 각각 방에서 공부를 하고 있어서 집안이 조용하던 때였다. 나는 마루에 앉아서 책을 읽고 있었는데 갑자기 무료함이 밀려들어 읽던 책을 놓고 산책을 하려고 입던 옷 그대로 운동화를 신고 대문을 닫은 후 한 발을 떼려는 순간, 앞집 담가에서 누군가가 손짓하고 있는 것이 눈에 들어왔다. 다시 자세히 보니 강민 씨가 나를 향해 손짓하는 것이었다. 순간 깜짝 놀라 얼른 주위를 둘러보았다. 그러나 다행히 그때 동네는 조용했으며 어느 다른 사람도 없었다. 그래서 살짝 걸어가서 내 손가락으로 입술을 막고는 그를 끌고 얼른 옆 골목길로 들어섰다.

"강민 씨! 어떻게 이렇게 갑자기 오게 됐어요? 아! 깜짝 놀랐어요. 처음엔 내가 잘못 보았나 하고 생각했고, 대문을 닫은 후에 다시 보니까 강민 씨가 분명해서 순간 놀랐어요."

"지금 몇 시간을 너희 집 앞에서 왔다 갔다 했는지 몰라. 아니 어떻게 된 것이 네 가족들은 집안에서 꼼짝하지 않고 지내니 그래? 아침에 서울을 떠나 공주에 도착해서 바로 여기를 찾아왔다가, 점심 먹고 또다시 여기서 왔다 갔다 하는 거야. 집안에서 답답하지도 않니? 나 같으면 벌써 몇 차례나 대문 밖을 들랑날랑했을 거다 아마."

"연락을 하고 왔으면 좋았을 텐데요. 그러면 기다리지 않아도 되고 시간도 절약되고…."

"갑자기 네가 보고 싶은데 연락할 시간이 어디 있어? 무조건 공주 가는 차를 탄 거지. 아무튼 만났으니 이젠 됐고, 우리 이제부터 어디 갈까? 선영아."

갑자기 이렇게 불쑥 찾아온 강민 씨가 나는 무척 반가웠다. 보고 싶어서 앞뒤 생각할 것 없이 버스를 타고 찾아온 그의 모습이 순수한 소년 같았으며 또 그러한 그의 순수함이 나에게는 아주 싱그러운 풀꽃처럼 다가왔다.

이날, 둘이서 손을 잡고 막 뛰기도 했고 제민천 옆에 있는 탁구장을 지나치다가 강민 씨가 들어가 보자고 했다.

"나는 탁구를 할 줄 몰라요, 강민 씨!"

"내가 가르쳐 줄게! 들어가 보자. 넌, 왜 아직 탁구를 배우지 않았어?"

"나는 탁구 치는 것을 좋아하지 않아요. 그래서 배우지도 않았고요."

태어나서 처음으로 탁구장에 들어가게 되었는데, 생각 외로 그곳엔 많은 사람들이 있었고 또한 열심히 운동하는 모습을 보고 신기하게만 느껴졌다. 강민 씨가 기본자세부터 손으로 잡는 법, 치는 방법 등을 열심히 알려주어 이날 뜻하지 않게 많이 배울 수 있었다.

그러다 서울로 가는 막차 시간에 맞추어 서둘러 떠났는데, 짧은 몇 시간을 함께 보내다가 그렇게 떠나고 나니 무척 허전했으며, 또 나에 대한 그의 마음을 조금은 알 것 같았다.

그 후 70년 가을로 접어들면서 또다시 새로운 마음의 연인을 만나게 되었는데, 내 나이 20세 때였으며 새로운 연인은 41세로 대학 학장실에서 계속 근무하던 시절이었다. 공주 시내에서 금강을 건너 요양원이 있는 신관리 부근의 야산 부지에 공주사대를 신축 중이었는데 청와대 육영수 여사께서 가정과 학생들을 위하여 생활관(목련관)을 하사하셨다. 여학생들의 생활실습실로 쓰일 한옥 건물 한 채에다, 마당엔 목련을 심고 토담을 쌓았으며 대문에는 목련관木蓮館이라는 간판이 걸리는 날이었다.

그 목련관 준공식 날 청와대에서 육 여사님을 모시고 그는 비서관으로 또 한 명의 여자 비서관과 더불어 내 앞에 모습을 보인 것이었다. 큰 키에 마른 듯 알맞은 체격과 조용한 성품이 풍기는 참 멋있어 보이는 가을 남자로 나에게 다가온 것이다. 그는 약간 우수에 찬 첫 인상과 더불어 어깨에 외로움을 살포시 얹은 모습으로 내 눈에 들어왔는데, 준공식 날의 짧은 만남이 강렬하게 나에게 각인되었으며 임 비서관의 청와대 생활이 여러 가지로 궁금하게 다가왔다.

한편 강민 씨는 새로운 직장 생활에 적응하느라 예전처럼 자주 편지를 하지 못할 때였으므로 나는 곧 임 비서관에게로 마음이 쏠리고 있었다.

그때 김효원이라는 학교 친구가 졸업 후 양품점에서 사원으로 근무하더니 어느 날엔가 친척의 소개로 큰 회사에 취직이 되어 서울로 올라갔다.

그 후 어느 주말에 고향으로 내려온 효원이가 강민 씨 전화번호를 알려달라고 하여 알려 주었다. 낙산사 바닷가에서 처음 강민 씨를 만났을 때 효원이도 그곳에 있었으며 학교 다닐 때 가깝게 지내던 사이였고 나와 강민 씨 사연을 잘 알고 있으므로 스스럼없이 알려준 것이었다.

강민 씨는 효원이와 같은 서울 하늘 아래 있었지만 나는 멀리 떨어진 공주에 있었고, 효원이와는 전화 한 통화면 즉시 만날 수 있지만 나와는 편지를 해야 하고 전화 통화도 어머님이 계시므로 신경 쓰였으리라 짐작된다.

게다가 강민 씨가 결혼신청을 하자 어머님께서는, "당신보다 더 좋은 남자가 있을 수도 있고, 부모 마음에 욕심 부려서 시집보내고 싶은 것이 당연하지 않겠어요?"라고 하셨으니, 그것은 거절이나 다름없는 막연한 대답으로 한창 젊은 강민 씨 입장에서는 마음이 안절부절 못했을 것이다.

크리스마스를 앞두고 효원이가 서울에서 내려왔고, 민선이와 연주, 우리들 세 사람은 함께 대학에서 근무할 때였는데 모처럼의 연말을 연주네 집에 모여 맛있는 요리도 해 먹으면서 그동안 밀린 얘기들을 하며 밤새껏 재잘거릴 때였다. 늦은 시간이고 하여 피곤함에 졸음이 막 쏟아지려는 순간, 머리를 탁! 하고 때리는 것 같은 말소리에 잠이 퍼뜩 달아나고 내 귀가 곤두섰는데, 옆에 나란히 누운 연주와 효원이의 말소리가 귀에 들렸다.

"강민 씨가 오토바이 타고 우리 회사로 와서 함께 오토바이를 탔다."

"너는 선영이하고 그 사람이 사귀는 걸 알면서 왜 함께 오토바이를 타고 그러니? 선영이가 알면 섭섭하게 생각할 거 아니니? 선영이도 아는 얘기니?"

"아니! 선영이는 모르는 얘기지. 강민 씨가 나 만나면 선영이에 대해서 안 좋게 얘기하더라 뭐."

"이제부터라도 너 강민 씨 만나지 마! 친구끼리 괜히 의 상하는 일 생길라. 선영이는 강민 씨 굉장히 좋아하고 있는데 네가 두 사람 사이에 끼어서 좋을 것 없지 않니?"

"그 사람이 전화를 많이 하고 내 집에도 오고 그래."

두 친구 얘기를 듣는 순간 놀란 가슴이 방망이질을 했으며 또 베개 위로 눈물이 주르륵 흘러 내렸다. 걷잡을 수 없는 슬픔을 애써 억누르며 너무나 갑작스럽고 놀라서 물어볼 생각도 떠오르지 않고 그저 멍 하니 머리를 세게 얻어맞은 기분이었다.

'아! 강민 씨가 나한테 이렇게 할 수 있을까? 이건 아닌데, 이건 아닌데….'

그 밤을 꼬박 새우고 다음날 아침, 효원이에게 어제 저녁에 들었던 얘기를 들려주고 어떤 사이인가를 물어 보았으면 했는데, 생각뿐이지 스스로 두려워서 감히 물어 볼 수가 없었다.

밤을 꼬박 새우며 생각한 것은 다름이 아니라, 강민 씨가 몇 개월 전 공주에 내려왔을 때였다. 토요일 근무 후 공주에 내려와 주일 오후에 다시 서울로 올라간다는 계획으로 내려왔는데, 토요일 밤 공주에는 많은 비가 내리고 있었기에 춥고 어두워서 다른 어떤 계획을 세울 수도 없었다. 그래서 어차피 강민 씨 숙소를 정해야 하겠기에 어느 여관으로 가서 방을 정한 후 잠시 그와 얘기를 나누다 집으로 갈 생각이었다. 그런데 강민 씨가 내 어깨를 감싸 안았을 때 징그럽다거나 다른 어떤 느낌 없이 그저 포근했고 좋았다.

첫사랑이었기에 풋풋한 햇과일처럼 신선했으며 또 꾸밈없고 거짓 없는 우리들의 사랑이었다. 정말 순수 그 자체였던 것 같았다. 우린 그곳에서 처음으로 뽀뽀를 했는데, 지금 다시 생각해봐도 그냥 뽀뽀였지 진한 입맞춤은 아니었다. 꼭 애들처럼 입술에만 살포시 서로의 입술을 대었으며, 옷 위로 느껴지는 강민 씨 팔의 힘이 나를 옥죄어 오고 있었다.

“선영아, 나는 오늘 너를 갖고 싶어. 사실은 그래서 내려왔어, 이해하겠니? 너를 사랑해. 그리고 너도 나를 사랑하잖아? 그러니 오늘 같이 있자 응? 너를 다 갖고 싶어!”

나는 가슴이 쿵쾅거렸으며 먼 데서 들려오는 얘기 소리 같았다. 지금 여기가 어딘지 분간도 안 되었고, 그저 멍한 상태에서 내 몸의 기능이 정지된 듯했다. 내 옷을 하나하나 벗겨나가는 그의 손은 떨렸고 그의 눈이 붉게 충혈되어 있었다. 그의 앵두 같은 빨간 입술이 쉴 새 없이 내 몸을 더듬어 나갈 때, 나는 부끄럽고 어찌 할 바를 몰라 팔과 다리를 감싸곤 했다. 그러면서도 한편으론 내 몸을 보이는 것이 그다지 부끄럽다거나 하는 다른 생각은 없었고 그저 당연하다고 생각했다. 그것은 서로가 사랑하니까, 강민 씨도 내가 처음이고 나 역시 강민 씨가 처음이었다.

사랑의 행위에 있어서도 마치 아이들이 살갗을 서로 문지르듯이 그렇게 서로 살을 맞대는 것만으로도 우리는 흥분했다. 서로가 반항 없이 서로에게 사랑한다는 증거로 옷을 벗고 살갗을 대는 그 행위 자체로 절정에 다다른 느낌이었다.

그는 처음이라 서툴렀고, 마음대로 안 되어서인지 몹시 성급해 했으며, 또 살갗을 스치는 정도였는데 그곳이 아프다고 했다.

"선영아, 너도 아프니? 왜 이렇게 아프지? 그리고 가슴이 답답하고 막 그래."

"나도 그래 강민 씨, 좀 쓰라려."

늦은 밤, 비가 잠시 멎었을 때 나는 여관을 나왔는데, 자정이 가까운 시간이라 그런지 고요하고 조용하기만 했다. 비가 그친 후라 그런지 상큼하게 다가오는 차가움이 오히려 내 얼굴과 몸의 열기를 식혀주었다.

다음날 일요일, 단풍으로 단장한 공산성으로 올라가 손을 잡고 산책을 하다가 산등성이의 둔덕에 앉아 쪽빛 비단폭 같은 금강을 바라보며 먼 장래의 행복한 꿈을 서로 얘기하다가 늦은 오후에 그는 서울로 올라갔다.

사랑은
눈멀고
귀먹고

그래서 멍멍히 괴어 있는
물이 되는 것이다.

물이 되어
그대의 그릇에
정갈히 담기는 일이다.

사랑은
눈 뜨이고
귀 열리고
그래서 총총히 빛나는
별이 되는 일이다.

별이 되어
그대 밤하늘을
잠 안 자고 지키는 일이다.

사랑은
꿈이다가 생시이다가
그 전부이다가
마침내
아무것도 아닌 것이 되는 일이다.

아무것도 아닌 것이 되어
그대의 한 부름을
고즈넉이 기다리는 일이다.

약 2개월이 지난 연말에 공주에 내려온 효원이 얘기를 들었을 때, 단순히 효원이가 내 친구이고 낯선 서울에서 혼자 직장생활을 하니 돌봐 줄 수도 있겠지 하고 생각했었다. 그때 연주는 우리들의 나이보다 두 살 위로, 좀 성숙하고 의젓했으며 생각이 항상 앞질러갔었다.

71년 그해 봄으로 기억되는 어느 날, 강민 씨한테서 편지가 왔는데, 돈이 좀 필요하니 10만원만 준비해 보라고 하는 사연이었다. 당시 내 월급은 5만원이었으며 그중에 책값으로 지출되는 월부금이 5,000원이었고 나머지 돈은 모두 어머니한테 드렸다.

첫 월급 때부터 내 돈을 어머니가 관리하셨던 터라, 다달이 지출되는 책값까지도 눈치봐가며 잔소리를 듣던 때였으므로 큰일이었다. 어디서 그 많은 돈을 구한단 말인가? 오죽해야 강민 씨가 나에게 부탁했겠나 하는 생각도 들고, 또 그가 필요한 건데 어떻게 해서라도 구해봐야 하는데, 누구한테 돈 얘길 꺼낼 형편도 못 되었다.

연주는 이때 공주사대 시청각실에서 근무하다 그만둔 후 곧바로 결혼하여 다른 지방으로 떠나 이곳에 없었고, 연주가 그만두면서 민선이를 소개하여 학생과 근무를 하고 있었다. 나는 여전히 학장 비서실 근무를 하고 있었는데 민선이에게 강민 씨 얘기를 한 후 협조를 부탁했다. 그리고 둘이서 머리를 짜내어 생각하기를 민선이가 몇 만원 합하고 또 다른 직원한테서 돈을 빌려 어렵게 10만원을 마련해 두었다.

그 후 강민 씨가 내려왔는데 돈을 건네자 하는 말이, 사실은 병이 들었는데 누구한테 내놓고 얘기할 병이 아니고 혼자서 약으로 치료하다 잘 낫지 않아 늦게 병원엘 갔으며, 의사 말로는 너무 늦게 찾아와 시일이 걸리겠다고 했단다. 자신의 월급은 모두 집에 내놓아야 하고, 그동안 약값은 약값대로 들고 낫지를 않아 더욱 커져서 이제는 병원 신세를 져야 할 모양이라고 하니, 도대체 무슨 병이기에 집에 얘기도 못하고 저렇게 혼자서 끙끙대나 하고 의아심이 났다.

"강민 씨! 도대체 무슨 병이기에 그래? 가족한테 얘기도 하고 함께 의논하는 것이 좋지 않겠어요?"

"아냐, 넌 잘 몰라서 그래. 다 너 때문이야, 이 자식아!"

그의 얘기인즉, 지난번 나와 처음으로 뽀뽀를 나눈 후 여자에 대한 호기심이 강하게 느껴져서 주체할 수가 없었단다. 나 말고 다른 아는 여자는 없고, 그렇다고 나한테 몸을 요구하기가 어쩐지 뻔뻔스럽고, 결혼할 때까지 처녀로 지켜주고 싶은 것이 나에 대한 사랑이라고 생각되어 사창가를 찾았다고 했다.

돈을 주고 여자를 사서 욕망을 채우는 그런 행위를 하고 난 후, 나를 많이 생각했고 또 죄짓는 것 같아서 후회를 했지만 얼마간 지나고 나면 또 찾게 되고, 그러다 보니 자기도 모르게 성병에 걸린 것을 뒤늦게 알게 되었단다.

또 성병에는 매독과 임질이 있는데 임질은 조금 약한 쪽이고 매독으로 가면 고생이 심하다고 했다. 처음엔 페니스 아래쪽이 간질간질하고 한 것이 자꾸 여자를 찾아가 그 행위를 하면 그때 당장은 간지럼증을 잊을 수 있었는데 지나고 나면 더 심해져서 어찌할 바를 몰라 누구에게 얘기도 못하겠고 해서 약방을 찾아 약으로만 지냈는데 심해져서 매독으로 커졌다고 했다.

매독은 페니스 끝에서 심한 고름이 나오고 소변을 볼 때도 통증이 오며 가만히 있어도 아프다고 하는데, 혈색 좋던 그의 얼굴은 하얗게 창백해져 있었으며, 진분홍빛을 띠었던 그의 입술도 검붉은 빛으로 바뀌어 있었다. 또 맑게 빛나던 쌍꺼풀진 큰 눈도 쌍꺼풀이 반쯤 풀려 있었으며, 술주정꾼의 눈동자처럼 힘없이 빛을 잃어버린 눈으로 변해 있었다.

그의 얘기를 다 들은 후 나는 너무나 가슴이 쓰라렸다. 누가 이 사람을 이렇게 만들었나? 왜 이렇게 변해야만 하는가? 내가 이 사람을 이렇게 만든 것인가? 그의 서울생활을 나는 자세히 알지 못했다. 단지 편지로 알려 주는 것 외에는. 그러나 일단 병을 치료해야 하고 그를 정상인으로 만들어야 했다. 그리고 다음을 생각해도 늦지 않을 것이다.

서울로 올라간 그에게서 한참만에야 연락이 왔는데 이제는 다 나았고 몸을 잘 보양하기만 하면 된다고 했다.

그런 후 나는 직장생활이 조금 바빠졌으며 그로부터 연락이 뜸해졌기에 하루 시간을 내어 서울에 올라갈 생각을 했다. 연락 없이 서울에 올라가 그를 놀라게 해 줄 심산이었다. 그때 강민 씨는 영등포 어디엔가 방을 구해서 자취생활을 하고 있었는데 느닷없이 찾아갔더니 방은 여기 저기 구겨진 종이들과 여러 가지로 너절하게 널려 있었고 빨래거리도 쌓여 있었다. 정리가 도무지 될 수 없는 상태로 꽉 차 있었는데 방을 치우려고 해도 그는 못하게 막았으며, 또한 나를 대하는 모습이 예전처럼 진지하질 못한 것 같았다. 반가우면서도 한편으로는 어려워했고 그런가 하면 귀찮아하는 것 같기도 했다. 무어라고 꼬집어서 말할 수 없는 그런 상태로 토요일 오후를 보내고 일요일엔 이화동에 있는 그의 이모님 댁으로 아무 말 없이 따라갔다.

으리으리한 대저택으로 모든 것이 갖추어져 있는 그의 이모님 댁은 어딘지 썰렁한 느낌이 들었는데 왜 그랬는지 지금까지도 그 이유를 잘 모르겠다. 부엌일 하시는 분이 급히 점심상을 차려주어 함께 식사를 하고 나왔는데, 강민 씨는 항상 방황하고 있는 것 같았다. 집이나 가족에 대해서 우리들이 보통으로 갖고 있는 생각과는 많이 달랐으며, 마음속에 무슨 큰 고민을 안고 말 못한 채 혼자 끙끙대는 그런 느낌을 주었다.

제대 후 복학을 한다고 하더니 학교에 가지 않고 작은아버지가 추천해준 큰 회사도 몇 차례에 걸쳐 전전했다. 자신의 취향에 맞지 않는다고 하며 짧게는 1개월 만에 그만 두었고 길어야 2개월이었다. 그러더니 최근 들어 제일 오랫동안 다니는 곳으로 동일가구 공예사가 그의 취향에 맞는 듯싶었다.

그동안 대한전선, 제일제당, 삼성, 금성 등 국내의 큰 회사들마다 적성에 맞지 않는다고 그만둔 그가 동일가구로 정하여 잘 다니는 셈이었다. 아무튼 이날 남산공원과 정릉 골짜기를 둘이 손잡고 많이 쏘다녔다. 강민 씨는 나이에 비하여 어려보이는 스타일인데 짧은 스포츠 타입의 머리 모양이 그랬고 윤곽이 분명한 작은 얼굴, 그리고 키나 체격이 짜임새를 갖추어서인지 함께 다니면 7살이라는 연령 차이를 다른 사람들이 느낄 수 없을 것 같았다.

이날, 우린 많은 대화를 나누었는데 장래의 푸른 설계를 함께 세웠으며, 강민 씨는 또 그림을 잘 그렸는데 도화지에다 우리가 함께 살 아름다운 집을 그려서 나에게 선물했다. 직장에서 틈틈이 만든 것이라면서 아주 매끄럽고 엷은 살색 빛깔이 나는 조그만 나무 조각을 정교하게 그림처럼 홈을 파서 가로 세로로 연결하여 맞추면 집도 되고 글씨도 되고, 또 다른 여러 가지 모양을 맞추어 즐길 수 있는 공작 기구였다. 머리 회전을 시킬 수 있는 그런 작은 나무 조각 6개를 가지고 함께 조각 맞추기도 하곤 했다.

그러다가 오후에 집으로 돌아갈 고속버스를 기다릴 때 갑자기 강민 씨가 안 보였다. 아니 방금 전까지도 옆에 서 있었는데 어떻게 된 일인가? 하며 사방을 둘러보는데 저만치서 그가 소년처럼 싱그러운 웃음을 날리며 막 뛰어오는 게 보였다.

그가 내 어깨를 잡으면서 말했다.

"선영아, 나 천안까지 갈 거다."

"정말? 그래도 돼?"

우린 손을 꼭 잡고 버스에 올랐다.

내 옆자리의 손님에게 양해를 구하고 함께 자리에 앉은 그는 내 손을 만지작거렸고 또 볼을 살짝 건드리고 웃는 모습이 마치 어린아이가 노는 모습처럼 순수했다. 그러다가 중간 휴게소인 천안에서 강민 씨는 내려야만 했고, 버스는 곧 떠나려 하는데 어찌할 바를 몰라 하며 버스 창가에서 유리창을 두들기고 서있는 그의 모습을 바라보아야만 했다. 버스가 산모퉁이를 돌아 그의 모습이 보이지 않을 때까지 우리는 그렇게 손을 흔들었다.

그때는 서울에서 공주까지 가는 버스가 드물 때였고, 또 중간 지점인 천안에서 잠시 휴식을 취한 후 떠났으니 2시간 30분에서 3시간 정도 시간이 소요되었다. 버스 안에서 그의 체온이 느껴지는 나무 조각 6개를 만지작거렸으며, 또 함께 지낸 시간들을 회상하다 보니 어느덧 버스가 공주에 도착했다.

72년 여름으로 기억되는 어느 날, 서울은 때 아닌 물난리로 연일 방송에선 장마로 인한 피해소식을 알릴 때였다. 강민 씨로부터 소식이 없었으며 나 역시 70년 가을에 만난 새로운 연인으로 인하여 이것저것 신경 쓰느라 조금 관심이 멀어지고 있을 때였다.

서울에 큰 물난리가 났으니 어쨌든 안부편지라도 띄우는 것이 사람의 도리이고, 더군다나 연인이라고 자처하던 두 사람 사이에서야 더 말할 필요가 없는 일인데, 나는 그 시기에 새로운 연인을 만나 그에게 푹 빠져서 안부를 묻는 데 게을렀다. 왜 그랬는지 참 모를 일이다.

청와대 육영수 여사님의 비서실에서 근무하는 새로운 연인과의 사이에 어떤 정열이나 다른 특별한 무엇도 없었으면서….

어느 날이었던가. 서울의 물난리가 조금 수습단계로 접어들고 한강을 덮치던 물줄기도 차츰 줄어들 무렵, 강민 씨가 학교로 전화를 했다.

"선영아, 서울에 비가 얼마나 많이 왔는지 몰라. 냄비가 둥둥 떠다니고 책이랑 여러 가지 일용품이 많이 못 쓰게 되었어. 그런데 너는 궁금하지도 않았니? 서울에 비가 많이 왔다고 전국이 떠들썩한데 한번 와 보지도 않고 그렇게 냉정할 수 있냐구!"

"강민 씨! 미안해. 뉴스 들어서 알고 있는데 감히 갈 생각도 못하고 그냥 강민 씨 소식을 기다리고만 있었어요. 그리고 강민 씨네는 괜찮으려니 하는 막연한 생각을 갖고 있다 보니 그리 됐어요. 미안해요."

그때 강민 씨에게 차마 물어볼 수도 없고 또 확인해 볼 수도 없는 그런 일이 있었는데, 효원이가 서울에서 자취하고 있는 곳이 영등포 회사 근처였고 강민 씨 역시 회사가 영등포여서 같은 지역이었다. 그리고 어떻게 된 일인지 효원이는 강민 씨 동생도 만나서 알고 있었다. 나는 아직 동생 얘기를 들어본 적이 없는데 지난번 효원이가 내려와서 하는 얘기로는, 강민 씨 동생이 키도 더 크고 체격도 큰 것이 더 남자답게 생겼고, 얼굴도 강민 씨는 여자처럼 예쁜 편인 데 비해 그 동생은 남자답게 생겼더라는 얘길 들은 적이 있다.

처음 강민 씨와 편지를 주고받을 때 그가 나에게 말하길, 자신은 고아라고 했기에 더 이상 가족문제에 대하여 묻지 않았고 또 가급적이면 가족 얘기를 피해왔던 것인데, 효원이 말을 듣고 강민 씨에게 묻고 확인한다는 것이 내 사랑을 더욱 옭게 만드는 일인 것 같고, 또 내가 강민 씨를 믿지 못해서 하는 말일 것 같아 크게 염두에 두질 않았다.

우리 두 사람의 마음이 제일 중요하지 다른 조그마한 일이라도 의심한다든가 하는 그런 일은 내 자신이 싫어하는 일이었기에, 어찌되었건 한번 서울에 올라가 늦은 인사라도 해야 할 것 같았다.

어느 토요일 오후, 강민 씨에게 미리 연락도 하지 못한 채 그의 집을 찾았다. 계절은 어느덧 초가을로 접어들어 선들선들한 것이 무더위도 한풀 꺾인 날씨였고, 하늘 또한 몹시도 푸르던 서울 한복판에서 주소 하나만 들고 그의 집을 찾는다는 것이 몹시 어려웠다. 어렵게 집을 찾았으나 몇 개월 전에 이사했다고 하니 이 무슨 청천벽력이란 말인가? 얼마 전까지도 영등포구 풍납동 주소로 편지연락이 되었는데….

그래서 다시 생각해낸 것이 언젠가 그의 이모님 댁 주소와 전화번호를 알려주면서 그곳으로 편지하라던 말이 생각나, 다시 이모님 댁인 회현동으로 전화를 했더니 그 댁에서 일하시는 분이 받았다.

"지금 이 집에 안 계십니다. 가끔 오시는데 어머님 댁에 혹시 계실지 모르니 그곳으로 연락해 보세요."

"그래요? 어머님 댁이 어딘데요? 그곳 주소를 알려 주실 수 있습니까?"

주소를 받아 적으면서 손이 덜덜 떨렸다. 아니, 이게 무슨 말인가? 강민 씨 어머님이 계시다니, 강민 씨는 나에게 고아라고 했는데 어머님이 계시다니, 이게 어찌된 일인가? 조금 전에 전화 받은 분이 잘못 알려준 게 아닌가? 어디서부터 생각의 실마리를 풀어야 할지 갑자기 떠오르지도 않았으며, 그렇다고 애써 집을 찾던 중인데 여기서 끝낼 수도 없었다.

거기다가 강민 씨 어머님이 계신 집이라고 하니 우선 반가움에 얼른 찾아뵙고 싶었으며, 강민 씨가 혼자가 아니고 어머님을 모시고 있다고 하니 무척 반가웠다. 그리고 혹시 잘못 알려준 말이었다고 하더라도 일단은 그 주소지를 찾아본 후에 어떻게 돼도 되겠지, 하고 용기를 내어 그의 어머님이 계신 곳을 찾기로 하고 다시 버스에 올랐다.

첫눈에 뵙기에도 강민 씨 모습과 너무나 닮은 갸름한 얼굴과 눈매, 그리고 붉은 입술과 하얀 피부를 지니신 어머님께서 사시는 조그마한 집에는 옛 가구들로 꽉 차 있었다. 하얀 모시 치마

저고리를 입으신 귀품 있는 모습의 중년여인이 강민 씨 어머님 같았고, 또 한 분 할머님이 곱게 빗질한 회색머리를 뒤로 하여 비녀를 꽂고 계셨다. 두 분 어른들께 인사를 올린 후 자리에 앉아 내 소개를 드렸다.

강민 씨와는 수학여행 때 낙산사 바닷가에서 만나 계속 편지로 연락을 하고 있으며, 졸업 후 강민 씨가 우리 집에 와서 결혼신청을 했다는 것과 나의 어머님께서는 조금 기다리라고 하셨으며, 최근에 연락이 좀 두절되었던 것 등을 다 말씀드렸다.

강민 씨 할머님께서는 그때 연세가 꽤 많으신 것 같았다.

"처녀가 지난번에 왔던 그 처녀 맞지?"

"어머님, 지난번 그 처녀가 아녜요. 공주에서 강래 만나려고 올라온 처녀예요."

그날 처음 안 일이지만, 그의 집에서는 강래라고 부르는 그의 새로운 이름이 몹시 낯설었고, 지난번에 왔던 처녀가 아니냐고 하시는 할머님 말씀에 깜짝 놀랐으며, 또한 그동안 너무나도 그에 대해 알지 못한 것들이 많았구나 하고 새삼 생각되었다.

어머님께서는 현재 한복 삯바느질을 하며 생활하고 계신 것을 몹시 못마땅하게 생각하신다는 것과, 강민 씨 동생은 그다지 특별나지 않고 모난 성격이 아닌데 강민 씨는 성격이 좀 유별나다는 것, 그리고 중요한 것은 그동안 나에 대하여 두 분에게 전혀 얘기가 없었다는 것이다. 물론 집에서 함께 생활하길 바라고 있으나 특이한 성격의 강민 씨는 제대 후 줄곧 혼자서 자취생활을 하거나 이모님 댁에서 지내기도 했으니, 서로가 정겹게 앉아서 오순도순 얘기가 오갈 그런 처지가 아닌 것을 짐작으로 알게 되었다.

강민 씨 할머님은 손자며느리를 만나 반갑다고 하시며 연신 나의 손을 잡고 쓰다듬고 하시며 과일을 먹어라, 쥬스를 마셔라, 하시는 모습이 몹시 흡족해 하시는 것 같았다.

강민 씨 아버님께서 일찍 세상을 떠나신 뒤로 청상의 어머님과 할머님 그리고 남동생이 가족 전부이며, 회현동 이모님 댁은 부유하게 잘 살고 있는데 가까이 지내는 것 같지 않았다.

언젠가 강민 씨와 이모님 댁에 갔을 때, 이모부님께서 은행장으로 계시다고 했는데 아마도 강민 씨가 대학 진학한 것도 이모님 댁의 도움으로 다닌 것 같았다. 그가 제대 후 복학하려다가 취직하게 된 이유를 조금은 알 것 같았다. 요즘은 강민 씨가 함께 집에 있는데, 마침 토요일이라 조금 늦는 것 같다는 어머님 말씀에, 어른들과 함께 있는 어려운 자리인 데다 강민 씨가 언제 올지 알지 못하고, 또 안 들어오면 어쩌나 하는 조바심에 집에 내려가겠다고 말씀드렸다.

"어차피 토요일인데 강래 안 오면 여기서 함께 자면 되지, 내일이 일요일이니 시간이 많은데 뭐 어쩌려구."

할머님 말씀에 강민 씨 어머님은 그저 순종하고 계신 눈치였고 싫다 좋다 하는 말씀 없이 따르고만 계셨다. 함께 저녁식사를 끝내고 어머님께서는 계속 바느질감을 만지고 계셨으며 할머님으로부터 이런저런 강민 씨 집안 내력을 듣고 있었는데 밤 12시가 되어 강민 씨가 집에 들어서더니 나를 보고 깜짝 놀라는 것이었다. 술을 마신 듯 얼굴이 약간 붉은빛을 띠었으며 붉은 그의 입술이 더욱더 붉어보였다.

"아니! 여길 어떻게 알고 온 거야?"

순간, 그의 얼굴이 약간 일그러지더니 나를 끌고 나가려 했다. 그러자 할머님과 어머님께서 나를 붙드시며,

"애가 왜 이래? 지금이 몇 시인데 어딜 나가려고 그러냐? 오늘 낮에 와서 지금까지 너를 기다리고 있었는데 여기 앉아서 얘기하자."

"여기서 할 얘기 없어요. 그리고 내 일이에요. 너, 안 나올래?"

나는 강민 씨의 그런 모습을 처음 보았으며 무섭고 겁이 나서 어찌할지 몰라 하자 할머님과 어머님이 손을 놓아주며 강민 씨 말을 따르라고 하셔서 다음에 또 찾아뵙겠다고 인사를 드린 후 황급히 그 댁을 나왔다.

강민 씨는 동네에 있는 조그마한 여관으로 나를 데리고 갔으며 그곳에서 말다툼을 했다.

"어떻게 여자애가 간도 크지, 어머니와 할머니 만날 생각을 다 했니?"

"강민 씨! 어머님하고 할머님 계신 것을 오늘 알았어요. 또 남동생도 있다면서 강민 씨는 왜 고아라고 했어요? 그리고 회현동 이모님 댁의 주소하고 전화번호밖에 다른 건 모르니까 회현동 식모 아줌마가 알려주는 대로 찾은 것 뿐예요. 강민 씨 만날 수 있는 곳이니까."

"그래? 그분들 만나서 너 시원하겠구나."

"난 강민 씨 만나려고 온 것인데 그렇게 된 것 뿐예요."

"선영아! 네가 나를 찾아온 것을 나무라는 게 아냐! 서로 연락을 한 후에 만나도 될 일을, 계집애가 겁 없이 서울이 어떤 곳인데 주소만 갖고 나섰느냐구! 내가 너를 그 방에서 처음 보고 얼마

나 놀랐는지 알아? 기가 막힐 지경이었어!"

"잘못했어요, 강민 씨! 미안해요, 놀라게 해서."

"아냐! 됐어, 네가 무슨 잘못이겠니. 다 내 잘못이며 불찰이지, 피곤할 텐데 어서 자자. 나도 오늘 직원들과 회식하면서 술을 조금 마셔서인지 피곤하다."

나는 잠이 오질 않았다. 오늘 하루 너무나 엄청난 일을 맞이했고, 머릿속이 뒤엉켜서 서울로 올라올 때의 생각과는 달리 많은 거리감을 느꼈다. 그리고 그의 가정에 무언가 복잡한 문제가 있는 것 같았고 강민 씨는 가정을 싫어했는데, 평소에 애를 낳지 말고 우리 둘이서만 오순도순 살자던 그 말이 이상하게 머릿속을 맴돌았다. 그리고 가족이 있는데도 철저하게 고아라고 했던 것이 이상했고 집을 나와 혼자서 자취를 했던 것도 이상했다. 그것도 같은 서울 하늘 아래에서….

낮에 뵌 강민 씨 할머님 말씀 중에 생각나는 부분이 있다. 조선시대 이씨 왕가에 태어나 일찍 세상을 떠난 자신의 큰아들에 대해 한없이 그리워하셨으며, 둘째아들 역시 일찍 세상을 버린 후 외롭게 살아오신 얘기와, 만석꾼의 딸로 태어나 좋은 가문에 시집왔건만 병약한 남편 만나 일찍 청상이 된 며느리에 대해 미안해하시는 말씀을 들었을 때, 나는 한 많은 조선시대의 역사를 다시금 회상해 보면서 울적한 마음이 되었다.

아마도 조선시대 역사가 지금까지 계속 이어졌다면 강민 씨 아버님께선 상감마마이셨을 테고, 또 그 다음엔 큰아들인 강민 씨가 대를 이어 보위에 오르면서 왕이 되었을 것이 아닌가? 그러면 나는 또 왕비가 되었을 수도 있고…. 그런데 강민 씨는 무슨 까닭으로 가족들을 기피하고 있으며, 좀 반항적인 성격에다 출세 지향적인 성격도 못 되고 그저 자신의 취미에 맞는 정도의 직장에서 머무르고 있으니 그 점도 이상했다.

이모부가 서울에서 큰 은행의 은행장으로 계시므로 강민 씨에게 좋은 직장을 많이 추천한 걸로 알고 있는데, 보잘것없는 공예사에서 나무 조각이나 새기고 파고 깎고 있는 것이었다.

잠을 제대로 이루지 못하고 머릿속에 가득 찬 생각들로 머리만 띵하니 아파왔다. 술을 마신 탓으로 깊은 잠 속으로 빠져들었던 강민 씨가 새벽녘에 잠시 잠을 깨어 나의 몸을 더듬었다. 그는 내 옷을 벗기려 했으나 나는 또 안 벗으려고 하고, 그러다가 자신이 지은 시라면서 공책을 보여주었다.

나의 공주에게,
조그만 나의 공주여
하늘의 여인이여
당신은 구름을 밟고 왔나
무지개를 타고 왔나….

다음 구절은 오래된 일이라 잘 생각이 떠오르지 않지만, 아무튼 내가 공주公州라는 도시에서 사는 까닭에 공주公主로 지칭한 그의 시에서 천상天上의 공주로까지 나를 올려놓는 공훈을 세웠다. 내가 공주에 사는 까닭에 예전에도 몇몇의 남자 분들이 공주라고 부르곤 했으며, 상감마마는 어디 계신가? 어마마마는 건강이 좋으신가? 등등 유머 섞인 대화들을 나눈 적이 있었는데, 강민 씨 역시 나를 왕실의 공주로 지칭하면서 조금은 어려워했다.

공주 얘기가 나온 김에 나의 집 족보를 잠시 더듬어 보면, 고려 창업 왕인 왕건 대왕이 시조가 되시며, 고려가 망한 후 조선시대로 접어들면서 고려 왕족들을 모두 찾아내어 멸족시키려 하던 그 당시, 선조들께선 지혜롭게 처신하셨다.

왕씨 성을 가진 자는 멸족의 화를 면치 못하므로 왕씨 성 위에 들 입入자를 얹어서 왕이 들어선다는 뜻을 가진 온전 전全을 만들어서 사용했으며, 또 왕씨 성의 양쪽을 막은 밭 전田을 만들어 은밀히 우리 왕족만이 아는 새로운 성을 사용함으로써 목숨을 부지할 수 있었다.

그리고 온전 전全의 왕씨들은 천안으로 이동했고, 밭 전田의 왕씨들은 강원도 정선으로 이동하여 삶의 터를 내리게 되었다는 전씨 족보에 관한 얘기를 들은 적이 있다.

그러므로 역사가 계속 고려시대에서 머물렀다면, 아마도 나는 공주였을 것이 틀림없는 사실이다. 그래서 그런 것인가? 어찌 된 일인지 나를 만났던 몇몇 남자 분과 여자 분들이 공주라고 불렀던 일도 지금 생각해 보면 예사로운 일이 아니었음을 느끼게 된다.

역사는 어떤 방법으로든지 흐르게 되어 있으며, 세월의 윤회 속에서 은밀하게 또는 긴 역사의 베일이 조금씩 걷히기 마련이다. 그리고 그러한 사실들이 사람들의 생각 속에서 또는 입으로 구전되어 가고 있는 것이다.

그렇다면 현재의 위치에서 볼 때, 나는 고려 왕족의 공주이며, 강민 씨는 조선조의 왕족으로 왕자의 신분을 갖고 있는 사람으로, 고려라는 나의 왕족 가문을 강민 씨네 이씨 가문이 멸족시키고 새로운 조선시대를 열게 되었으니, 나의 집안을 망친 집안이 아닌가? 세월이 흐른 지금도 족보는 변치 않고 있는 것이다.

서양의 로미오와 줄리엣처럼 원수 집안이었다는 사실을 상기시키면서 나도 모르게 피식 웃고 말았다.

나의 이러한 생각을 알 리 없는 강민 씨는 나의 웃음 위에 자신 또한 허허로운 웃음을 날리면서 나를 붙들고는 옷 위에다 사랑의 액체를 쏟았다. 참지 못하겠다면서…. 그리곤 깔끔하게 뒤처리를 한 후 나를 꼭 껴안은 채 다시 깊은 잠 속으로 빠져들었다.

강민 씨! 나도 당신한테 온전한 여자가 되고 싶어. 내가 옷을 벗지 않으려 하면서도 한편으로는 당신이 내 옷을 사정없이 다 벗겨주길 바랬어. 나를 지켜주려고 노력하는 그런 당신이 좋아서 나도 이러고 있는 거야. 우리 조금 더 기다리다가 결혼하면 그때는 매일매일 내가 떼를 쓸 거야, 뽀뽀해 달라고….

아침 겸 점심으로 식사를 한 후 버스에 오르려 하자 천안까지만이라도 같이 가겠다는 강민 씨를 피곤할 테니 집에서 쉬라고 하며 애써 떠밀고는 혼자가 되었다. 그리고 집에 내려와선 어머니 앞에 무릎을 꿇고 앉아 긴 훈계를 들어야만 했다.

"아니! 무슨 계집애가 그래. 남자를 다 찾아다니고, 또 자고 들어오니? 도대체 이게 어떻게 된 일이냐 그래!"

그때만 해도 여자가 남자를 찾아갔다는 그 사실만으로도 충분히 문제가 될 때였다. 그런데다가 내용이야 어찌됐건 다음날 내려왔으니…. 이미 각오하고 있던 문제였지만 막상 어머니 얼굴을 대하고 보니 어디서부터 얘기를 꺼내야 할지 막막했다.

"어제 강민 씨 어머님하고 할머님 만나 뵙고, 그러다 보니 늦어서 차를 못 타고 오늘 내려오게 됐어요.”

“뭐라고? 어머니하고 할머니를 만났다구? 아니 애가 정신이 있는 애야 없는 애야? 네 발로 가서 그 댁 어른들을 만나고 다녀? 어떻게 된 애가 그렇게 뻔뻔스럽니? 어미 애비가 다 살아있는데 제쳐놓고 너 혼자 그 집에 불쑥 나타나서는, 그래, 참 잘 왔다 하더냐? 아이고 이거 부끄러워서 원 살 수가 있나. 도대체가 너는 내 맘에 안 들어. 하는 짓이라고는 일만 만들고 다니니, 에이그 원.”

어머니의 한탄조를 그러고도 오랫동안 들어야만 했는데 마음이 안정되셨는지 나에게 물어 오셨다.

“그래, 사는 건 어때?”

“사는 게 문제가 아니고, 강민 씨는 나한테 부모형제 없는 고아라고 하더니 할머님과 어머님이 계셨고, 또 만나보진 못했지만 남동생도 있대요.”

“그래 맞아, 지금 생각해 보니 그 사람이 부모형제가 없다고 직접 말했던 것이 생각나는구나. 그런데 어떻게 된 것이냐, 할머니까지 계시다니 어떻게 된 일이야?”

“글쎄 말예요. 저도 그래서 이상하게 생각하고 있어요. 강민 씨 혼자서 자취한다고 그랬었고, 서울에 홍수가 났는데 한번 와 보지 않는다고 해서 그냥 올라간 것인데 그 사이에 주소가 바뀌었고, 그래서 마침 이모님 댁 주소와 전화번호가 있어서 그곳에 연락했어요. 이왕 서울에 올라갔으니 만나야 될 것 같아서요. 그런데 그 집에서 일하는 분 말씀이, 요즘은 안 온다고 하면서 혹시 어머님 댁으로 갔을지 모르니 그 집 주소로 찾아보라기에 집 주소를 물어 어렵게 찾아갔더니 어머님하고 할머님이 계셨어요. 남동생은 마침 집에 없었고 강민 씨는 토요일이라 회식이 있어 거의 12시가 다 된 시간에 집에 돌아왔는데 나를 그 집에 못 있게 하고 여관에 데려갔어요. 할머니하고 어머니는 함께 있자고 하시는데 강민 씨가 막 끌고 나갔어요. 집은 비좁고 어머님이 삯바느질을 하시지, 또 할머님에 남동생이 있는 그런 모습을 나에게 보이고 싶지 않았던 것 같아요."

"할머니와 어머니는 어떠셨니?"

어머니는 많이 누그러지셨는지 목소리가 가라앉아 있었고 사태가 어찌된 것인지 몹시 궁금해 하시는 쪽이었다.

"두 분이 참 조용하시고 또 많이 반가워하시더라구요. 처음 뵙는데도 아주 귀품이 흐르고 특히 할머님은 손자며느리 만났다고 하시면서 몹시 서두르시던데? 그리고 그 댁이 이씨 왕가의 자손이라면서 집안의 내력도 이야기해 주셨어요. 그런데 참! 이상한 점이 있었어요. 엄마! 효원이가 글쎄 그 집엘 갔었나봐. 할머님이 나를 보시곤 지난번 왔던 그 처녀구나 하셨거든. 그러자 강민 씨 어머님이, 이 처녀는 공주에서 올라온 다른 처녀예요라고 말씀하셨구요. 할머님은 우리가 같은 또래의 젊은 여자니까 똑같이 보이셨나봐요. 무심결에 나온 얘기지만 나는 속으로 얼마나 놀랐는지 몰라요. 그리고 그 처녀가 효원이를 두고 하신 말씀인 것도 강민 씨를 만나서 알게 된 거구요."

"그럼, 강민인가 하는 그 청년은 너하고 효원이를 놓고 양다리를 걸친 거냐? 그런 거 그만둬라. 어디 사내가 없어 그런 짓 하는 걸 두고 보냐! 네가 그렇게 값없는 싸구려로 보일 필요 없다. 그만 둬 당장. 쌔고 쌘 게 사낸데 그보다 더 좋은 자리 얼마든지 많다. 당장 정리하고 네 길을 찾도록 해! 그리고 효원이는 서울에 있고, 너는 여기 있는데 무슨 수로 서울에서 일어나는 일을 알 재간이 있니? 그러면 그런가보다 할 뿐이지. 나는 효원이라는 애가 이해가 안 되는 것이, 너하고 학교 다닐 때부터 가깝게 지냈고 또 두 사람 사이를 알면서 그 사이에 껴든 것 자체가 문제가 있어. 강민인가 하는 그 청년도 애매한 데가 많은 것이 할머니와 어머니가 생존해 계시는데 부모가 안 계시다고 하는 건 또 뭐니? 아무튼 이 일은 여기서 일단락 내도록 해! 계속해서 편지하거나 만나거나 연락하기만 하면 그땐 내가 다른 방법을 취할 테니까 너 알아서 해! 부모가 자식 잘 되라고 말리지 못 되라고 말리는 부모는 없다. 혹시 너 그 남자하고 몸 섞은 건 아니냐?"

"강민 씨는 결혼할 때까지 처녀로 지켜주고 싶다고 했어요. 그래서 그런 일은 없고 뽀뽀는 많이 했어요."

"그래? 그렇다면 이젠 맘을 달리 갖도록 해. 내가 그때 결혼 신청할 때 승낙 안 한 것이 참 다행이다. 지금 생각하니 그땐 너를 그 남자한테 주고도 싶었는데 네 나이가 좀 어렸고, 또 정말 너를 사랑하면 기다려 주리라 생각했었는데 이런 일이 생기고 보니 다행이다. 아무튼 그러니 명심하고 오늘은 이만 건너가 쉬어라."

내 방으로 건너와 방석에다 얼굴을 묻고 막 소리 내어 울었다. 오랫동안 참아왔던 마음속의 응어리가 풀리도록 서럽게 울어댔다. 그렇게 눈물을 막 쏟고 나니 조금 후련해졌다. 그리고 나는 친구의 배신을 냉철하게 생각해 보았으며 강민 씨에 대해서도 객관적으로 생각해 보았다.

사랑은 유동적인 것, 그 무엇 하나 내 것일 수 없으며 잠깐 왔다 가는 이 세상, 빈손 들고 왔다 빈손으로 가야 할 나그네 여정에 무엇이 참 내 것이고 또 무엇이 내 것이 아닌가? 아무것도 소유하지 않음으로써 더욱 많은 것을 소유할 수 있지 않을까? 소유란 것이 도대체 무어란 말인가? 그저 흐르는 대로 두고 보자.

사랑은, 어느 꿈같은 봄날 아지랑이 피어오르듯이 내 가슴 속에서 막연하게 그리움이라는 단어로 시작되었으며, 또한 소중하게 키워왔던 나의 첫사랑이 허물어져 버린 느낌이었다. 허허로움이여!

17살 되던 해인 고등학교 2학년 때 가을 수학여행 길에서 설악산을 지나 낙산사 해변의 푸른 물가에서 국방색 군복 차림의 강민 씨와 처음 만났을 때를 다시 생각했고, 그 후 강민 씨가 사랑의 편지를 일주일이 멀다 하며 보내왔던 그때를, 지금도 어제의 일인 것처럼 다 기억하고 있다.

마당에 노란 은행잎이 떨어지던 그때, 내 방 창가의 책상에 앉아 강민 씨가 보낸 사랑의 고백 편지를 읽던 그때를 지금도 기억하고 있다.

"선영, 사랑한다. 나는 너를 사랑한다."

하얀 백지에 풀잎 같은 초록색으로 쓴 사랑의 편지를 읽으면서 얼굴이 빨갛게 달아올랐고 정신이 아득하니 먼 데서 내가 둥둥 떠 있는 느낌이었으며, 또 온통 종잡을 수 없이 머릿속이 붕붕대는 것 같아 학교에서도 어떻게 하루가 지나갔는지 몰랐으며, 그 후로도 오랫동안 그 아련한 솜털 속에 싸여 지냈다.

그렇게 나의 첫사랑이 67년 가을 17살에 시작하여 73년 가을 23살에 상념의 깃발을 내릴 수밖에 없었다. 6년이라는 세월을 그와 연인으로 지내다 이제는 서로의 자리로 훌훌 털고 일어설 때가 된 듯싶다.

강민 씨가 나를 사랑한다면 기다려 주리라고 생각하셨다는 어머니 말씀이 나에게 강하게 와 닿았다. 그래, 어머니 말씀대로 사랑한다면 기다릴 줄 알아야 하는 거야. 그런데 강민 씨는 그 사이에 효원이를 만나고, 그것도 나와 가까운 친구인 것을 다 알면서도…. 강민 씨는 나를 사랑한 것이 아니야. 단지 심심하니까 장난삼아 만난 것인지도 몰라. 차라리 오늘 이렇게 그의 진심을 알았으니 나로서는 다행스러운 일인지도 몰라. 강민 씨의 진심을 알게 되었으니 먼 장래를 위한다면 오늘 이깟 슬픔쯤이야 참는 것이 무에 그리 힘들라고….

효원이와 강민 씨 관계가 궁금하면서도 직접 물어볼 수도 없었다. 내 스스로 두려움이 앞섰던 까닭에 궁금하고 또 괘씸하면서도 어쨌든 그 사랑을 덮어둘 수밖에 없었다. 어른들이 말씀하시기를 인연이 닿으면 만나게 되며 또 결혼할 수도 있다고 하니 인연이 닿아 그와 꼭 결혼할 수 있기를 바랄 수밖에. 강민 씨가 나의 첫사랑이었으며 그냥 그가 좋았기에, 또 인연이 닿아 서로 만났으니까 다른 사람은 전혀 생각하지 못했다.

그러다 며칠 후 민선이를 만났다.

"강민 씨 너한테 그 돈 갚았니?"

갑자기 민선이가 돈 얘기를 꺼내 무안해질 수밖에 없었다. 거짓말 하자니 다 아는 얘긴데, 차마 할 수가 없어 가만히 있었다.

"남자들이 여자와 절교할 때는 돈을 빌린대. 그리고는 그 돈을 갚지 않으면서 소식도 끊어지고 뭐 그런다던데, 너 혹시 강민 씨하고 그런 사이 아니니?"

나는 그때 속으로 크게 놀랐다. 민선이 말대로 꼭 그렇게 된 꼴이니 말이다.

"왜, 돈을 빌렸으면 갚든지! 못 갚으면 또 사실 얘기를 해서 서로가 이해하면 되는 거지. 그리고 또 사랑하는 사이니까 돈 좀 빌렸다고 이상하게 생각할 필요는 없는 거 아냐? 남보다 가깝게 생각하는 사이니까 돈도 빌릴 수 있다고 나는 생각해! 또 그냥 줄 수도 있는 문제고. 나는 강민 씨에게 돈을 건네주면서 꼭 돌려받을 것을 생각하지 않았어. 그 사람이 오죽해야 나한테 돈 얘기를 했겠어? 그리고 그만큼 나를 믿었다는 말이 되잖아?"

그러자 민선이는 또 다른 주장을 피력했다.

"꼭 그렇지도 않은가봐. 서로 가깝다 보니 헤어지고 싶어도 헤어지자고 얘기도 못하고, 돈을 빌린 후 갚지도 않고 자연히 연락도 끊어지고, 그러다 보면 자연스럽게 절교가 되는 거지 뭐. 돈이 중요한 게 아니라 요는 사랑이 중요해서 그렇게 돈도 융통해주고 하는 건데, 남자 쪽에선 그것을 이용하는 거지 뭐! 너 괜히 사랑타령 하고 앉아 있지 말고, 얼른 네가 먼저 선수 쳐! 내 생각에는 강민 씨가 그런 거 같은 느낌이야! 요즘 편지도 자주 안 오고, 또 효원이는 아무 말 없는 것이 그 계집앤 응큼해서 너하고 달라. 그 속을 알 수가 없지! 내가 이 정도로 충고하면 너도 알아들어라 제발!"

효원이와 민선이는 학교 다닐 때 나보다 사이가 가까웠으며, 집도 근처이고 생활 형편도 비슷하다 보니 서로가 잘 어울린 관계로 나보다 효원이를 더 잘 안다고 할 수 있었다. 그리고 민선이가 대학 서무과 접수계 담당이라 우편물 접수와 발송을 맡고 있어서 강민 씨 편지가 와도 민선이가 먼저 알게 돼 있기 때문에 거짓말을 할 수도 없었다.

"아무튼 나도 강민 씨가 너하고 잘 이루어지길 바라고 있는데 요즘 와서 생각이 달라지고 있어. 네 월급이 지금 얼마니! 그리고 네 월급은 집에다 다 내놓는다면서, 어렵게 빌려서 준 돈인데 지금까지 갚지도 않고. 네가 그 돈 갚느라고 얼마나 힘들었는데 이제는 연락 한번 없고 그 잘난 성병 앓고 있을 때 구걸하더니, 이제는 연락 없는 거 봐라. 정말 나 강민 씨 그렇게 안 봤는데 너무 실망이다. 그러니 네 마음은 오죽 하겠니? 그러나 잊어버려, 다시 다른 사람 사귀면 되지 뭐. 아직 어떤 사이도 아니니까 괜찮지? 그런 사람인 걸 알았으니 다행으로 생각하고…."

'아! 잊을 수가 있을까? 내가 그 사람 잊고 살 수 있을까? 잊는다는 생각만 해도 무슨 나쁜 꿈을 꾸고 있는 것만 같다. 왜 이렇게 이상하게 되어 가는 것일까? 강민 씨! 돈 때문에 그래? 돈을 돌려주지 못해서 나한테 미안해서 그래? 이제 그 돈 빌린 것 다 갚았어요. 연말에 보너스 받은 것과 학장님이 보너스로 주신 돈, 그리고 다른 과에서 바쁠 때 내가 좀 도와주었더니 수당을 조금 주더군요. 그런 돈 모두 합해서 빚을 갚았으니까 걱정 말고 연락해줘요. 강민 씨 연락이 없으니까 자꾸 편지하기도 이상해요. 잘못 전해지는 것 같기도 하고 말예요….'

이렇게 시작된 내 마음의 시련은 72년 추운 겨울 내내 이불을 뒤집어쓰고 울었으며, 그러다가 지치면 잠들곤 했다.

그해 가을, 10월 3일 개천절이 공휴일인데 그 며칠 전에 청와대 임 비서관으로부터 서울에 올 수 있으면 좋겠다고 전화연락이 있었다. 서울역 앞에서 만나 임 비서관님이 직접 남산 길을 운전하시면서 북악 스카이웨이로 가서 점심식사를 나눈 후 잔디밭에 엎드려 애들처럼 또는 연인처럼 좋은 시간을 가졌다. 그때 임 비서관님이 말씀하시길, 자기는 때가 묻었으니 다른 사람을 찾아보라고 하시며 내가 너무나도 높이 있는 사람이라 자기로서는 어찌해 볼 수 없다는 말씀을 하셨다. 그리고 이담에 할머니 할아버지가 된 후에 만나자고도 하셨다. 호호백발 할머니 할아버지가 되어 우리가 만난다면, 그땐 다른 사람들이 이상한 눈으로 바라보지 않을 것이라고 하시면서. 물론 그의 나이 42세, 내 나이 21세 때였는데 나이 어린 나에게 혹여 상처라도 줄까봐 무척이나 조심해 하는 분이었으며, 만 1년이라는 짧은 시간이었지만 나에겐 소중하고 귀하게 느껴지던 그 시절, 임 비서관님은 아마 정신적으로 많이 방황하셨던 것 같았다.

그의 부인이 내가 보낸 편지들을 모아 등기우편으로 되돌려 보낸 사건이 있은 후, 나는 몹시 겁나고 당황하여 전화로 임 비서관에게 되돌아온 편지에 대해 얘기하자, 서재의 책상 서랍에 내 편지를 넣고는 열쇠로 채워 놓았는데 자기 부인이 열쇠로 편지를 꺼낸 후 되돌려 보낸 것 같다고 하며, 내가 그 문제로 인하여 쇼크를 받지 않았으면 좋겠다는 말씀을 한 후 며칠 지나 이루어진 만남이었다.

지난 해 가을 남자로 내게 다가온 임 비서관, 그이와는 짧은 만남으로 시작되더니 71년 가을에 마지막으로 만나는 이별의 자리가 된 셈이었다. 이 가을에 두 명의 사랑하는 남자와 이별이 이뤄졌는데 두 사람 모두 정신적인 사랑이었으며 빛깔로 표현한다면 임 비서관과의 사랑은 하얀색이라고 표현하고 싶다. 그리고 강민 씨와의 사랑은 엷은 분홍색이라고나 할까? 이렇게 두 사람과 비슷한 시기에 각각 이별이 이뤄져 내 마음의 상처가 깊어질 수밖에 없었다.

이렇게 시작된 내 마음의 시련도 73년 여름, 대학에서 근무하는 한 남자를 만나면서 조금 엷어져 가고 있었는데, 세월이 흘러 78년 봄에 효원이가 약혼했다면서 사진을 보내왔다. 그런데 효원이와 손을 잡고 서 있는 사진 속의 남자는 처음 보는 남자로 강민 씨는 분명히 아니었다.

그때, 나는 또 놀랐다. 두 사람이 서로 사랑하지 않았다는 말인가? 나와 강민 씨 사이는 이렇게 멀어져 가고 있는데 효원이도 아니었단 말인가? 강민 씨가 효원이와 사귀는 줄 알고 있었으며, 또 두 사람이 사귀거나 결혼한다면 가까이에서 강민 씨를 볼 수 있는 기회가 있지 않을까? 하고 가끔 생각했었는데….

그럼 강민 씨를 볼 수 있는 기회가 영원히 없겠구나, 하고 생각하니 몹시 슬펐다. 강민 씨와 내가 결혼하게 된다면 제일 좋은 일이지만 그렇지 못할 경우 친구와 결혼이 이뤄진다면 가까이에서 그의 소식을 접할 기회가 생겨 그를 사랑했던 나에게는 또한 좋은 소식이 될 터인데.

그해 5월, 민선이와 서울로 올라가 효원이 결혼식에 참석했으며 친구들과 사진촬영까지 마친 뒤 식장을 나오려다 먼발치에서 나를 바라보고 서 있던 강민 씨와 눈이 마주치는 순간 가슴이 철렁 내려앉았다.

아니, 강민 씨가 이곳에 오다니, 효원이 결혼식에 어떻게 그가?

전혀 생각 못했던 장소에서 그를 만나니 속으로 무척 당황했으며 또 무슨 말을 해야 할지, 반가우면서도 내가 괜히 죄 지은 것 같기도 했다. 문을 빠져 나가던 중 나를 보고 섰던 강민 씨 모습이 조금 나이 들어 보였다. 세월이 흘렀으니까. 나 역시 지금은 17세가 아닌 28세가 되어 버렸으니까.

그렇게 세월의 강이 흐르는 사이 스무 살 되던 해 가을, 21살 연상의 서양신사 같은 임현종 비서관을 만나 사모하던 때가 있었고, 같은 대학에서 근무하는 송지훈 씨를 내 나이 23살 되던 해 여름에 만나 사귀게 되면서 강민 씨와는 자연히 멀어질 수밖에 없었다. 계속해서 내 주위에는 멋있고 좋은 남자들이 인연이라는 고리를 엮어가고 있었으나 첫사랑의 기억 저편으로 희미해져 갈 수밖에….

그날, 효원이 결혼식장에서 강민 씨를 스치듯 잠깐 본 후 두근거리는 가슴을 억제하기 어려웠으며, 여러 가지 궁금한 것들이 많았지만 그저 눈인사만 나눈 후 헤어진 것이 우리들의 마지막이었다. 첫사랑은 깨어져야만 아름답다고 했던가? 진한 추억만 내 가슴에 남긴 채 그렇게 막을 내리게 되었다.

한때는 강민 씨와 결혼까지 생각했으며 그의 육체적인 질병까지도 나의 아픔으로 생각했던 때가 있었건만, 지금은 그저 아련한 봄날의 아지랑이 피어오르듯 그렇게 엷어졌으며, 단지 신비에 싸인 순수한 첫사랑으로만 기억될 뿐이다.

다른 사람들의 눈을 피하기 위하여 가나다라의 한글 자음과 모음을 아라비아 숫자로 표기하여 그것을 나에게 익히게 만들었던 강민 씨, 그리고 이미자 씨의 '사랑했는데'라는 노래 가사를 아라비아 숫자로 적어서 보내오면, 강민 씨가 보내준 숫자풀이에 맞추어서 노래가사를 적어 회답을 보냈다. 그리고 나 역시 강민 씨한테 편지할 때, 숫자로 적어서 보냈는데 연인들끼리만 통하는 암호문이었다. 또 나무 조각을 맞추어서 집이나 아라비아 숫자 등 여러 가지 모양을 만들면서 머리 회전이 되는 게임을 하게 했던 강민 씨였다.

언젠가 강민 씨 소식은 없고 궁금하여 백지에 ?(물음표)만 크게 그려서 보냈더니 답장이 왔는데, 강민 씨 역시 백지에다 !(알았다는 느낌표)를 크게 그려서 보내왔다. 우리는 그때 그랬었다. 서로의 마음을 너무나 잘 알고 있었다.

'당신의 붉은 입술과 진한 속눈썹은 세월이 흘러도 내 가슴에 그대로 남아있으며 또한 소중한 당신의 별 하나로 남아 있기를 원합니다. 수백 통에 가까운 당신의 편지는 이제 모두 소각시켰으며 오로지 우리 두 사람의 마음속에서 회색빛 재로 남아있을 뿐입니다.'

세월이 흘러도 추억은 영원히 남는 것, 50이 지난 이 나이에도 강민 씨를 가끔 생각하면 가슴이 쓰라리고 또 안타까움만 가슴 가득 출렁댄다. 어떻게 생각하면 우리 두 사람은 결혼할 수 있는 기회가 참 많았는데, 어이하여 당신과 내가 남남이 되어야만 했는지, 어이하여 사랑하던 당신과 내가 서로 만날 수도 없는 건지, 안타까움에 지금도 가슴이 답답하다.

어느 누가 그랬던가? 첫사랑은 깨져야 아름답다고, 또 그래야 한다고…. 나는 그래서 내 마음에 아름답게 간직한 그를 지금까지 잡고 있는 것인지도 모르겠다. 서로가 얼굴 맞대고 살면서 때론 싸우며 그렇게 사느니, 아름다웠던 추억만으로 오래 사랑할 수 있는 기억의 저편에 있는 아름다움이야말로 진정으로 순수한 사랑이 아닐까 하고, 오늘 이렇게 50이 지난 중년의 나이에 다시금 느껴보게 된다.

❦추신

〈내게 있어 가장 소중한 한 사람에게〉

당신께서 주신 꽃이
어느새 당신에 대한 그리움의 자리만큼이나
넉넉하게 마른 풀 향기를 풍기고 있습니다.

기억하고 있기에 아름다웠던 추억의 사연들은
차가운 밤바람과 함께 내 방 창을 스쳐 지나와
내 머릿속을 가득 메우고 있습니다.

떨쳐버리려 노력하였지만
넉넉하게 자리 잡은 그리움이기에
파고드는 그리움의 자락들을 어찌할 수 없습니다.

보잘것없는 나에게 사랑할 수 있는 용기를 가르쳐 주셨으나
사랑에서 오는 절망 또한 가르쳐 주셨기에
당신의 소중함이 오늘 새삼스레 눈물로 변해버린 것입니다.

늘 가까이 두고 싶은 까닭에 헤어짐을 아쉬워하며
자꾸자꾸 뒤돌아보았지만 이젠 뒤돌아봐도
다시는 돌아와 주지 않는 당신이기에 혼자 슬퍼하고 있습니다.

떠나간 당신이지만 이 세상에 태어나 누군가를
가슴 깊이 사랑할 수 있음을 알려 주셨기에
그리고 나 혼자 남는 법과 잃어버린 나 자신을 찾게 해 주셨기에
오히려 감사하고 있습니다.

미운 사람에게

밉습니다.
밉습니다.
나를 사랑하는 그 사람이
너무너무 밉습니다.
- 賢鍾

내 나이 20살 때, 마음속의 연인으로부터 받은 사랑의 편지이다.

'그래요, 우린 서로가 너무너무 밉기 때문에 이렇게 떨어져서 살아야 해요….'

역설적으로 쓴 글 속에서 깊은 그의 마음을 느꼈으며 백지에 쓴 단 네 줄의 이 짧은 글을 지금도 잊지 못하고 기억하고 있는, 그리운 나의 미운 사람으로부터 받은 사랑의 편지이다.

고등학교를 졸업한 후 공주사범대학 학장 부속실에서 근무할 때의 일이다.

공주시내 봉황산 자락 아래에 사범대학이 있었는데, 부속중고등학교와 함께 아주 오래된 낡은 건물이었으며 또 협소하여 대학에서는 장래 종합대학 내부계획의 일환으로 공주군 장기면 신관리 일원에 넓은 부지를 마련하여 학교 건물을 세울 때였다.

공주산성을 휘감아 돌며 곰나루를 어루만지듯이 스치고 돌아 부여까지 길게 뻗은 금강이 유유히 흐르는 그곳을 중심으로 현재의 공주는 구舊공주가 되며, 자연히 장기면 신관리를 중심으로 새로운 도시 형성이 시작되는 그 지역을 신新공주라고 부르게 되었다.

신관리의 야산을 뭉개고 본관 건물을 시작으로 교수 연구실과 식당 등은 벌써 공사 마무리를 했으며 체육관이 내부수리 중이었다. 그리고 여학생들의 생활관인 목련관과 운동장이 공사를 하고 있었으며, 대학의 중요기관인 학장실과 부속실, 서무과와 교무과, 학생과 등이 일차적으로 이사를 하여 강 건너 신관에서 근무를 시작했다. 학생들은 문과 계통의 과만 먼저 이사를 했는데 이과 계통의 학생들은 봉황산 아래 중턱에 위치한 구 대학에서 강의를 받고 있었으며 거의 반이 옮긴 상태였다.

새로 이사한 강 건너 지역의 이름이 신관리新官里여서 신관이라고 짧게 말하는 그 뜻은 또 다른 뜻까지 포함된 단어였다. 새로 세운 건물이라는 뜻의 신관도 되므로 두 가지 뜻이 포함된 신관으로 통했으며, 자연스레 옛날 대학 건물은 구관으로 통했다.

신관에서 근무를 시작하자 한쪽 귀퉁이에 있는 야산을 뭉개고 생활관을 신축하는 관계로 매우 시끄러웠다. 불도저 소리, 자동차 소리로 하루해가 뜨고 지던 시절이었는데, 어느 날 드디어 여학생들의 생활관인 목련관이 아름다운 한옥 건물로 자태를 드러내었다.

기역자 모양의 청색 기와지붕에 넓은 대청마루를 중심으로 부엌과 몇 개의 방이 있었으며, 또 넓은 앞마당가로는 장독대와 우물이 있었다. 흰색과 자색의 목련나무 두 그루가 마당 양쪽으로 심어졌으며 담장 위에도 청기와를 얹어 놓았다. 그리고 담장 안의 울밑에는 봉숭아, 채송화, 분꽃 등 올망졸망한 작은 꽃나무들이 제각기 자태를 뽐내고 있었다. 옛날 양반 댁 대문을 작은 모양으로 만들어서 입구에 세우고 난 후 집을 완성시켜 놓으니 아주 아담하고 그림처럼 예쁜 한옥 한 채가 주위 건물과는 어울리지 않게 교내에 들어서게 된 것이다.

이에 앞서 생활관이 공사를 시작하고 며칠 후, 학장 부속실로 전화가 왔었는데 그때의 통화가 두 사람 인연의 시작이라고나 할까?

어느 날, 조용하며 안정감 있는 남성의 목소리가 수화기를 통해서 들려왔다. 학교 교환대에서 이미 청와대에서 전화가 왔다고 귀띔을 해준 뒤였다.

"안녕하십니까? 저는 청와대 영부인실에서 근무하는 임현종이라고 합니다. 학장님 계시면 통화하고 싶습니다만."

"아! 예, 잠깐만 기다려 주세요."

급히 나는 학장실과 부속실 사이에 있는 큰 나무문을 밀고 들어가 청와대 영부인실에서 전화가 왔다고 학장님께 말씀드린 후 전화수화기를 들어 건넸다.

이때의 전화가 목소리만으로 이뤄진 우리들의 첫 만남이라고 해야 될 것이다. 그리고 일주일 후에 임 비서관으로부터 다시 전화가 왔을 때, 그땐 학장님께서 부재중으로 강 건너 구관에 가셨는데 연락이 되질 않았다.

"안녕하십니까? 청와대 영부인실의 임현종입니다."

"안녕하세요?"

"학장님 계시면 통화하고 싶습니다."

"학장님께선 강 건너 대학 구관에 가셨는데요?"

차분한 분위기의 약간 느린 목소리가 전화기를 통해 들려오고 있었으며 이어서 나의 이름을 물었다.

"성함이 어떻게 되십니까?"

"전선영이라고 합니다."

"아! 예, 전선영 씨, 그러면 학장님께서 오시면 청와대로 전화해 주십사고 말씀 전해주시겠습니까?"

"예, 그렇게 하겠습니다."

오전에 청와대에서 온 전화였으며, 오후에 학장님께서 학교에 오셨을 때 말씀드리자 급히 청와대로 직접 전화를 하셨다.

물론 내 사무실인 부속실에서도 전화 통화 소리는 잘 들렸는데 학장님께선 아주 기쁜 목소리로 말씀하셨다. 뒤늦게 알게 되었지만 이때의 통화가 자동차 선물에 관한 건이었다.

공주에는 사범대학과 교육대학 이렇게 두 개의 대학이 있는데 국민학교 교사가 되기 위해선 교육대학 2년의 과정을 수료해야 하며, 중고등학교 교사가 되기 위해선 사범대학 4년을 수료해야만 자격증이 주어졌다. 그때 사범대학은 청주사대, 공주사대, 광주사대, 진주사대 등 4개의 단과대학이 한국 내에 유일한 사범대학이었으며 교육대학은 그보다 좀 더 많은 여섯 개 정도의 숫자였다.

공주에 있는 사범대학과 교육대학에 똑같은 검정색 세단차가 동시에 오게 된 것은 그 후 일주일이 지난 뒤였다. 그리고 며칠 지난 후 또 버스가 도착했다. 김 학장님은 그동안 검정색 지프차를 이용하셨는데, 지프차를 보면 꼭 군인들이 타고 다니는 자동차라는 생각이 떠올라, 왜 하필이면 지프차를 타고 다니시는지 의아해하던 때도 있었다. 그러나 그때는 지프차도 학장님이시니까 이용하셨지 일반인들은 생각도 못할 때였다.

학장님 운전기사인 박 기사는 키가 크고 뚱뚱한 체격으로 40대 초반의 젊은 분이셨는데, 이때 까만색 세단차를 몰고 학교에 오셔서는 싱글벙글 기쁨을 드러내셨으며 연신 털이개로 자동차 먼지를 털고 계셨다. 우리가 볼 때는 새 자동차라 먼지 하나 없이 깨끗하고 반짝거리는 검정색 차였는데 털이개로 조그마한 티도 털어내고 계셨던 것이다.

대학 정문을 지나 본관 앞 현관에는 넓은 지붕이 되어 있어 눈비를 피할 수 있게 지어져 있으며, 양쪽으로는 약간의 경사를 두어 자동차를 운전하는 데 수월하게 만들어져 있었다. 그리고 현관 정문 앞에는 학장님 전용 자동차가 주차하는 곳으로 학장님 지프차가 안 보이면 학장님께서 출타중인 것이며, 학장님 지프차가 그 자리에 있으면 교내에 계신 것으로 모두들 알고 있었다.

어쨌든 이날 학교에선 경사가 났다. 대형버스와 승용차를 나란히 학교 운동장 중앙에 세워두고 자동차 앞쪽엔 흰색 천으로 덮인 큰 상이 있었으며, 그 위로 돼지머리가 김을 모락모락 내며 쟁반에 얹혀져 희죽 희죽 웃고 있었다. 네모반듯하게 썬 붉은 팥고물 떡과 과일, 그리고 주전자에는 막걸리까지 갖춘 그럴듯한 그림이 된 후, 돗자리 위에서 박 기사 아저씨가 제일 먼저 절을 했다.

우리들은 모두 둥글게 모여 서서 박수를 치면서 박 기사의 무사고 운전을 기원했으며, 이어서 버스 운전기사인 김 기사님이 절을 했다. 엷은 푸른색에 중앙 부분을 진한 푸른색으로 길게 띠를 두른 직원버스로, 공주에는 이때 이런 모델의 버스가 없었는데 새로 나온 종류의 차 같았다. 그리고 예전에 교수님과 직원들이 함께 타고 출퇴근하던 버스는 학생용 버스로 바뀌고, 새로 온 버스는 교직원 전용버스로 크고 또 의자도 넓었다.

토요일 오후 넓은 운동장에서 거행된 이 행사에는 많은 교수와 직원, 학생들이 모였으며 또 아주 볼거리가 풍성했다. 이날 이후 출퇴근길은 항상 즐거웠다. 그리고 대학 내에는 새로운 얼굴들이 등장했는데, 신관리 대학 주변에 사는 사람들로서 청소원 아줌마 아저씨들과 사환으로 불리는 각 실의 심부름하는 소녀들 몇 명이 새로운 가족의 일원이 되었다.

어쨌든 하나 둘 대학의 틀이 짜여가고 있던 그해 가을, 육 여사님께서 가정과 여학생들의 생활관인 목련관 개관식에 참석하신다는 소식이 왔다. 대학에선 술렁술렁 분위기가 고조되고 또 차질 없이 모든 일이 진행되도록 만반의 준비를 하고 있었다. 생활관 입구 대문 위에는 이날 큰 나무판에 한문으로 새긴 목련관 현판이 걸려지게 되는데, 서예학원 선생님 중 공주에서 제일 연세가 많으신 승헌 선생님의 자필이었다.

10월 언제였던가? 날씨마저도 쾌청하고 맑은 가을 하늘 아래 학교 입구의 긴 신작로엔 코스모스가 하늘대고 있었으며, 누렇게 익은 벼가 황금물결을 이루면서 바람에 휘날리고 있었는데, 주변 야산은 이미 단풍으로 곱게 물들어 전형적인 한국의 가을을 보여주고 있었다. 수많은 인근 주민들은 대통령 영부인이신 육영수 여사님을 뵈려고 강 건너 읍내에서 모모한 사람들이 타고 온 자동차와 자전거, 또한 꼬마들로부터 노인에 이르기까지 많은 사람들이 모인 공주 읍내의 큰 잔치였다.

나도 이날 식장에 참석하고 싶었는데, 직원들은 모두 자신의 사무실을 지키라는 학장님의 특명 때문에 움직일 수가 없었었다. 게다가 내가 있는 학장실에서 목련관 준공식장까지는 꽤 거리가 멀어서 생각도 못했으며, 또한 건물로 가려져 있는 곳이라 먼발치에서도 보이지 않는 위치였다.

그러나 나는 궁금해서 뒷문으로 살짝 나갔더니 벌써 몇몇 교직원들의 모습이 보였는데 내가 늦게 나간 탓으로 식은 이미 끝났고 화사한 오렌지빛에 물방울무늬가 있는 한복을 입으신 육 여사님께서 양 옆으로 서 있는 학생, 시민, 교수들과 일일이 웃으시며 악수를 하고 계셨다.

나도 그 사이에 끼어 서서 악수를 한 후 육 여사님의 오렌지빛 넓은 한복 치맛자락에 살짝 손을 대 보았더니, 그때 당시 한국에선 아주 싸구려였던 깔깔이라는 이름의 천이었다. 천 자체의 질감이 까실까실하다 하여 이름이 깔깔이였는데, 손으로 물세탁하면 때도 잘 빠지고 또 가볍고 빨리 마르는 관계로 실용적이었으며 값도 싸서 서민들이 많이 애용하던 옷감이었다.

나는 그때 놀랐다. 아니! 영부인이시면 이 나라에서 최고의 자리인 대통령 부인이신데, 이 나라에서 제일 싼 옷감으로 한복을 해 입으시다니…. 나는 무척이나 궁금한 것이 많은 사람이라 악수를 한 후 얼른 한복 치마를 살짝 만져보아 그 옷감이 깔깔이인 것을 알고 있다지만 다른 사람들은 육 여사님의 환한 미소와 악수하는 데만 신경 쓰느라 한복 옷감이 무엇이었고 또 얼마나 싼 것인지를 몰랐으리라.

악수를 한 후, 얼른 육 여사님의 치마를 만져본 다음 막 뛰어서 학장실 내 사무실로 들어왔다. 그러자 곧 층층대로 손님들과 학장님께서 올라오시고, 이어서 학장실로 들어서신 육 여사님께선 내가 고개 숙여 인사드리자 손을 내밀어 악수를 하시며 환하게 웃어 주셨다.

그리고 일행들이 학장실로 들어간 후 그때 부속실에 나와 함께 남게 된 그를 보았다. 여자 비서관은 학장실로 육 여사님과 함께 들어가셨고, 남자 비서관이신 임현종 비서관은 나와 함께 부속실에 계셨다.

"전선영 씨? 제가 임현종입니다. 잘 지냈어요?"

"임현종 비서관님, 안녕하십니까?"

"가끔 전화도 해 주고 또 편지도 보내 주세요."

그리고 긴 얘기를 할 시간이 없었다. 학장실에서 육 여사님을 비롯하여 군수님과 학장님, 그리고 지방 유지들과 교수님 등 여러 손님들이 자리에서 일어나셨다. 우리는 모두 학교 현관으로 내려갔으며 청와대에서 오신 육 여사님과 일행들이 자동차를 타고 떠난 뒤에도 오래도록 나는 그 자리에 서 있었다.

썰물이 빠져나가듯 자동차와 사람들이 모두 떠난 그 자리, 갑자기 학교가 텅 빈 그 자리에는 쪽빛으로 빚은 듯 하늘이 고운 자태로 의젓하니 앉아 있었다.

육 여사님 옆에서 같이 행동하시는 정 비서관은 여자 분이라 아무래도 신경 쓰는 부분이 더 많으실 터이고, 임현종 비서관은 남자 분이라 대외적인 면에 많은 신경을 쓰실 것 같았다. 이날 처음 뵙는 여자 비서관은 얼굴 표정이 근엄해 보였으며, 임 비서관은 서양신사처럼 키도 큰 편이었으며, 약간 마른 듯하면서 적당한 체격에 조용한 성품이 외모로 풍기는 참 멋있어 보이는 가을 남자로, 약간 우수에 찬 첫인상과 더불어 어깨에 외로움을 얹은 모습으로 나에겐 상당히 매력적이었다.

그 후, 임 비서관이 서울에 도착한 후 전화연락을 해왔다. 물론 학장님과 통화하기 위해서지만 나와 통화가 이뤄져야 학장님과 통화하실 수 있기 때문이었다.

"선영 양! 잘 지냈어요?"

"임 비서관님, 안녕하셨어요?"

"지난번엔 많이 바쁘셨지요? 학장님과 통화할 수 있습니까?"

"잠깐 기다려주세요."

그리고 난 후, 같은 날 늦은 오후에 다시 연락이 왔는데 학장님께서 출타중이시라고 하자, 지금 하는 전화는 공무로 하는 전화가 아니고 사적인 전화라고 하셨다.

"선영인 그날 보니까 참 예쁜 아가씨더군요."

나는 얼굴이 갑자기 빨개지면서 볼이 화끈거렸다. 그리고 무슨 말을 해야 하는데 할 말이 꽉 막혀서 나오질 않았다. 이날 많은 얘기를 나누었는데 서로 같은 천주교인이었으며, 각하의 둘째 따님 이름이 근영인데 내 이름 선영이하고 흡사하다는 것과, 언제부터 대학에서 근무하게 되었느냐고 묻기도 하셨다. 그리고 공주사대 주변의 전원적인 시골 풍취가 참 좋았다고 하시면서 그렇게 좋은 고장에서 사는 내가 부럽다고도 하셨다.

"선영인 몇 살이에요?"

"올해 20살이에요. 임 비서관님은요?"

"내가 몇 살로 보이나, 선영이한테?"

"저는 남자 분들 나이를 잘 모르겠어요. 아마 35세 정도?"

"저런! 내가 그렇게 젊어보였어요? 그 나이에다 6을 더하면 내 나이가 돼요."

"아! 그러면 41세이세요?"

"그래요, 내 나이가 많죠?"

"그렇게 생각 안 되는데."

"선영이! 나한테 편지해 줄 수 있어요? 이곳에서 자주 전화하면 다른 사람 보는데 안 좋을 것 같고 하니까, 편지를 하면 좋을 것 같아요."

"제가 편지해도 돼요? 주소를 어떻게 쓰면 되죠?"

"그냥, 서울 청와대 영부인실 임현종, 이렇게 쓰면 되죠!"

"알았어요, 그럼 제가 편지 드릴게요."

그 후 나는 편지를 쓰기 시작했다. 가을의 푸른 하늘을 얘기하다가 들녘의 황혼을 그리기도 했으며, 코스모스 꽃길을 얘기하는가 하면 달과 별에 대해서…. 그러면 또 이 비서관님으로부터 짧은 편지가 도착했는데, 나는 매주 두툼한 그의 편지가 기다려졌다.

가을이 지나고 겨울이 왔으며 연말에 그로부터 그림엽서와 더불어 청와대 전용 그림 일기장이 왔는데, 간단한 기록을 할 수 있게 칸이 되어 있는 아주 멋진 선물을 큰 가방에 넣고 다니면서 간단한 글도 쓰고 약속시간을 기록해 두곤 했다. 그리고 나도 목각으로 된 벽걸이를 선물했는데 그에게서는 전화가 자주 왔으며 나는 편지를 자주 했다.

그러자 대학 내 교수와 직원들 간에 내가 화제의 대상이 되었다. 청와대 비서관으로부터 편지와 선물도 받고 있으며 전화연락도 한다는 소식을. 대학 내에서는 비밀이 있을 수 없는 것이 학교 교환대를 통해서 전화가 연결되며 또한 편지도 대학 서무과 접수계에서 분류가 된 후 학장실로 올라오게 돼 있어 담당자가 알고 있기 때문이었다.

청와대에서 편지가 오고 또 전화도 오고 한다는 소문이 나자, 서울로 올라가는 일은 시간문제 아닌가? 하고 성급한 사람들은 미래를 점치기까지 했으며, 소포로 청와대에서 쓰는 노트가 도착하자 많은 사람들이 구경하려고 몰려와 공개를 해야만 했다. 많은 사람들이 나를 부러워했지만 이곳 공주사대에 임 비서관님이 오셨을 때 그의 모습을 기억하는 사람은 몇 명 안 되었다.

임 비서관님은 35세의 늦은 나이에 결혼했으며 아들이 있는데 나이가 어리다고 했다. 그이와의 전화통화는 항상 내 가슴을 설레게 만들었으며 꿈 많은 20세 처녀에겐 찬란한 무지개 빛으로 다가오고 있었는데 또 편지에 담은 나의 마음은 자연의 느낌을 기록하는 정도였다.

어느 날인가, 김 학장님께서 나에게 물어오셨다.

"임 비서관한테서 편지가 온다면서?"

"예."

나는 그저 간단히 대답하고 말았다.

"그래?"

학장님은 웃으시며 부속실을 지나가셨다.

해가 지나 71년 여름, 전화가 와서 받아보니 낯선 여자 목소리인데 그쪽에선 나를 알고 있는 듯했다.

"전선영 씨인가요? 여긴 청와대 영부인실인데요. 우리 임 비서관한테 앞으로는 전화나 편지를 말아주세요. 그분은 이미 결혼하신 분이고 또 부인과 아이가 있어요. 선영 씨는 아직 나이가 어린 것 같은데 왜 전화하구 그러세요? 앞으로 공무 외에는 일체 전화나 편지도 하지 마세요. 아셨죠?"

전화 수화기를 통하여 말소리만 들었으며 손이 부들부들 떨리고 가슴이 막 쿵쿵거려서 어떻게 수화기를 내려놓았는지 생각이 안 났다. 마침 이날은 학장님께서 출타 중이어서 할 일도 따로 없던 터였는데 갑작스런 여자 분의 전화를 받고는 뒷머리를 세게 얻어맞은 기분이었다. 또 내가 청와대로 전화를 한번도 한 적이 없었으며 임 비서관님이 전화를 해주셨는데, 뭐가 어떻게 되어 나보고 전화도 하지 말고 편지도 하지 말라고 하는 건지 도대체가 억울하고 속상했다.

그리고 편지내용도 그저 별다른 내용이 없었으며 문학적인 내용이라고나 할까? 사물의 느낌 등을 썼던 것뿐인데, 너무나 속상하고 억울하여 직원들 퇴근시간이 되었는데도 나는 아래로 내려가지 않았다.

오후 6시면 학교버스로 직원들이 함께 퇴근을 하는데, 이날 청와대 영부인실의 정 비서관으로부터 받은 전화 때문에 쇼크를 받아 마음을 진정해야 했고 또 어떻게 이런 일이 일어났는지 생각을 좀 정리해야 되겠기에 학교에 혼자 조용히 남아 있기로 했다.

모두가 퇴근하고 난 학교는 아주 조용했으며 사방이 야산으로 둘러싸여 있는 이곳에서 어디를 둘러봐도 그리움의 얼룩뿐이었다. 그리고 조용히 보석함을 열듯 책상서랍의 자물쇠를 열었으며 그 안에서 임 비서관님의 편지를 꺼내 처음 보내온 편지부터 찬찬히 다시 읽어 내려갔다.

항상 하얀 백지에 깔끔하고 간단하면서 깊이 있는 그의 문장은 생각의 폭을 넓게 갖고 글을 대해야 하는 것을 직감적으로 느끼게 했다. 다시금 편지를 읽으면서 혹시 그의 신변에 무슨 일이 있는 게 아닌가? 하는 생각이 떠올랐고, 오늘 정 비서관의 전화를 받은 후 떠오른 생각이 있는데, 사무실에서 아니면 그의 가정에서 무슨 일이 일어난 게 틀림없었다.

도대체 무슨 일이 일어났기에 임 비서관님이 아닌 정 비서관이 갑자기 나에게 전화를 했으며, 그리고 편지도 하지 말고 전화도 하지 말라고 하는 것을 보면 우리 두 사람의 관계를, 아니 관계라고 하면 이상한 느낌의 표현이 될 것 같지만 임 비서관과 나, 두 사람만이 알고 있는 것을 그들 또한 알고 있는 눈치였고 임 비서관의 가정과도 잘 아는 듯싶었다.

그러니까 부인도 있고 애도 있는 사람이라고 정 비서관이 말하지 않았던가? 아니! 부인도 있고 애도 있는 사람은 편지하면 안 되나? 그리고 임 비서관이 전화해 왔을 때, 우린 이상한 얘기를 한 적 없고 신변 얘기와 직장생활 그리고 내가 읽고 있는 책 이야기와 교회얘기, 날씨얘기 등뿐인데, 왜 잘 알지도 못하는 정 비서관이 나에게 전화하여 남의 일에 상관하는지 모르겠다. 아무리 생각해도 풀리지 않는 실타래처럼 생각은 더욱더 오리무중이고 그 실타래마저 엉망진창으로 감긴 느낌이었다.

저녁 늦게, 어둑해진 후에야 학교를 빠져나와 버스를 타기 위해 긴 신작로를 홀로 걸었다. 대학 주변은 야산으로 되어 있으며 교문을 나서면 길게 일직선으로 신작로가 나 있는데, 30분 정도 걸어야 하는 이 길의 양편으로는 민가가 몇 채 있으며, 그 주변으로는 야산과 논으로 둘러싸여 있어 저녁이면 논가에서 개구리가 개굴개굴 하는 소리를 들을 수 있으며 또 뻐꾸기는 뻐꾹 뻐꾹 밤의 정적을 깨며 노래하고 있었다. 전원적인 운치가 있는 포근한 느낌의 이 길을 예전에도 가끔 걸은 적이 있는데, 낮에는 학생들이 오고가고 하면서 강의시간에 맞추어 걷는 길로, 길가엔 나무도 없고 바로 논두렁으로 연결된 좁은 시골길이었다.

그러나 이렇게 캄캄한 밤에 보석을 뿌려 놓은 것 같이 반짝이는 별을 보면서 개구리 울음소리에 맞추어 혼자 걷는 기분이 그날따라 묘연할 수밖에 없었다.

언젠가 임 비서관님이 말씀하셨었지! 공주사대 들어가는 길이 퍽이나 전원적이고 낭만적이었다고….

대개의 대학들이 도시 중심에 있는 데 비하여 공주사대는 금강을 앞 전경으로 하고 있으며, 하얀 백사장을 지나 금강 건너편에는 공산성이라는 꽤 큰 야산이 있는데 울창한 숲으로 싸인 공산성의 모습이 한 폭의 그림 같다고 하시며 공주사대 근처의 시골 풍경에 몹시 심취하신 듯했다.

직원들이나 학생들 또는 교수님들까지 점심시간 후, 쉬는 시간이면 학교 근처 야산을 산책하며 풀꽃도 꺾고 예쁜 돌도 모으고 하면서 산책을 즐길 수 있었다.

다음날 출근한 후, 얼마 안 되어 임 비서관으로부터 전화가 왔는데 이른 아침부터 출근시간이 되길 몹시 기다렸다고 하셨다.

"선영이! 어제 우리 정 선생님이 전화를 하신 것 같은데 많이 놀랐었지요? 우리 정 선생님이 무언가 잘못 오해를 하고 계신 것 같았어요."

"어제 전화하신 분이 지난번에 함께 내려오신 여자 비서관이신가요?"

"예, 맞아요. 정 비서관이에요."

"왜 나한테 전화도 하지 말고 편지도 하지 말라고 하셨는지, 저는 도무지 이해가 안 돼요."

"하하하! 그랬어요? 우리 정 선생이 선영이가 아직 어리니까 혹시 나중에 마음의 상처라도 받을까봐 걱정해서 그랬을 거예요. 너무 신경 쓰지 말아요."

"그리고, 임 비서관님은 결혼해서 부인도 있으며 아이도 있다는 말씀을 하셨어요. 왜 나한테 그런 얘길 하시는 건지 모르겠어요."

"이제 앞으로는 그런 얘길 하지 않으실 거예요. 뭔가 잘못 오해를 하셨던 것 같아요. 그러니까 선영이도 너무 걱정 말고 마음 편하게 갖도록 해요. 알았죠?"

그 후, 임 비서관님으로부터 짧은 편지가 당도했다.

〈미운 사람에게〉

밉습니다.
밉습니다.
나를 사랑하는 그 사람이
너무너무 밉습니다.
- 賢鍾

나는 이 편지를 받고 가슴이 팔딱팔딱 뛰었으며 많은 사람들한테 막 자랑하고 싶은 그런 심정이었다.

'임 비서관님! 나를 이토록 생각해 주시니 너무너무 고맙습니다. 비서관님 마음을 알고 있으니 이젠 누가 뭐래도 개의치 않겠습니다.'

그 후 계절이 바뀌어 그해 가을, 10월 3일은 공휴일인 관계로 전국의 공무원들이 쉬는 날인데 그 며칠 전에 청와대 임 비서관으로부터 3일에 무슨 계획이 있느냐고 전화로 물어 왔다. 별다른 계획이 없다고 하자 그러면 그날 서울에 한번 올라왔으면 하는데 어떠냐고 하셨다. 서울역으로 약속을 정하고 3일에 임 비서관님 만날 생각을 하니 초조했으며 시간이 왜 이리도 더디 가는지 답답했다.

드디어 10월 3일 개천절, 높은 가을 하늘과 청명한 날씨 아래 내 마음은 부풀어 날아가듯 했으며 공주에서 직행버스로 조치원까지, 다시 열차로 서울역까지 약 2시간 30분 정도 소요되었다. 서울역 정문 앞에 서 있자 임 비서관님이 어느 쪽에선가 오시어 서로 인사를 하고 걸어서 자동차 있는 곳으로 갔다. 오늘이 공휴일이라 운전기사는 쉬라고 하셨단다.

"선영아! 우리 어디로 갈까?"

"저는 서울을 잘 몰라요. 임 비서관님이 좋은 곳으로 안내해 주세요."

이때 내 나이 21세였고 그는 42세였다. 우리는 21살의 나이 차이가 있었으며 그동안 많은 전화통화와 편지 왕래뿐이었고 1년 만에 만나는 재회였다.

"선영이, 오랜만에 보는데 1년 전이나 지금이나 똑같아요."

차는 남산 길로 들어섰고 오솔길을 서서히 운전하시는 그분 옆자리에서 나는 감개무량했다.

"많이 뵙고 싶었어요."

"그래, 나도 그랬는데 시간 내기가 힘들었어요."

나는 그분의 분위기가 참 좋았다. 무언가 자신만이 간직하고 있는 분위기가 있었는데, 조용하면서 깊이가 있었으며 또 상대방을 아주 편하게 해주는 분이었다. 남산 길을 드라이브한 후 북악스카이웨이로 향했는데, 나는 이곳이 처음이라 좀 어리둥절했다. 그곳에서 우리는 식사를 하고 잔디밭으로 가서 산책을 하다가 함께 풀밭에 엎드려 마주보며 턱을 괴고 있었다.

"선영인 꼭 영화배우 남정임이 같다! 다른 사람들로부터 그런 얘기 들어봤어요?"

"몇 사람으로부터 남정임이 닮았다고 하는 말을 들었는데 저는 잘 모르겠어요. 요즘 남정임이 최고 인기배우잖아요? 그리고 이렇게 긴 단발머리를 한쪽은 귀 뒤로 넘기고 한쪽은 길게 얼굴을 살짝 가린 스타일이 유행이구요. 남정임이 머리라고들 해요. 나도 남정임이 참 좋아요."

"선영인 눈도 크고 속눈썹도 꽤 길고, 이렇게 가까이서 선영일 보는 것이 처음이라 새삼 신비스럽기만 한 걸, 나한텐."

임 비서관님은 내 눈을 조용히 들여다보기도 하고 또 손가락으로 살짝 내 볼을 눌러도 보면서 아주 귀여운 애기를 바라보는 그런 모습이었다.

"선영인 어쩜 그렇게 편지를 잘 쓰나. 나는 선영이 편질 읽고 있으면 마음이 아주 평온해지고 또 꿈을 꾸고 있는 것 같아요."

"정말예요? 제가 편지를 그렇게 잘 썼어요?"

나는 편지 잘 쓴다는 말이 제일 듣기 좋았다. 학교 다닐 때 친구들 편지를 도맡아서 써주었는데, 여기서 써 주었다는 말은 글씨를 쓴 것이 아니라 편지 내용, 즉 문장을 써주었다는 말이다.

그리고 글씨 쓰는 일은 우수열이라고 하는 친구가 펜글씨를 아주 깨끗하고 바르게 잘 써서, 문장에는 선영이고, 글씨는 수열이었다. 내가 글을 써서 수열이에게 넘겨주면 그 애는 펜글씨로 깨끗하게 써서 편지를 완성시켰는데, 내가 글씨를 깔끔하게 쓰지 못하고 휘갈겨서 써도 수열이는 내 글씨를 잘 알아보고 제대로 쓸 줄 알았다.

"선영이, 내가 저기 앞에 있는 호텔방으로 가자고 하면 어떻게 하겠어요?"

"그러면 따라가죠."

나는 그의 눈을 바라보며 웃으면서 말했다.

"이런, 애기 같으니라고. 내가 저 방으로 선영일 데리고 가서 꼼짝 못하게 할 수도 있어!"

"왜, 꼼짝 못하게 하는데요?"

"그건, 내가 선영일 사랑하니까 그저 꼼짝 못하게 하고 선영일 안 보내 줄 수도 있어."

"저는 잘 모르겠어요, 왜 꼼짝 못하게 하겠다는 건지. 아무튼 가만히 있을 거예요."

"선영이, 나는 때가 많이 묻었어. 그러니까 다른 사람을 찾아보도록 해요, 때 묻지 않은 사람으로. 선영인 너무나도 높고 또 멀리 있어서 내 손이 닿기엔 너무 먼 거리인 것 같아요."

나는 임 비서관님 말씀의 뜻을 알고 있었다. 왜 나를 방으로 데리고 가겠다는 것인지를, 그리고 꼼짝 못하게 할 수도 있다는 그 뜻을…. 그러나 어디까지나 내가 생각하는 것은 경험 없는 21세 처녀의 추상적인 생각이고 임 비서관의 생각은 어쩌면 남성으로서 42세면 한창때라고들 하는 나이 아닌가. 그의 정신적인 사랑과 더 깊게는 육체적인 사랑, 그리하여 진실로 서로가 하나로 일치되는 사랑을 뜻하는 것일지도 모른다.

그러나 그는 또 생각했으리라. 너무나도 티 없고 순수한 선영이를, 그래서 자기는 때가 묻었다고 표현한 것을, 그리고 21년의 나이 차이를…. 나는 다른 아무것도 생각하고 싶지 않았다. 나를 호텔방에 데리고 가서 꼼짝 못하게 해도 되는데, 나도 그가 좋으니까! 호기심이 강한 나는 어떤 일이 일어나는가? 또 그 다음은 어떻게 되는데? 하고 잠깐 스치듯이 나의 미래를 생각해 보기도 했다.

그는 부인도 있고 아이도 있다. 또 사회적인 지위도 있어 내가 표시내면서 그와 사랑하는 사이가 되면 안 되겠지? 그러면 서로 견우직녀처럼 칠석날에만 한번 만나는 7월 7일의 사랑을 해봐?

나 혼자 이런 생각에 젖어 있는데 그가 나의 머릿결을 손가락으로 만지면서 말했다.

"선영아, 이담에 우리가 나이 들어 머리가 희끗희끗해지고 또 호호백발 할머니 할아버지가 된 후 그때 우리 다시 만나자. 그땐 우리가 만나도 괜찮을 거야."

나는 가슴이 철렁 내려앉는 느낌을 받았다. 그냥 좋으니까 이

대로 있으면 안 되나요? 하고 묻고 싶은 걸 참았다. 그의 말뜻을 내가 알고 있었기에, 그저 막연하게 헤어져야 한다는 뜻인데 정신이 멍멍한 것이 어떻게 무슨 말을 해야 할지 생각이 얼른 떠오르질 않았다.

"선영이! 그만 일어날까? 여기서 더 오래 있다가는 무슨 일이 일어날 것 같아서 불안해요."

"그럴까요?"

가을 속에 북악 스카이웨이를 저만치 홀로 남겨두고 다시 울창한 남산 숲길을 돌아 서울역까지 오면서, 현재 서울대학교 행정대학원을 일주일에 몇 번 야간에 나가고 있다는 말씀을 하셨다.

"선영인 문학에 소질이 있어 보이니 이담에 글을 써 보는 것도 좋을 것 같아요. 지금부터 시작하면 더욱 좋고!"

서울역 앞에서 내려 차표를 사서 나에게 건네주신 후, 기차 타는 데까지 배웅하며 말씀하셨다.

"선영이! 이젠 나에게 편지하면 안 돼요. 그리고 나도 이제 전화 하지 않을 거예요, 알았지? 선영이!"

그리곤 나를 꼭 껴안으셨다. 기차가 떠나려고 칙칙 거리는 소리가 날 때, 기차 있는 쪽으로 나는 뛰어가면서 뒤를 향해 소리 질렀다.

"도착해서 편지할 게요, 전화하셔야 해요!"

오랫동안 손을 들고 서 계시던 임 비서관님의 모습이 점점 작게 내 시야에서 사라질 때까지 창가에 기대어 그렇게 오랫동안 손을 흔들었다.

울고 계셨을지도 몰라. 마음을 어찌할 길 없어서. 1년 만에, 만

1년 만에 그를 만났고, 만나서 반가운 마음이 채 가시기도 전에,
"이젠 편지하면 안 돼! 그리고 전화도…."

나는 이해가 안 돼요. 왜? 편지도 안 되고 전화도 안 된다고 하시는지!

공주로 내려가는 기차 안에서 혼자 소리 없는 눈물이 두 볼을 타고 흘러내렸다. 그리고 막연하게 어떤 이별의 예감이라고 해야 할지, 그저 마음이 답답한 것이 어떻게 해야 할지 모르겠고 또 그 답을 찾을 수가 없었다.

나는 아무런 색깔 없이 단순하게 그분이 좋았다.
그분만이 갖고 있는 어떤 독특한 분위기와 느낌
아무런 말없이 그저 같이 앉아서 맑고 푸른 하늘을 바라보고픈 사람
밝은 달빛 아래 내가 가야금을 타면 귀 기울이며
조용히 내 손가락을 바라보고 있을 그런 사람.
그리고 마음속으로 눈빛으로
수많은 이야기가 오고갈 수 있는 사람이라고 생각하고 있다.
왜, 우리는 이렇게 만나야만 되는 운명이었는가?
왜, 나는 이렇게 슬픈 별이 되어 이 땅에 내려오게 되었는가?
그리고 우리는 왜, 떳떳하게 만나서 사랑할 수 없는 것일까?

월요일, 근무가 시작되고 그렇게 우울한 며칠이 지나갔다. 어느 날인가 집으로 소포가 왔는데 받는 사람 전선영, 뒷면을 보니 보내는 사람 주소가 서울특별시 서대문구 연희동으로 되어 있는데 이름도 글씨체도 낯설었다.

임 비서관님이 언젠가 집주소를 적어 편지를 보내 주신 적이

있어 그의 집주소를 알고 있는데, 보낸 사람의 이름이 낯설어서 인지 언뜻 느낌이 좋질 않았다. 얼른 누런색의 사각 봉투를 뜯어 보니, 세상에 이럴 수가! 내가 보낸 편지들이 봉투째로 들어있었고, 그 외에 다른 편지나 보낸 이의 신상에 대한 어떤 글도 없었다. 물론 봉투가 열려 있으니 그가 편지를 읽었음을 알 수 있었으나 가슴이 철렁하니 내려앉았다.

이게 도대체 어떻게 된 일인가? 아무리 생각해봐도 도무지 알 길이 없었다. 어떻게 해서 임 비서관님에게 보낸 나의 편지가 이름 모르는 사람으로부터 임 비서관님의 집 주소가 적혀서 돌아오다니, 내 편지가 어떻게 해서 임 비서관님의 곁을 떠나게 되었는가?

이때, 머리를 스치는 생각이 있었다. 맞아! 연희동 주소가 적힌 것을 보니 임 비서관님 부인이 보낸 게 틀림없어. 우리가 보통 생각하는 여자 이름이 아니었고 남자이름으로 생각되는 그런 이름이었으며, 또 성이 같은 임 씨였기에 조금 시간이 걸렸던 것이다.

그의 부인 이름은 모르지만 주소가 같으니까 틀림없는 그의 부인이 맞아! 다른 아무런 글도 없이 내 편지를 모두 넣어서 돌려보내다니…. 나는 쇼크를 받았다. 또 한편으로는 화도 났다. 별다른 내용이 들어 있는 것도 아닌데 이런 편지를 가지고 돌려보내고 한 것은 좀 심한 것 같은 생각이 들었기 때문이다.

그러자 그 댁에서 내 편지 때문에 서로 다투고 또 안 좋은 일이 있었을 것이 분명하다는 생각도 들었다. 어린 나에게 혹여 상처라도 주게 될까봐 무척이나 조심해 하던 분이었으며, 만 1년이라는 짧은 기간이었지만 무척이나 나에겐 소중하고 귀하게 다가온 분이었는데, 아마도 정신적으로 많이 방황하셨던 게 아닌가 하는 생각이 들었다.

그의 부인이 내가 보낸 편지들을 등기우편으로 되돌려 보낸 사건이 있은 후로 몹시 겁나고 당황했으며 또 누군가가 계속 나를 감시하고 있는 것이 아닌가? 하는 불안까지 겹쳐서 어떻게 해야 할지 초조하고 불안하기만 한 나날들이었다.

며칠을 생각하고 궁리해 보아도 도대체가 어떻게 되어가는 것인지 오리무중이었으며 또 임 비서관님에게 무슨 일이 일어난 것만 같아 궁금함이 더욱 쌓여만 갔다. 거기다가 지난번 서울에서 임 비서관님을 뵈었을 때 전화나 편지를 하지 말라고 하셨기에 전화를 하고 싶어도 참고 있었는데 등기우편으로 나의 편지를 되돌려 받은 뒤로는 무언가 걱정되고 궁금하여 도저히 그냥 있을 수가 없었다.

그러나 가장 빨리 궁금함을 풀 수 있는 방법은 역시 전화하는 것이라 생각되어 마음의 각오를 하고 전화를 신청했다.

"청와대 나왔습니다."

학교 교환원의 말소리가 끝나자마자 영부인실을 부탁하고 기다리는 그 짧은 순간이 또 얼마나 불안하고 초조했던지….

"영부인실입니다."

나지막한 임 비서관님의 목소리를 듣는 순간 안심이 되었으며 정 비서관이 전화를 안 받아서 천만다행이었다.

"안녕하세요? 임 비서관님!"

"아! 선영이, 그렇지 않아도 걱정하고 있었어요."

"며칠 전에 제 편지를 돌려받았는데 어떻게 된 건가요?"

"서재의 책상 서랍에 선영이 편지를 넣어두고 열쇠로 채워놓았는데 집사람이 편지를 꺼내서 되돌려 보낸 것 같아요.”

“등기우편으로 두툼한 봉투에 제가 보낸 편지들이 모두 들어있었어요. 주소가 임 비서관님 댁으로 되어 있어서 짐작만 할 뿐이었는데, 부인께서 보낸 것이 확실하군요.”

“야간으로 대학원에 나가기 때문에 내가 집에 없는 저녁시간에 그런 일이 일어난 것 같아요. 선영이가 이번 일로 마음의 상처를 받으면 어떻게 하나 많이 생각했어요.”

“임 비서관님, 저 많이 떨리고 또 불안해요.”

“선영이! 떨지 마, 이젠 괜찮아요. 앞으로는 이런 일 없을 거예요.”

이때의 통화가 마지막 통화였는데, 물론 학장님께도 달리 전화할 용건이 없었던 것이다. 전에야 목련관 준공식이라든가, 영부인 행차에 관해서, 그리고 학장님께 선물할 자동차 문제 등 여러 가지 공적인 문제로 연락할 일이 있었지만 이젠 모두가 잘 마무리 되었으며 세월이 지나면서 달리 소식을 전할 일도 없었다.

그리고 나와의 사이에도 그의 부인이 편지를 되돌려 보낸 것 때문에 나에게도 아주 놀라운 사건이었지만 그에겐 또 얼마나 큰 타격이 되었을까? 그리고 그렇게 되기까지 가정의 분위기라든가, 직장에서의 그의 위치 등, 나는 너무 어렸기 때문에 생각이 깊지 못했으며 내 나이 수준의 눈높이 외에 다른 세상에서 일어나는 일을 알지 못했다.

임 비서관님으로부터 전화가 없어 궁금하고 초조하여 편지를 보냈으나 회답이 없었다. 그리고도 몇 차례나 편지를 했건만 편지가 되돌아오지 않는 것을 보면 분명히 접수가 된 것인데 회답이 없었다.

그래! 그가 편지하지 말라고 했지 않는가? 그런데도 내가 편지를 하니까 그가 내 편지는 받지만 회답은 안 하는 걸 거야. 혼자 상상하면서 어쨌든 그가 내 편지를 받는다는 생각만으로도 기뻐서 몇 차례 그렇게 편지를 하다가 도저히 한번 전화라도 해봐야 될 것 같아서 청와대로 전화를 부탁했다.

"영부인실 나왔습니다."

임 비서관님의 차분하고 신중한 목소리를 듣겠지 하는 생각에서 학교 교환원의 전화소리에 몹시 기뻤다. 그러나 아주 차가운 여자 목소리였는데 정 비서관인 것 같았다.

"이곳은 공적으로 전화하는 곳이지 사적인 전화를 하는 곳이 아녜요. 그리고 임현종 비서관은 이곳에 안 계십니다. 다른 곳으로 옮기셨어요. 공주사대 비서실 전선영 씨죠?"

나는 그 소리에 다리가 후들후들, 이마엔 진땀이 솟고 있었으며 아주 먼 곳에서 들리는 소리로 순간 착각이 일어났다. 그리고 현실 감각이 전혀 나질 않았으며 또 어떻게 이 전화를 끝내야 하나 망설이고 있는데,

"그럼, 전화 끊습니다."

고맙게도 그쪽에서 전화를 끊어 주었다.

아니! 임현종 비서관님이 그곳에, 그곳에 안 계시다니? 이게 무슨 소리야? 영부인실을 떠나 어디로 가셨다는 얘기야? 같은 청와대 근무인가, 아니면 딴 곳으로 직장을 옮기셨다는 말인가? 자세히 좀 물어봤어야 하는 건데, 정 비서관의 엄한 목소리에서 마치 너 전선영이 때문에 그 집 가정싸움 일어나고 또 사무실에서도 알게 되어 다른 곳으로 옮겼다는 그런 소리를 들을 것 같아 더는

묻지 못하고 전화를 끊었다.

그러면 그동안 보낸 내 편지가 되돌아오지 않았는데 제대로 임 비서관님이 받은 것인지, 아니면 정 비서관님이 내 편지를 쓰레기통에 버린 것인지 여러 가지로 궁금함만 더해 가고 있었다. 어쨌든 오늘 전화로 내용을 알게 되었으니 다행이었다. 더 이상 그에게 편지해봐야 받지 못할 것을 알았으니, 지난 번 서울에서 헤어질 때 이젠 전화하지도 말고 편지하지도 말라던 그의 말이 다시금 생각났다.

너무나 놀라운 전화로 인하여 머리가 혼란스러웠으며 가슴이 쿵쿵 뛰고 하여 마음을 어떻게 가눌 길이 없었다. 임 비서관님이 문득 보고 싶어졌으나 이젠 그와 편지도 안 되고, 물론 나직하던 그의 음성을 들을 수도 없게 되었다. 마음을 어찌할 길 없어 조심스레 책상 서랍을 열쇠로 열고 소중한 그의 편지를 꺼내 책상 위에 놓았다. 그리고 차례대로 번호를 기록해 둔 그의 편지를 1번에서부터 천천히 읽어 내려갔다.

제일 처음 편지에는 전선영 양에게, 두 번째 편지에는 선영이에게, 그리고 다음 편지에는 미운 사람에게, 다음에는 선영! 이렇게 호칭이 서서히 바뀌어 가고 있었으며, 편지 사연은 언제나 하얀 백지에 깔끔하고 절제된 표현으로 간단히 적는 편이었다. 때로는 오랫동안 그의 편지를 읽고 싶은데 아주 짧게 쓴 그의 편지가 원망스럽기까지 했다.

편지를 모두 읽고 나서 책상 서랍에 다시 넣은 후 열쇠로 채우면서 그의 부인이 책상 서랍을 열쇠로 열고 내 편지를 꺼냈을 때를 언뜻 생각해냈다. 그래서 지금 이런 일이 나에게 생긴 것이므로, 이젠 앞으로 어떻게 해야 되나? 아! 이젠 그의 목소리도 듣지 못하게 되었으며 더 이상 그의 편지도 없을 것이다.

언젠가 나에게 이런 말씀을 하셨던 것이 생각난다. 영부인의 둘째 따님 이름이 근영이라서 그 이름을 부를 때면 선영이 생각이 난다고…. 모습은 아주 다르지만 이름의 분위기가 비슷해서 나를 생각하게 된다고 말씀하셨다.

임 비서관님! 지금도 선영이 생각하고 계신가요? 아니면, 모두 잊으신 건가요?

〈그대의 별이 되어〉

사랑은
눈멀고
귀먹고
그래서 멍멍히 괴어있는
물이 되는 일이다.

물이 되어
그대의 그릇에
정갈히 담기는 일이다.
사랑은
눈 뜨이고
귀 열리고
그래서 총총히 빛나는
별이 되는 일이다.

별이 되어

그대 밤하늘을
잠 안 자고 지키는 일이다.

사랑은
꿈이다가 생시이다가
그 전부이다가
마침내
아무것도 아닌 것이 되는 일이다.

아무것도 아닌 것이 되어
그대의 한 부름을
고즈넉이 기다리는 일이다.

그 후로, 세월이 빨리 흐르기만을 기다렸다. 세월의 시계바퀴를 빨리 돌려놓을 수 있다면 얼마나 좋을까? 하고 생각도 해봤다. 어떻게 해야 빨리 세월이 흐를까? 언제쯤이면 호호백발 할머니 할아버지가 되는 것일까?

매년 다가오는 가을, 그리고 10월 3일 개천절이면 내 마음은 아련한 옛적의 추억으로 인하여 마음이 항상 소용돌이치고 있음을 느낀다. 그렇지 않아도 쓸쓸한 가을이 더욱더 쓸쓸할 수밖에, 매년 깊은 가을 병을 치러야 할 것 같다.

"이담에 나이들어 머리가 희끗희끗해진 할머니 할아버지가 되면 그땐, 우리가 만나도 괜찮을 거야."

임 비서관님의 말씀이 생각나서 나는 빨리 할머니가 되고 싶고 빨리 그런 세월이 오기를 기다린다.

❦추신

〈내게 있어 가장 소중한 한 사람에게〉

당신께서 주신 꽃이
어느새 당신에 대한 그리움의 자리만큼이나
넉넉하게 마른풀 향기를 풍기고 있습니다.
기억하고 있기에 아름다웠던 추억의 사연들은
차가운 밤바람과 함께 내 방 창을 스쳐 지나와
내 머릿속을 가득 메우고 있습니다.
떨쳐버리려 노력했지만 넉넉하게 자리 잡은 그리움이기에
파고드는 그리움의 자락들을 어찌 할 수 없습니다.
보잘것없는 나에게 사랑할 수 있는 용기를 가르쳐 주셨으나
사랑에서 오는 절망 또한 가르쳐 주셨기에
당신의 소중함이 오늘 새삼스레 눈물로 변해버린 것입니다.
늘 가까이 두고 싶은 까닭에 헤어짐을 아쉬워하며
자꾸자꾸 뒤돌아보았지만 이젠 뒤돌아봐도
다시는 돌아와 주지 않는 당신이기에 혼자 슬퍼하고 있습니다.
떠나간 당신이지만 이 세상에 태어나 누군가를
가슴 깊이 사랑할 수 있음을 알려 주셨기에
그리고 나 혼자 남는 법과 잃어버린 나 자신을 찾게 해 주셨기에
오히려 감사하고 있습니다.

- Oberhausen에서 仁田, 全良俅

깡패야

어느 날 학교 출근길 버스 안에서 처음 보는 남자 분의 모습이 보였다. 교수님과 직원들이 같은 버스를 이용하여 출근하던 대학 교직원 전용버스라 대부분 어느 과 교수, 어느 과 직원, 하는 식으로 얼굴과 이름 그리고 소속된 학과나 부서를 거의 알고 있는데, 처음 보는 모습의 젊은 남성이 출근 버스에 오르는 것을 보았다. 젊은 강사인가, 아니면 새로 채용된 직원인가. 그것도 아니면 대학에 용무가 있어서 교직원 버스를 이용한 일반인인가? 여러 가지 생각을 하며 힐끗힐끗 쳐다보기도 했는데, 그날이 마침 9월의 시작이며 학생들 여름방학이 끝나고 가을 학기가 시작되는 첫날이어서 그런지 일반인들이 몇 사람 버스에 동승했다.

남자가 참 잘생겼다. 그 나이의 한국 남자들 보통 수준보다 키도 크고 체격이 건장하며 단단해 보였으며 얼굴에서 이색적으로 풍기는 무엇인가가 있었다. 오뚝한 코와 눈에서 풍기는 젊음의 빛과 얼굴선이 첫눈에 시선을 집중시킬 만한 모습이었다.

나중에 알게 된 일이지만 그의 남동생이 광고모델이라고 하니,

과연 우리들 몇몇 젊은 처녀들은 모두가 관심을 갖고 그를 보았으며 또 좋아하는 것 같은 눈치였으나 대학에 도착해서는 곧 잊어 버렸다.

학장실과 부속실은 2층에 있었으며 부속실 내 책상 옆에는 3개의 부저가 있는데 학장님께서 계실 때는 '재실', 안 계실 때는 '부재', 그리고 '회의 중', 이렇게 3개의 부저를 누르면 불이 켜지면서 글씨판이 선명하게 드러났다. 아래층에서 서류철 들고 헛걸음할 것 없이 교무, 서무, 학생과 사무실에 켜진 불빛을 보고 재실일 때만 서류철을 들고 올라오면 된다.

그러나 나는 가끔, 사람들을 만나고 싶지 않을 때 '부재'에다 불을 켜두었다. 그러면 학장님께선 "오늘은 왜 서류가 이렇게 없나?" 하시면서 궁금하여 아래층까지 내려가서 각 과를 순시하시다가 내가 스위치를 잘못 누른 것을 알게 되면 학장님께선 내게 고함을 지르시곤 하셨다.

하루 근무가 끝나고 퇴근할 때, 전 교직원이 같은 버스를 이용하기 때문에 서로가 다시 한번 얼굴과 모습을 대하게 되는데, 아침에 보았던 그 낯선 젊은 청년이 다시 버스에 오르고 있는 것이 보였다. 나는 가끔 학장님 승용차로 출퇴근할 때가 있었으나 대부분은 학장님 출근 전에 미리 점검을 해야 하고 준비해야 할 일들이라 교직원 버스를 이용해서 일찍 출근하는 때가 많았다.

그날 퇴근시간에 한 여직원에게 물어보았다.

"저 분은 오늘 처음 뵙는 분인데 손님이신가? 아니면 강사예요?"

"아, 잘 모르시는구나? 오늘부터 교무과에서 근무하시는 김 선생님이세요. 예전에는 교육청에서 근무하셨고 이번에 우리 대학으로 오신 거예요"

"그래요? 오늘 아침 버스에서 처음 뵙는 모습이라 궁금했는데 그랬구나, 같이 근무하게 되었네?"

나는 예전부터 출퇴근 때면 어느 자리에 앉을까 많이 생각하며 자리에 앉는 편인데, 대부분의 사람들은 자신이 좋아하는 창가 쪽이라든가, 앞이 훤히 내보이는 앞쪽의 자리, 또는 뒷자리에서 조용하게 앉고 싶어 하는 사람 등등 각자의 개성과 취미에 따라서 앉는 자리가 달랐다. 그날그날 자리를 바꿔가며 용무에 따라 서로 얘기하길 원하는 사람과 같이 앉아 짧은 시간이지만 그래도 중요한 사교의 자리가 되기도 했다.

보통 교수님들은 앞쪽에 많이 앉으시고 직원들은 중간에서 시작하여 뒤쪽으로 앉는 편이었는데, 나는 보통 교수님들께서 앉으시는 쪽의 자리를 선택했다. 혼자 앉으신 교수님들 옆자리를 찾아서 앉는데 나의 지정석은 사실 따로 있었다.

윤석병 교수님은 대학 교육학과 교수님이신데 대전에서 출퇴근하시면서 항상 창가 쪽의 중간쯤 되는 자리에 앉으시는데, 나는 윤 교수님이 좋아서 교수님 옆자리에 많이 앉는 편이었다. 그리고 내가 버스를 이용할 때면 교수님들께선 농담으로 말씀하시며 나를 치켜세우시곤 하셨다.

"작은 학장님이 오늘은 함께 버스를 타시네!"

윤 교수님은 청년다운 풍채에다 얼굴과 눈의 분위기가 맑은 분이셨으며 말씀하실 때의 목소리와 얘기의 흐름, 그리고 위트가 넘치는 분이셨다. 교수님 옆자리에 내가 자주 앉자, 사람들은 아예 내 자리로 생각하여 내가 올 때까지 그 자리는 비어있기 마련이었다. 교수님 옆에 자리하면 항상 신선하고 은은한 풀 향기를 맡을 수 있었는데 아마도 비누가 풀 향기를 내는 것 같았고 향수는 사용하지 않으셨다. 교수님께선 향수를 싫어하시는 편인데 나 역시 향수를 원래 사용하지 않는 편이어서 다행이었으며, 교수님과 나란히 앉으면 가슴이 뛰고 감히 교수님 얼굴을 정면으로 뵙기가 힘들었으며 그냥 좋았다.

가끔 윤 교수님께서 강의가 없는 날은 자연히 나 혼자 그 자리에 앉아 출퇴근을 해야만 했다. 그리고 방학 때면 대전 윤 교수님 댁으로 편지를 띄우기도 했는데 그럴 때면 항상 엽서에 간단한 안부를 써서 회신을 보내주시는 분이었다. 그러던 교수님께서 어느 날 충청남도 교육청 장학사로 영전이 되어 우리 대학을 떠나시게 되어 얼마나 슬펐는지 모른다.

그리고 또 1년이 지난 후, 문교부로 다시 자리를 옮기셨는데 도에 계실 땐 대전이라 찾아 뵐 수가 있었지만 서울로 올라가신 뒤로는 찾아뵙기도 힘들었다. 문교부에서 근무하실 때 우리 대학에 몇 차례 오셨으며, 도교육청에서 근무하실 때도 몇 차례 대학에 오셔서 잠깐 뵐 수 있었다.

그 후로도 버스 탈 때면 항상 옛날 윤 교수님과 함께 앉았던 그 자리를 지키며 혼자 창가 쪽에 멍하니 앉아 있는데, 그럴 때면 항상 코끝에서 풀 향기가 맴돌았다.

이날도 옛날 윤 교수님과 함께 앉았던 그 창가 쪽(그러니까 옛날엔 이 자리가 윤 교수님 자리인 셈이다)에 앉아 있는데 "제가 앉아도 되겠습니까?"하는 남자분의 목소리에 깜짝 놀라 고개를 돌리니, 오늘 아침에 처음 출근한 교무과 김 선생이라고 조금 전에 얘기 들은 그 장본인이 서서 웃고 있는 것이었다.

"아! 예, 앉으세요. 이 자리는 특별한 자리인데 제가 특별히 허락하는 겁니다."

"그렇습니까? 허락해 주셔서 감사합니다."

그러자 내 뒷자리에서 이 소리를 듣던 한 남자 직원이 말했다.

"매일 그 자리가 공석이더니 오늘은 특별손님을 모시는구먼!"

"특별손님으로 초대되었으니 제가 오늘은 초대하고 싶습니다만, 무엇으로 대접할까요?"

"그러세요? 날씨도 더운데 시원한 팥빙수 어때요? 칠성당 아시죠? 거기 팥빙수가 맛있다고 소문이 자자한데."

그러자 갑자기 몇 명의 젊은 여직원들이, "우리도 가요?" 하고 소릴 질렀다. 그 중에는 나와 함께 고등학교를 졸업한 친구도 있고 내 나이 또래의 다른 여직원들도 있었는데 우리가 하는 얘기를 듣고 있다가 함께 가겠다고 하는 것이었다. 나는 뒤돌아보면서 한쪽 눈을 찡긋하며 눈신호를 보냈다.

"같이들 가십시다!"

김 선생 말에 한 여직원이 대꾸했다.

"전선영이하고 오붓하게 둘이서 데이트하고 싶은데 우리가 방해하는 거 아녜요?"

"사실은 그렇죠! 그렇지만 어떡합니까? 오늘이 첫날이니까 여러분들한테 잘 보여야 하니 저는 괜찮습니다."

다른 여직원들과 함께 버스가 정차하는 중간지점인 시내에서 내려 칠성당 제과점 쪽으로 재잘거리며 걸어갔다. 9월이라고 하지만 아직 여름이 머무르고 있는 시점이라, 낮 시간에는 뜨거운 태양이 마지막 여름빛을 비추었으며 아침저녁으로는 쌀쌀한 기운이 감도는 계절의 중간쯤 되는 무렵이었지만 모두 반팔소매에 시원한 옷차림의 젊은 청춘들이었다. 5~6명의 젊은 처녀에 총각 한 사람이라 김 선생은 좋아서 연신 싱글벙글 입을 다물 줄 몰랐다.

"여기 팥빙수 주세요. 그리고 아이스크림이랑 또 뭐가 좋을까?"

김 선생이 주문하자 모두들 싱글벙글 좋아했다.

"오늘은 완전 원님 덕에 나팔 부네!"

"어쨌든, 굿이나 보고 떡이나 먹으면 돼!"

함께 자리한 여직원들은 아예 내놓고 얘기하고 있었는데, 물론 김 선생과 나를 빗대어 하는 말인 것을 김 선생이나 나나 피차일반으로 알고 있으면서 서로 희희낙락했다.

다음날, 출근버스에 올라 내 자리로 가자 김 선생이 예전에 윤 교수님 자리인 그 창가에 앉아 인사를 해왔다.

"어서 오세요."

나는 얼떨결에 인사를 한 후 순간적으로 얼른 생각했다.

'앉아야 하나, 다른 자리로 옮겨야 하나….'

그러나 굳이 다른 자리로 옮길 필요까지는 없다는 마음에서 김 선생 옆자리에 앉았다. 다른 사람들이 힐끔힐끔 우리 두 사람을 쳐다보기도 하고 소근대기도 했는데, 그것은 우리 두 사람이 젊은 청춘이라 그들이 보기에도 연인처럼 보였으리라. 그 후로도 계속하여 김 선생은 내 옆자리에 앉았고 나도 당연히 그가 앉으려니 생각했다.

그리고 봄이면 공주 박물관의 현란한 벚꽃을 향해 함께 시선을 주었으며, 여름이면 천주교회 십자가 종탑 아래를 녹색 천으로 둘러싸듯 한 아카시아 숲에 함께 첨벙 빠지는 환상을, 가을이면 신관리 시골 길가에 수줍게 피어나 지나는 이들에게 그리움을 선사하는 코스모스에게 사랑의 눈길을 보냈다. 겨울이면 흰 눈꽃으로 하얗게 덮인 공산성의 깎아지른 절벽과 금강 모래사장을 흰색 칠로 과감하게 바꾸어 놓는 하얀 눈의 용기에 우리는 경의를 표했다.

교무과 김 선생은 처음 이곳에서 근무가 좀 바쁜 듯 보였다. 예전에 근무하던 교육청과는 아무래도 일이 다르기에 익숙해지기까지는 시간이 좀 걸릴 수밖에. 그리고 김 선생이 가끔 학장 부속실로 서류를 들고 와서 기다리는 중에 우리는 이것저것 궁금한 것들을 얘기하고 있다가 학장님 결재를 끝낸 사람이 나오면 김 선생도 결재를 받기 위해 학장님실로 들어가야 했다.

어느 날, 퇴근 버스 안에서 내 옆에 앉은 김 선생이 물었다.

"내일 토요일엔 뭐하세요? 근무 끝난 후에요."

"글쎄요. 아직은, 별다른 계획이 없는데요."

"전 양은 지금 몇 살이에요?"

"저요? 한참 금값이죠! 여자나이 방년 23세면 금값 중에서도 황금예요, 황금!"

"아! 그러세요. 그러면 제가 현재 황금을 가까이 하고 있는 거군요. 거 참, 말 되는군요."

"황금의 처녀와 함께 자리하고 있는 거니까 아주 영광으로 생각하세요. 그런데 김 선생님은 왜 내 나이를 묻고 본인의 나이는 알려주질 않죠?"

"아! 그랬던가요? 저는 올해 27세입니다. 그리고 교육청에서 약 4년 근무했고 군대를 다녀온 후, 이곳 공주사대 근무발령이 떨어져서 옮긴 거구요."

"그러면, 개띠이신 것 같네? 저는 호랑이띠거든요. 개띠면 호랑이 밥인데, 아주 먹음직스러운 내 밥이 절로 굴러 들어왔네?"

"하하하! 전 양은 꽤 재미있는 아가씨 같아요. 맞아요! 개가 호랑이 밥이죠. 그러니 맛있게 잘 잡수세요. 체하지 않게 조심하고!"

우리는 출퇴근 버스 안에서 많은 얘기들을 나눌 수 있어서 좋았다. 둘이서 같은 좌석에 나란히 앉아 손을 잡기도 하고 귓속말로 소곤소곤 대기도 했다. 교직원들은 아주 멋진 한 쌍이라고 하면서 우리들의 사랑을 함께 즐기는 듯했다. 우리는 공개적으로 사랑을 하기 때문에 오히려 다른 사람 눈치 볼 것도 없고 아주 편했다.

그러나 나이 많으신 교수님들 중에서는 나를 보아도 웃지 않고 이상한 눈빛으로 대하시는 분이 몇 분 계셨는데, 비교적 많은 교수님들이 사랑 어린 눈빛으로 바라보셨으며 몇몇 젊은 교수님께서는 버스 안에서 출퇴근 시간에 공개적으로 많은 사람들이 있는 자리에서 말씀하셨다.

"젊은 사람들이 사랑하는데 숨어서 할 이유가 없어요. 이렇게 전 양이나 김 선생처럼 공개적으로 사랑을 표현하고 해야만 건전한 젊은이들의 문화가 형성된다고 저는 생각합니다."

"앞으로는 사랑을 표현하는데도 훨씬 자유로워질 테고 또 개방적인 생각을 갖게 될 것이라고 저도 내다봅니다. 그런 뜻에서 보면 여기 두 분은 상당히 진취적이며 또 용감한 사람들이라는 생각이 드는데요? 우리 그런 뜻에서 두 분의 사랑을 위하여 큰 박수로 격려합시다."

버스 안에서 벌어진 토론의 주제는 "젊은이들의 사랑에 관한 표현"이었는데 역시 공개적이며 서로에게 책임질 수 있는 그런 사랑이 되어야 한다는 결론이 났으며 우리 두 사람의 케이스가 아주 좋은 반응을 얻게 되었다. 이 무렵 보통사람들 생각으로는 직장연애는 생각도 못할 때였으며, 어쩌다 직장연애를 하게 되더라도 다른 사람들 눈에 띄지 않게 몰래 사랑을 하던 때라, 우리처럼 내놓고 공개적으로 사랑을 하는 커플이 없을 때였다.

내 성격이 그렇게 몰래 감추고 하는 것이 싫었으며, 사랑하는데 왜 그래야 하는지 이해를 못했다. 그리고 나는 성격이 쾌활하고 직선적이며 또 도전적이었다. 옷 빛깔도 밝은 색상을 주로 입었으며 싸움을 해도 또 오래 가질 못하고 빨리 풀어야 하는 성격이었다. 반면에 김 선생은 성격이 차분하고 깊이 생각하는 쪽이고, 사람들과 상황에 맞추어서 잘 어울리면서도 조용한 분위기가 짙었다. 그러기 때문에 사람들 있는 데서 말이나 행동을 드러내는 나의 성격을 그는 조금 못마땅해 했는데, 조용하게 다소곳하질 못하고 풀어 놓은 망아지 같다고나 할까? 아무튼 그로서는 내가 너무 내놓고 교제하는 것을 못마땅해 하는 것 같았다.

"나는 전 양을 보면 꼭 깡패 같은 생각이 들어. 이름은 아주 양순한데 하는 짓을 보면 순전히 깡패라니까!"

이때부터 나의 호칭이 깡패가 되었으며 이런 호칭에 걸맞게 나는 그를 김 형이라고 불렀다. 이 무렵 대학 내 여학생들이 남학생을 부를 때, 형이라는 호칭을 사용하는 것이 유행이었는데, 내 생각에도 김 형이라는 단어가 참 좋았다.

그리고 이때 나는 살을 빼느라 점심 도시락을 준비하지 않고 물만 마시면서 밥도 조금씩만 먹을 때였는데, 하루는 김 형이 교무과에서 사환으로 있는 옥란이 편에 도시락을 보내왔다. 누런 사각 봉투에 넣어 표 나지 않게 편지도 함께 동봉했다.

"깡패야! 밥 안 먹고 그러면 위장 버린다. 이 밥 네가 먹고 나중에 옥란이 또 올려 보낼 테니 그때 돌려보내면 돼. 맛있게 먹길 바라며…."

이렇게 몇 차례 김 형 하숙집 아주머니가 싸준 도시락을 내가 먹었고, 그 후로는 미안해서 집에 라면을 한 상자 사 놓은 뒤 매일 출근할 때 핸드백에 한 개씩 넣어서 출근했다. 부속실에다 조그만 냄비 하나와 젓가락을 갖다놓고 점심때 라면을 끓여서 먹었는데 그때 처음으로 라면이 시중에 나오기 시작한 때라 아주 새로운 맛이었으며 또 영양가도 좋고 국물이 시원하니 맛있었다. 어느 날인가는 김 형이 라면을 먹고 내가 밥을 먹은 뒤 도시락을 깨끗하게 씻은 후 편지를 써서 도시락 통에 넣어 내려 보냈는데 다음날 김 형이 말하길,

"깡패야! 너 어제 내 도시락 씻어서 보냈니? 그리고 편지도 쓰고?"

"왜? 뭐가 잘못 됐어?"

"아이고, 그럼 나한테 미리 얘길 하지! 나는 네 편지도 못 보았고 도시락도 그냥 그대로 가지고 갔었지. 하숙집 아줌마가 왜 도시락을 씻었느냐고 하면서 네 편지 쪽지도 주시더라. 그러면서 아가씨가 도시락을 먹는 모양이네? 하시잖아. 좀 안 좋아하시는 눈치더라구! 도시락을 뭐 하러 씻어서 보냈니? 그냥 두어도 되는데."

어쨌든 이제는 라면으로 점심때 먹으니까 상관없는 일이지만,

김 형 때문에 점심을 먹어야만 했다. 그는 내가 병날까봐 걱정되어 마음이 안 놓인다면서 제시간 맞추어서 꼭 밥을 챙겨 먹기를 바라고 있었으며, 또 한 가지는 꽤 웃기는 걱정이었는데, 그렇게 밥 안 먹고 하다가는 이담에 어린애를 못 갖게 될까봐 그렇다고 했다. 이 말을 듣는 순간 나는 얼굴이 화끈거렸으며 갑자기 이 남자가 징그러운 생각이 들기도 했다.

사람들이 있는 데서는 김 선생님! 전 양! 이렇게 부르고, 둘이 있을 땐 깡패야! 김 형! 이렇게 부르기로 합의를 보았는데, 좋은 이름 놔두고 왜 굳이 다른 호칭을 쓰느냐고 그는 안 좋아했지만 내가 우겨서 사용하기로 했다.

"세상에, 나이가 몇 살 차이도 안 나고 서로가 같이 늙어 가면서 무슨 선생님이에요? 나는 싫어! 노인들 같아! 선생님, 전 양, 나는 이런 호칭이 맘에 안 들어요. 자연스럽게 김 형이 좋잖아요? 그리고 내가 깡패 같다면서요. 그러니까 그냥 깡패로 그게 좋아요."

어느덧 계절이 바뀌어 겨울로 접어들었다. 올해 여름 사범대학에 첫 발을 들여놓은 김 형도 이젠 여러 가지로 익숙해진 것 같았다. 날씨가 싸늘해지니 길거리에서 차를 기다릴 때 더욱 추웠고 장갑을 껴도 바람을 막는 것뿐이지 손에 온기는 없었다. 그리고 버스를 타도 비닐커버로 된 의자여서 처음에 앉을 땐 몹시 차가운 게 정상이었다. 김 형은 버스에서 앉는 자리를 바꾸어 내가 앉는 자리에 앉아 있다가, 내가 버스에 오르면 얼른 창가 쪽 자기 자리로 옮겨 앉았다. 나는 그의 체온이 남아있는 자리에 앉아서 출근하므로 학교에 도착할 때까지 따뜻했으며, 또 더욱 좋은 것은 김 형 손은 항상 따뜻한데 내 손은 항상 차가운 까닭에, 내가 의자에 앉으면 얼른 자신의 외투 포켓으로 내 손을 끌어다 자기 손으로 따뜻하게 덮힌 뒤, 남은 한 손은 자신의 손으로 꼭 쥐고 있었는데 이것이 우리들 출근길의 철칙이었다.

참으로 다행인 것이 시내를 가로질러 중간 중간 버스 타는 장소를 정하여 근처에 사는 사람들이 모여 있다가 버스가 오면 타고 하는데, 김 형 하숙집이 옛날 대학 근처라서 그곳에서 버스가 떠나기 시작하여 나는 다음다음 장소에서 버스에 오르므로 김 형이 따뜻한 자리를 만들어 줄 수 있는 것이었다.

김 형은 국가 공무원이고 나는 임시직이었는데, 그때 대학에선 공무원 조와 임시직원 조로 나뉘어서 남자 공무원 한 명과 남자 임시직원 한 명, 이렇게 두 명이 숙직을 했는데 김 형이 숙직하는 날 나에게 말했다.

"깡패야! 오늘은 학교에서 나랑 놀다가 저녁때 집에 돌아가면 안 되겠니?"

"아! 그래? 오늘이 김 형 숙직하는 날이야? 그러면 어떻게 숙직하는 건지 내가 감시해야 하니까, 한번 구경해 보도록 하지 뭐."

하루 일과가 끝난 후의 학교는 아주 고즈넉해 보였는데, 교수님과 학생들 그리고 직원들이 모두 빠져나간 텅 빈 운동장과 복도에는 외로움이 깔려 있었다. 우리는 석양녘의 학교를 구경하기도 했으며, 학교 뒤쪽에 있는 야산 길을 산책한 후, 학교 식당에서 식당 식구들과 맛있는 저녁도 함께 나누었다.

숙직하면서 할 일은 사실 별로 없었으며 고용인 아저씨와 함께 있으므로 적적하진 않겠지만 전화 오는 것이 있으면 받고, 학교 건물 출입문이 잘 잠겼나 확인하고, 전등이 잘 꺼졌는가를 확인하는 정도였다. 우리는 숙직실 방에서 배를 깔고 나란히 누워 잡지책도 보고 또 노래도 하면서 지내다 집에 갈 시간이 되었는데, 캄캄한 밤에 혼자서 집에 가려니 가고 싶지 않았다. 혼자서 언제 집에까지 가나?

그때 사범대학은 야산으로 둘러싸여 있었는데 본관 건물의 정면에는 너른 운동장이 있었고, 본관 건물 뒤편에는 높은 언덕 위에 교수 연구실이 자리하고 있었다. 이곳 교수 연구실을 찾아갈 때면 높은 층층대를 올라가야만 하는데 교수 연구실 뒤편이 야산으로 연결되어 있으며 또 옆으로 조금 가면 구내식당이 위치하고 있다. 식당 맞은편에는 체육관이 웅장하게 서 있는데 아직도 학교 건물이 완성되지 않은 상태로 과학과와 가정과가 봉황산 아래 구관에서 이사할 날을 기다리고 있었다. 그리고 아직 학교 정문도 없으며 단지 건물을 빠져나오면 내리막길이 있는데, 그 길을 걸어 나오면 왼쪽과 바른쪽으로 길게 난 길을 만날 수 있다.

왼쪽으로 난 길을 계속 걷다보면 국립요양원이 나오며 요양원 건물의 끝이 바로 금강과 연결된다. 김 형하고 바른쪽으로 난 긴 신작로를 따라 팔을 끼고 걸었는데 참 아름다운 밤이었다.

30분 정도 걸어서 버스 타는 데까지 나와야 하는 그 길은, 누런색의 허리띠를 길게 펴 놓은 형상으로 길가에는 아직 나무도 없고, 양 옆으로 논이 있으며 이어서 얕은 야산이 병풍처럼 둘러 쳐져 있었다. 개구리가 개굴개굴 노래하면서 정적을 깼으며, 어디선가 뻐꾹뻐꾹 짝을 찾는 뻐꾹새 소리도 들리는 아주 적막한 밤길을 둘이서 흥얼흥얼하며 콧노래를 부르면서 걷다보니 어느덧 작은 버스정류장에 도착했다.

내가 떠난 뒤, 가로등도 없는 어두운 그 길을 별빛을 등대삼아 김 형 혼자서 되돌아가야 하고, 나는 또 혼자 버스를 타고 금강다리를 지나 집에까지 가야만 했다.

이미 대학 내에서는 우리 두 사람의 교제가 공공연하게 알려져 있을 때였으므로 어느 분은 언제 결혼하게 되느냐, 주례는 당연히 학장님께서 하실 테고, 교내 결혼 커플 1호가 될 것이라며 상상의 나래를 펴시는 분도 있었다. 그러나 어머니께서는 무언가 자세히는 모르지만 집에 늦게 들어오는 횟수가 많아지고 하여 눈치로만 무슨 일이 있구나 하고 짐작하실 때였다. 그렇게 겨울이 깊어가면서 크리스마스가 가까워 오는 어느 날이었다.

"오늘은 함께 선물 사는 데 가자. 무슨 선물을 받고 싶니?"

"김 형은 나한테 뭘 선물하고 싶은데?"

"예쁜 가죽 장갑을 생각해 봤어. 가죽장갑이 없는 것 같던데, 어때! 내 말 맞지?"

"그것 참 좋은 생각이네요. 가죽장갑이 없어요. 산다고 하면서 현재 다른 장갑이 있어서 그런지 자꾸 잊고서 못 샀는데 잘 됐네, 가죽장갑으로 해요. 그럼 김 형 선물은 내가 무엇으로 할까?"

"나는 괜찮아, 선물 없어도. 깡패 네가 좋아하는 거 보면 그게 내 선물이야 알았지? 그러니까 내 선물은 신경 쓰지 마!"

큰 상점에서 가죽장갑을 골라 손에 끼워보고 하면서 맞는 것을 골랐다. 진한 갈색으로 된 아주 부드러운 가죽장갑으로 잘 포장해 달라고 주문한 후 김 형이 나에게 건네주었다. 선물이 필요 없다고 하는 그에게 남자용 목도리를 골라 선물했다.

그때는 인조 쎄무로 코트도 만들었고 또 쎄무 구두와 가방 등이 유행이었는데, 빛깔도 진한 갈색에서 연한 갈색 그리고 녹색도 유행이었다. 나는 중간 톤의 갈색 쎄무로 겨울 코트를 맞추어 입고 다니던 때라 갈색 가죽장갑이 아주 잘 어울렸다. 학교에 가서 김 형이 선물한 거라고 여직원들에게 자랑했고 그들은 또 김 형의 목도리를 보고 난 후 빛깔이 예쁘다고들 칭찬해 주었다.

크리스마스이브, 공주에는 온통 흰 눈으로 가득했고 상가에는 색색의 트리로 장식되어 사람들의 눈길을 끌고 있었다. 성탄절 음악이 거리에 넘쳐흐르던 이 날은 우리들의 D-Day로서 함께 호텔로 가서 지내기로 약속이 되어 있었다. 공주에서 제일 크고 최근에 새로 지은 건물이라 깨끗한 호텔방을 전화로 미리 예약해 두었다. 근무가 끝난 후 식당에 가서 맛있는 저녁식사를 한 후 거리에서 군중들과 더불어 휩쓸려 걸으면서 쎄무 코트 어깨에 흰 눈이 소복하게 쌓이도록 그렇게 둘이서 음반점, 서점, 옷가게 등을 구경하다가 호텔로 올라갔다.

우리는 이때 뽀뽀는 참 많이 했으나 호텔에는 처음이었다. 호텔방에 들어가니 공연히 어색하고 어떻게 해야 할지 몰랐다.

"김 형, 공연히 여기 왔나봐. 비싼 방값 지불하고. 이상하다 그치?"

"이상하긴 뭐가 이상해, 이리와! 내가 안 이상하게 해줄 게!"

그러면서 김 형이 내 팔을 잡아끌었다. 우리는 진한 뽀뽀를 했고, 또 김 형이 내 옷을 하나하나 천천히 벗겨서 옷걸이에 거는데도 이상하다거나 부끄럽다는 그런 생각이 전혀 안 났으며 그가 하는 대로 가만히 맡겼다.

"깡패야, 같이 샤워하자! 이리로 와!"

"어떻게 같이 샤워를 해? 웃기는 남자야. 자기 먼저 샤워하고 와, 내가 다음에 할게."

"같이 샤워하는 게 어때서 그래? 어차피 지금 옷 다 벗은 거 내가 봤는데…."

그와 함께 샤워실로 가서 샴푸를 했고, 김 형은 나의 온몸에 자신의 손으로 비누칠을 해주면서 깨끗하게 닦아주었다. 나도 김 형의 등을 비누칠해 주었으며 또 수건으로 등의 물기를 닦아주었다. 김 형은 이미 몇 명의 여자들을 사귄 후라 경험 있는 남자였으며, 나는 남자를 사귀기는 했지만 이렇게 서로 몸을 씻겨주고 하는 것은 모르는 일이었다.

17세 때 만난 첫사랑 이강민 씨와는 스무 고개를 넘긴 때쯤으로 기억하는데, 몇 차례 잠자리의 경험은 있었지만 그땐 이강민 씨 역시 내가 첫사랑이고 첫 번째 여자였으며, 나 역시 첫사랑 첫 남자라 육체적인 경험이 서로 처음이었다. 그냥 몸만 서로가 닿아도 이상했으며 어떤 육체적인 열정이라든가, 또는 육체적으로 느끼는 다른 어떤 느낌도 서로가 자세히 알지 못하던 때였다. 그리고 강민 씨는 그때, 나를 처녀로 보호해 주고 싶어 하던 사람이라 가벼운 몸의 스침뿐이었지 깊은 육체적인 사랑은 참았었다. 어쨌든 나에게 김 형이 처음으로 육체적인 사랑을 알게 해준 사람이었다.

이날 늦게까지 호텔에 있다가 김 형이 다니는 교회에 밤 12시 자정예배를 함께 나가기로 했는데, 그때 그는 교회에서 집사로 봉사하고 있었으며 나와 나의 가족은 모두 천주교회에 다닐 때였다. 김 형이 교회에 안 나가면 그만큼 표가 나기 때문에 천주교회에 같이 나가기도 힘들었다. 그래도 우리는 그동안 주일이면 내가 다니는 천주교회로, 또 한번은 김 형이 다니는 교회로, 이렇게 서로 교회를 번갈아 다니던 중, 성탄절 예배는 김 형이 다니는 교회로 정하여 함께 가기로 한 것이었다.

예배를 마친 후 새벽에 각각 집으로 돌아갔는데 어머니께서는 이때 노발대발 야단이셨다. 밤 12시 자정예배를 가족이 함께 참석하는 것이 우리 집의 전통이었는데, 내가 참석하지 않은 것에 대해서 어머니는 화를 내셨다. 같은 하나님 집인데 무슨 상관이냐고 나는 생각하고 있었지만 어머니께서는 다른 생각을 갖고 계셨다. 당신이 다니시는 천주교회가 정통이므로 천주교회 다니는 청년을 원하신 것이었다. 그러나 교회 안 다니는 사람보다는 일단 다른 교회지만 교회를 나간다고 하니 그 점은 조금 놓이셨나 보다.

해가 바뀌어 정초에 김 형이 서울 출장을 간다면서 며칠 있다가 오는데 시간이 있으면 선물을 사고, 만약 시간이 안 되면 선물을 못 산다고 미리 얘기해왔다.

"김 형! 요즘 유행하는 체크로 된 폭 넓은 치마를 꼭 사와야 해! 알았지? 빛깔은 환한 걸로."

며칠 후 그가 내려왔는데, 정말 내가 찾던 모양에 빛깔도 내가 원하던 것으로 사 가지고 왔다. 그리고 사이즈도 어쩜 그렇게 잘 맞는지, 너무나 기뻐서 그날 밤 잠을 못 이루었다.

다음날 출근 때, 김 형이 사온 치마를 입고 학교에 나갔더니 여직원들은 벌써 김 형이 선물한 것을 눈치로들 알고 있었다. 왜냐하면 공주엔 그때 그 옷이 내려오기 전이었고 서울에서 유행한다는 것을 알고 있던 때였으니까.

김 형은 나를 대할 때 꼭 공주마마를 대하듯이 했다. 착실한 공주의 시종처럼, 또는 근위병이 공주를 지키듯이 그렇게 절대적인 존재로 나를 사랑해 주었으며, 아끼는 보물을 다루듯이 대한다는 것을 느낌으로 알 수 있었고, 나 또한 행복해 했다.

어느 날인가 함께 퇴근한 후 김 형 하숙집으로 갔는데, 그때 김 형 옆방에는 우체국에서 근무하는 청년이 있었고, 또 다른 방에는 한국전력에서 근무하는 분 등 이렇게 몇 개의 방에 남자 하숙생들이 있었으며, 집주인이 부엌과 안방 마루를 차지하고 있었다. 김 형은 하숙집 사람들한테 나를 일일이 소개시켰으며, 방에 들어가서 코트를 옷걸이에 걸어놓았다. 아랫목을 내가 먼저 차지하고 앉았는데, 방이 따끈따끈했으며 한쪽으로는 책상과 옷장 그리고 라디오가 전부인 단순한 방이었다. 김 형이 손발을 씻고 들어오자 그때 하숙집 주인아줌마가 저녁상을 들고 오셨다. 처음엔 내가 온 것을 잘 모르던 때라 김 형 밥하고 국만 떠서 가지고 오셨지만, 그 후로 내가 자주 방문하자 내 밥하고 국과 수저 등을 함께 준비해 주셨다.

식사를 마친 후 거리로 산책도 나가고 또 영화관에 가서 영화관람도 했으며, 서점에 가서 신간서적을 뒤적이다 가끔 책을 사곤 했다. 거리를 걷다가 좋은 음악소리가 들리면 음반가게에 들어가 방금 들었던 음악의 제목이 무엇인지 확인하곤 했다. 그리고 길가에 포장마차가 있어 그곳에 가면 아주 따뜻한 여러 가지 음식을 먹을 수 있는데, 주로 해산물이 많아서 자주 그곳을 찾아가곤 했다. 특히 홍합을 껍질째로 넣고 무와 대파도 크게 썰어 넣고, 오뎅도 먹기 좋게 꼬지에 꿰어서 큰 솥에다 넣고 계속 끓여

대면서 따뜻한 국물을 우려내는데, 추운 겨울밤엔 거리를 걷다가 따뜻한 오뎅 국물로 목을 축이고 다시 걸으면 오랫동안 몸이 따뜻해서 참 좋았다. 그리고 누런 흑설탕을 넣고 만든 호떡을 몇 개 사서 걸으면서 함께 나누어 먹어도 아주 좋았다. 군밤과 군고구마 장사도 있었는데 이런 종류의 음식들은 혼자 먹는 것보다 거리를 걸으면서 연인과 함께 나누는 것이 더 적격인 것 같았다. 나는 이렇게 거리를 걸으면서 음식 먹는 것을 아주 좋아했는데 김 형은 그다지 좋아하는 것 같질 않았다.

하루 중 잠자는 시간 외에는 김 형과 함께 꼭 붙어 다녔는데, 아침에 일어나 출근하는 시간부터 퇴근 후 저녁 늦게까지 함께 있다가 집에 들어가니 매일매일 엄마로부터 쓴소리를 들어야 했고, 또 자연히 엄마 눈치를 볼 수밖에 없었다.

그때 나는 학장 부속실에서 근무하던 때였는데, 대학 학생회 간부 중 한 남학생이 나에게 관심이 있어서인지 가끔 부속실을 방문하고는 그냥 싱겁게 나가고, 그러다가 또 가끔 찾곤 했다.

어느 날 그 남학생이 부속실로 찾아와 내게 말했다.

"오늘 저와 함께 커피 한잔 나눌 수 있는 영광을 주시겠습니까?"

"아! 무슨 일인데요?"

"무슨 일은요, 여쭤보고 싶은 것도 있고 해서요. 오늘 시간이 좀 어떠십니까?"

"괜찮아요, 오늘."

"그럼, 연 다실에서 오늘 퇴근 후 기다리겠습니다."

"그래요, 그때 만나요."

학교에서 서로 약속을 한 후 퇴근시간 때 버스에서 내리려고 하자 김 형이 말했다.

"왜 여기서 지금 내리려고 하니?"

"아! 누구 좀 만나려고 약속했거든, 연 다방에서."

"누군데 그래?"

"있어, 학생이 잠깐 할 얘기가 있다고 해서."

"그럼 내가 밖에서 기다리고 있을 게 만나고 와."

"알았어!"

2층 연 다방으로 올라가니 그 남학생이 벌써 와서 앉아 있는 것이 보였다. 빨간 장미 한 송이를 들고서, 내가 곁으로 가자 벌떡 일어나더니,

"이 꽃 받으세요."

얼굴을 약간 붉히면서 수줍은 미소를 띠우며 꽃을 주기에 나는 갑작스러운 일이라 엉겁결에 받고는 그 자리에 앉았다.

이 학생은 학생회 간부이며 나이도 나와 비슷한 것 같았는데, 영어과 3학년이었으며 그 또래의 다른 학생보다 좀 세련된 용모에 말씨가 서울 말씨였으며 또 아주 정중하게 나를 대했다. 서로가 나이도 비슷하여 친구처럼 학교생활과 고향 등 여러 가지 얘기를 재미있게 나누다 보니 시간이 얼마나 흘렀는지 기억나질 않았다. 둘이서 깔깔대며 웃고 있는데 갑자기 김 형이 내 앞에 나타났다.

"너 안 일어나? 지금이 몇 시니? 한 시간도 넘었어! 내가 밖에서 기다리고 있는 거 다 알면서 무슨 얘기가 이렇게 길어?"

갑작스러운 김 형의 출현에 남학생과 나는 깜짝 놀라서 어찌할 바를 몰라 하고 있는데, 내 손을 끌고서 김 형이 다방 문 있는 쪽

으로 향했다. 남학생과 작별인사도 못하고 불식간에 손목을 잡힌 채 다방 아래로 내려와야만 했다. 김 형은 내가 들고 있던 장미꽃을 빼앗아 길에다 던져버리며 화가 몹시 나서 소리를 질러댔다.

"네가 왜 이런 꽃을 받아, 응? 그리고 내가 기다리겠다고 분명히 얘기했잖아? 지금 시간이 거의 한 시간이야. 그 남학생하고 도대체 무슨 얘기가 그렇게 많아? 그리고 나한테 학생 만난다고 했잖아? 왜 남학생이라고 얘길 안 했지? 무슨 다른 뜻이 있는 게 아냐?"

"김 형! 진정해! 자기가 그렇게 화를 내면 내가 얘기하기가 어렵잖아? 나는 그냥 잠깐 앉아서 커피만 마실 줄 알고 올라갔던 거야. 그런데 그 학생이 생각지 못한 장미꽃을 들고 왔고 또 얘기하다 보니 깜박 잊고서 시간을 못 보았던 것뿐이야. 그리고 어쩜 사람이 그래? 다른 사람 앞에서 다짜고짜로 손목을 끌고 그렇게 그냥 다방을 나오다니, 참 부끄러웠어. 신사적으로 인사하고 얘기도 했으면 더 좋았을 텐데, 그게 뭐야, 부끄럽게."

"뭐? 부끄럽다구? 그래, 너는 부끄럽고 나는 그럼 뭐니? 나는 아무렇게나 대해도 괜찮은 거구?"

"아무튼 됐어요. 더 이상 얘기하지 마세요! 이 문제로 더 얘기하고 싶지 않으니까!"

우체국 다리 근처에서 나는 집으로 향했고 그는 자기 집으로 갔다. 그리고 이 사건으로 인하여 두 사람 사이가 안 좋아졌으며 버스를 타고 출퇴근할 때도 남의 안목이 있어 할 수 없이 같이 앉는 것뿐이었지 마음은 사실 각각이었다. 나는 나대로 생각하기를, 남자가 속 좁게 조금 기다렸다고 다른 사람 있는 데서 체면을 지키지 못하고 그런 행동을 한 자체가 이해가 안 되었다. 또 김 형

위치에선 내가 시작부터 거짓말을 하고 다방에 올라갔으며, 또 무슨 얘기를 그렇게 오래토록 하느냐, 자신은 전혀 생각지 않고 행동한 자체가 미웠던 것이다.

그러나 하루가 채 못 가서 퇴근 후, 우린 시내의 조용한 찻집에 마주 앉아 허심탄회하게 얘기했으며, 상대의 입장이 되어 다시 생각하면서 서로를 이해할 수 있게 되었다. 그리고 나는 이 사건 이후로 학생들 만나는 것을 스스로 조심했으며 오해받지 않도록 노력했는데, 그 무렵 내 주위에는 참 좋은 사람들이 많았다.

학교 산악반에서 등산을 함께 하면서 만난 교육학과 남학생, 나를 모델로 그림을 그려 주었던 역사학과 남학생, 여름방학 때 고향인 삼척에서 문학가적인 수필을 써서 자주 나에게 보내주던 국문학과의 권 조교, 학교 시청각실에서 늦도록 여러 학생들과 토론하며 즐거운 시간을 가진 뒤 음악을 틀어놓고 흠뻑 청춘의 낭만을 즐기던 날들도 있었다. 체육학과의 한 남학생은 내가 연수원에 근무할 때 매일 사무실에 와서 시간을 내 달라고 졸라대어 함께 근무하는 사람들의 눈치를 보아야만 했고, 그러다 나중에는 귀찮아서 시간을 잠깐 내어 찻집에서 만났는데 얼마나 순진한 남학생이었는지 다음부터는 내가 더 만나고 싶어 했었다.

그리고 수학과의 한 남학생은 나의 퇴근시간을 기다리고 있다가 갑자기 사무실에 들어와서는 함께 강 건너까지 걸어가면서 이야기를 나누고 싶다고 했다. 그의 낭만적인 생각이 기특하여 함께 한 시간 정도 금강 변을 서서히 산책하며 가곡을 함께 부르기도 하고, 유명 시인의 시를 함께 외워보기도 하며 즐거운 시간을 나눈 때도 있었다.

그리고 대학 내에 학훈단이 생겼던 어느 해, 학훈단 사무실에서 조총 사격 연습을 특별히 할 수 있었으며, 또 그해가 지나기 전에 학도군사훈련을 받는 학생들만의 파티가 있었는데, 총 학생회장으로부터 초대를 받아 저녁때 시작된 파티에 사무직원으로는 내가 유일하게 참석하는 영광을 갖게 된 때도 있었다. 또 교육학과 교수님께서 지으신 시를 환등기로 비추면서 시 낭독을 녹음하여 들려주면서 학생들에게 교재로 사용하는 시간이 있었는데, 내가 직원 중에 유일하게 선택되어 교육학과 학생들과 함께 녹음기 앞에서 마음을 가다듬고 시낭송을 했는데 내 목소리가 아주 맑다고들 했다.

그러나 김 형이 대학에서 근무를 시작하고 난 후로는 학생들을 개인적으로 만나는 것을 피해왔었다. 김 형은 이런 일을 알지 못하며 단지 그날 사건만을 알고 있을 뿐이었다. 주말에 우린 기분전환 겸 일요일 아침 일찍 부여로 바람 쏘이러 가기로 했다. 김 형 친구 중에 부여에서 사진관을 하시는 분이 있어 그 친구 분도 만나고 부여도 구경하고 돌아오기로 했다. 그때 미니스커트가 유행이었으며 긴 생머리에 살짝 화장한 모습으로 둘이서 부여행 버스를 탔는데, 물론 어머니한테는 어디 잠깐 나가는 걸로 하고 오붓하게 둘이서 버스를 타니 참 기분이 좋았다.

대학 교직원 버스를 타고 출퇴근하는 것과는 아주 다른 기분이었다. 부여에서 김 형 친구를 만나 소개를 주고받고 난 후, 그 친구 분이 큰 카메라를 어깨에 메고 부여 관광 안내를 해 주면서 사진촬영도 맡아서 해주니 신혼여행이나 약혼여행을 온 기분이었다.

마침 단풍철이어서 높고 푸른 하늘 아래 원색으로 세상이 온통 가득 찼으며, 그리고 발밑에 깔린 색색의 나뭇잎 속으로 우리들의 사랑 또한 추억의 그림을 그리고 있었다. 셋이서 점심식사도 맛있게 나누었으며 농담도 해 가면서 사진촬영도 많이 했는데, 이 날의 기념사진이 현재 내겐 한 장도 남아있지 않은 것이 무척 아쉽다. 세월이 흘러 김 형과 헤어진 후 나는 다 없애버렸는데, 그때 아름다웠던 우리들 젊은 날의 사진을 왜 다 버렸는지 무척 후회스럽기만 하다.

하루는 퇴근한 후 김 형 하숙집에 같이 갔는데, 고무신이 방문 앞뜰에 정갈하게 놓여 있었다. 순간적으로 웬 여자 고무신인가? 보통 젊은 여성이라면 구두를 신는데, 고무신인 걸로 보면 나이 드신 분으로 짐작이 되었다.

"깡패야! 우리 엄마가 오셨나보다. 고무신이 있는 것을 보니."

방문을 열고 보니 김 형 어머님께서 식사를 하고 계셨다.

"어머니, 언제 오셨습니까? 연락하고 오실 것이지. 그럼 제가 마중 나갔을 텐데요."

우리는 방안으로 들어갔고 김 형이 나를 소개했다.

"함께 대학에서 근무하는 전선영이라고 하고 집은 여기 공주예요. 인사 드려 선영아!"

"안녕하세요?"

"앉아요. 아가씨, 아주 복스럽게 생겼구먼. 그래 양친께선 평안하시구?"

"예, 부모님 모두 계시고 여동생이 셋입니다."

그리고 난 후 집에 얼른 가야 한다고 말씀드리고는 바삐 나왔다. 어려워서 더 이상 앉아있기가 힘들었기 때문이다.

다음날, 김 형 얘기가 아주 재미있었는데, 김 형 어머님께서 식사 중에 우리들이 들어가서 만난 그 인연이, 나에게 식복이 있어서라고 하셨단다. 그래서 참 좋은 인연이며, 김 형은 개띠고 나는 호랑이띠라 궁합도 아주 좋다고 하셨단다. 그 얘길 듣고 나는 너무너무 좋았는데, 하늘이 맺어준 연분인 것 같은 느낌이 들었다. 그러나 나의 어머님께는 일절 말씀드리지 않았다. 아직 얘기할 때가 아닌 것 같아서, 다음에 또 기회가 있겠지 하고….

다시 해가 바뀌고 또 학기가 바뀌면서 연수원 근무를 하게 되었다. 학장님께서 내가 오랫동안 학장실 근무를 했으니 다른 부서에서 근무를 해 보는 것도 좋을 것이라고 하시면서 특별히 연수원 근무를 하도록 해주셨다. 연수원은 중·고등학교 현직 교사들을 대상으로 방학 때 특별교육을 시키는 곳이며, 교장이나 교감 발령을 받기 전에 또한 교육을 받는 곳이었다. 그래서 보통 때는 별로 일이 없고 대학이 방학을 하면 그때부터 연수원은 바빠졌다.

김 형이 근무하던 교무과에서 심부름하던 옥란이가 나와 함께 연수원에서 근무를 하게 됐다. 물론 이곳에서도 심부름이지만 어쨌든 김 형과 내 심부름을 하던 옥란이라서 정이 더 갔다. 학장실은 별로 일도 없고 편했는데 이곳 연수원은 일이 많았다. 교무·서무 일을 다 해야 하고 물론 방학 때만 일이 많고 평소에는 바쁘지 않기 때문에 그래도 괜찮았으며, 또한 나의 위치도 훨씬 좋아져서 월급도 많아졌다.

그러던 어느 봄날, 유월이었나? 저녁때 갑자기 어머니께서 성당엘 같이 가자고 하셨다. 주일 미사에만 나가던 때였으므로 평일에 교회를 나가자고 하시니, 그것도 저녁시간에 단둘이서 교회를 가자고 하셔서 이상했지만 안 가겠다는 그럴 듯한 명분도 없었기에 머무적거리고 있었더니 목소리를 높여서 얼른 나갈 준비를 하지 않고 뭐 하느냐고 하셨다.

"네년, 문제로 신부님한테 가서 상의하려고 그러니까 얼른 서둘러!"

집에서 성당까지는 꽤 거리가 멀었는데 족히 40분은 걸어야 하는 긴 신작로를 둘이서 아무 말 없이 걷기 시작했다. 나에게 문제가 있어 신부님께 상의하러 가야 한다는 그 말씀을 눈치 채고 있었는데 즉, 김 형하고 내가 사귀는 것이 어머니한테는 못마땅했기에 어떻게 해서든 구실을 만들어서 내가 김 형과 헤어지길 원하셨던 것이다. 그러자니 교회가 다르다는 점을 신부님께 말씀드리면 자연히 반대하실 테고, 또 어머니로서는 든든한 후원자가 생겨서 만족하실 수 있는 것이다.

교회를 가기 위해 집을 나서면 공주 극장이 왼쪽으로 있었고, 조금 걷다 보면 제민천 다리가 사다리를 걸쳐 놓은 듯 몇 개 나란히 있는 실개천을 지나 신도상회에서 풍기는 커피 향을 맡으며 걷다보면 사거리에 있는 사진관이 보인다. 사거리에서 성당 쪽으로 향한 길을 걷다 보면 양조장집의 큰 대문이 보이며, 또 골동품상을 지나면 앵산 공원을 옆으로 하고 있는 공주 박물관의 언덕이 나타나는데, 언덕 아래 큰길이 천주교회 문 앞에서 끝나게 되어 있다.

천주교회의 아름다운 철문을 지나면 바로 코앞에 층층대가 높게 일직선으로 나 있고, 중간에 휴식처처럼 넓은 사방형의 시멘트로 된 공간이 나타난다. 그리고 다시 층층대가 조금 가파르게 나 있는데, 교회 철문을 밀고 들어서면서 나는 이미 아카시아 향기를 맡기 시작했으며, 또 고개를 들어 바라보니 하얀 고드름이 주렁주렁 매달린 것 같이 아카시아꽃이 만발하여 있었다. 이렇게 계절이 만발하는 동안 나는 김 형과 꿈길을 걷느라 현실에서의 꽃길을 함께 걷지 못했다는 것을 문득 떠올렸다.

사제관에서 신부님을 뵈었는데, 어머니와 약속이 미리 되어 있었던 것인지 놀라시는 기색도 없었으며 어머니 말씀을 다 듣고 나신 신부님께선 조용히 말씀하셨다.

"가멜라 씨! 어머님 말씀에 따르시면 안 되겠습니까?"

나를 향하여 조용히 말씀하시는 신부님이 그때는 얼마나 야속했는지, 어머니 말씀만 듣고 일방적으로 결정 내릴 일이 아닌데, 단순하게 종교가 같은 천주교가 아니라는 데 아주 큰 비중을 갖고 계셨던 것 같아 나로서는 마음이 아팠다. 불교나 유교라면 다른 종교라고 해도 되는 말이지만, 같은 하나님을 믿는 교회인데 왜? 기독교 천주교를 다르게 해석하여 서로 배척하는지 이해가 안 되었다. 하나님의 사랑이 하나님의 교회 안에서조차도 찾기 힘드니 이러고도 교인들에게는 서로 사랑하라고 설교를 하시겠지? 나는 그래도 신부님한테는 어떤 기대가 조금 있었는데, 기대에 어긋난 말씀을 듣고는 몹시 실망이 컸다.

최소한 나의 생각은, 종교를 떠난 중립적인 위치에서, 젊은이들의 사랑 문제이며 앞날이 창창한 젊은이들이었기에 논리정연하고 뚜렷한 대의명분 아래 양쪽을 사랑으로 보듬어 가면서 시간을 갖고 기도를 하면서 하나님의 뜻을 알도록 해보자는 말씀이 있을 줄 알았다. 단순하게 어머니 말씀에 따르는 것이 어떻겠느냐고 하시는 그 말씀은 어머니와 미리 각본을 맞춘 것 같은 느낌이 강하게 와 닿았다.

이날 어머니한테는 즐거운 저녁시간이 되셨을지 모르지만, 나한테는 또 다른 문제가 발생한 거나 다름없었다. 이후로 신부님에 대한 경외감이 사라진 것은 물론이고, 훗날 교회를 나가지 않게 된 큰 동기가 되었다.

가을이 오고 심란한 마음을 어떻게 달랠 길 없어 방황하고 있던 어느 날, 김 형이 하숙집을 옮겨야겠다고 말했다.

"위치가 어딘데?"

"너네 집에서 더욱 가까운 곳으로 정해졌어, 아주 다행이야."

"어딘데 그래?"

"너네 집에서 위쪽으로 산이 보이는 쪽이야!"

"그래? 내가 한번 가봐야지."

"그래, 다음에 한번 와봐. 지대가 높아서 앞이 훤하게 보이고 위치가 아주 좋아, 아침에 운동하기도 좋고!"

"알았어, 다음에 가 볼게."

주말에 함께 퇴근하여 꽃을 사 가지고 그의 새로운 하숙집을 찾았다. 약간 언덕으로 올라가는 골목길을 따라가다 보면 바른쪽인데 대문을 열고 들어가 보니 마당 한쪽이 훤히 트인 언덕이었고, 지대가 높아서인지 멀리 우리 집의 지붕과 대문까지 잘 보였다.

김 형이 쓰는 방에 들어가서 대충 구경을 했는데 아주 환했고 새집이라 또 좋았다. 그리고 함께 마당으로 나왔는데 안채에서 아주머니 한분이 나오시자 김 형이 주인아주머니라고 하면서 인사드리라고 하여 얼굴을 들고 인사하려다 말고 나는 깜짝 놀랐다.

"어머머! 아줌마? 안녕하세요? 여기가 그럼 아줌마 댁이세요?"

"아니! 큰애기가 웬일이야? 여기가 새로 이사한 우리 집이지! 어떻게 김 선생하고는 잘 아는 사이구?"

우리 집 바로 아랫집에서 사시던 김씨 아주머니셨다. 김씨 아주머니네는 식구도 많고 하여 집이 좁아서 몇 개월 전에 윗동네로 이사하셨다고 들어서 알고 있었는데 이렇게 와 보기는 처음이었다. 그 댁 아저씨께서 목수 일을 하시는 관계로 김 목수네로 동네에서는 통했으며, 또 천주교회에 나가시는 관계로 어머니와는 형님 동생 하며 아래 위집에서 살다가 위로 이사하신 지 몇 개월째 된 것인데, 오늘 김 형 하숙집을 보러 왔다가 갑자기 만난 셈이다.

이날 아주머니를 만난 후 틀림없이 김 형이 하숙하고 있는 얘기랑 내가 찾아왔었다는 얘기를 하실 것 같은 예감이 들어서 안 좋았다. 물론 어머니께서도 내가 누군가를 만나는 것 같은 느낌을 갖고 계실 테지만 정식으로 인사를 드린 적도 없는데, 남자 하숙집에 계집애가 찾아갔다는 말만 들어도 기절하실 분이었으니까.

그렇게 불안한 며칠이 지난 뒤였다. 하루는 어머니께서 안방으로 건너오라고 부르셨는데 목소리에서 벌써 무언가 문제가 있구나 하고 생각했지만 원인이 무엇인지 짐작이 안 갔다.

안방으로 건너가자 벌써 얼굴에 노기를 띠고 계셨으며 소리소리 지르셨다.

"너! 여기 앉아봐! 계집애가 간도 크지, 남자 하숙집엘 다 찾아가고, 너는 어떻게 생긴 애가 그래 얼굴이 그렇게 뻔뻔스럽니? 남자 하숙집엘 왜 찾아가? 이거 동네 남부끄러워서 어떻게 하면 좋아! 네 어미 얼굴에 똥칠을 해도 유분수지, 다 큰 계집애가 거기가 어디라고 가? 아무데고 그렇게 함부로 다니느냐 말야! 거긴 뭐 하러 갔니! 응?"

갑자기 어머니께선 내 머리채를 휘어잡고는 팔에다 힘을 주며 소리소리 질러 대셨다. 그때 나는 긴 생머리였으므로 어머니가 머리를 잡는 데 별 어려움이 없었으나 머리채를 잡혀서 함부로 말도 못했고 어떻게 해야 할지를 몰라 가만히 있었는데, 아파서 자연히 자세가 흐트러질 수밖에 없었다.

"얘기 안 해? 이년아! 그래 남자 하숙집엘 왜 찾아 갔는가 얘기해, 얘기 안 하면 오늘 밤새도록 네년이 얘기할 때까지 이러고 있을 테니까 알아서 얼른 얘기해!"

"하숙집 이사했다고 해서 처음으로 그 집엘 가 봤어요."

"처음이고 뭐고, 왜 남자 하숙집엘 가고 또 방에 들어가고 그래? 네가 정신이 있는 애냐 없는 애냐! 그게 그래 잘했다고 생각하니?"

소리소리 질러 대시는 바람에 옆방에 있는 동생들까지 자세한 내용은 모르지만 무언가 큰 일이 생긴 것을 짐작으로 알게 되었고, 나는 나대로 뭐가 어떻게 된 일인지 몰랐다. 아무튼 김 형이 이사한 집이라 둘이서 간 것이고, 그 집이 김씨 아주머님 댁인 것도 잘 몰랐고, 또 내가 김 형 하숙집을 구경했다고 해서 이렇게 벌을 서게 되리라곤 생각도 못했다.

"네년의 그런 행동을 네 동생들이 본받을까 무섭다. 아무튼 너는 옛날부터 하라는 공부는 안하고 이상한 짓거리나 하더니 잘한다, 잘해!"

이날, 밤을 새우면서 안방에서 훈계를 듣느라 잠도 제대로 못 자고 이튿날 학교로 출근하니, 머리가 핑 돌고 기분도 안 좋았으며 김씨 아주머니가 야속하기만 했다. 그러나 출근을 안 할 수가 없었는데 더 큰일은 퇴근 후 저녁때 벌어졌다.

퇴근하고 현관에 들어서자 어머니는 기다렸다는 듯이 나를 끌고 안방으로 들어가시더니 다짜고짜 말도 없이 방바닥에 앉히더니 가위로 내 머리를 자르려고 하셨다. 퇴근할 때를 기다려 미리 준비하셨는지, 갑자기 가위를 들고 순식간에 일어난 일이었으며, 피하려고 어머니 팔을 막 뿌리치려고 하나 역부족이었으며 방문을 열 수도 없었다.

나의 긴 머리채를 어머니가 휘어잡고는 가위로 잘라내고 계셨는데, 머리가 길었던 관계로 정신없이 싹둑싹둑 잘라대니 중구난방이었다. 또 빠져나오려고 하나 긴 가위 끝의 날카로운 부분이 얼굴을 위협하고 있는데다가 눈물로 범벅된 머리카락이 방바닥에 난장판을 이루고 있는 그때, 대문 여는 소리가 들렸고 이어서 누군가가 현관문을 열고 들어서는 소리가 들렸다.

"꼭지야? 집에 있나? 나요!"

낯익은 말소리가 들렸는데 어머니 친구 분이셨으며, 함께 천주교회에 다니시는 좀 먼 곳에 사시는 아주머니께서 예고도 없이 갑자기 오신 것이었다. 벌써 신발을 벗으셨는지, 문을 열고는 안방으로 들어오시다가 깜짝 놀라셨다.

"아니! 이게 무슨 일이야? 왜, 애 머리를 잡고 이게 뭐요, 그래? 이 머리 좀 놓고. 왜 이렇게 머리를 자르려고 그래. 다 큰 애를 데리고 말로 해도 되는 걸 가지고 원 참, 별일 다 보겠네!"

어머니 친구 분이 오셔서 보신 후 짐작으로 일단 사태를 수습하셨지만 어머니는 대성통곡하며 우셨다.

"아이고 형님! 내 이 속을 어떻게 말하나. 저년이 글쎄 남자 하숙집엘 다 찾아가고 동네 남부끄러워 어떻게 살아요? 누굴 닮아 이렇게 내 속을 썩이는지. 네년이 죽든지 내가 죽든지 둘 중에 하나 선택하자 오늘 응? 이년아!"

그리고는 또 가위를 들고 내 가슴을 찌를 기세로 달려드는 것을, 어머니 친구 분이 팔을 잡고 해서 진정시켰으나 여전히 어찌할 바를 몰라 하며 나를 잡아 죽이고 싶은 표정이었다.

내 머리가 어떻게 잘렸는지 벌써 가뿐해진 상태였으며 또 어찌해야 할지 몰라 방안 구석에서 고양이에 쫓기는 쥐처럼 웅크리고 앉아있었는데, 어머니 친구 분이 머리카락을 치우라고 하셔서 정신을 차리고 나서 마루로 나와 신문지를 갖고 다시 안방으로 들어가 나의 긴 머리카락을 신문지에 주워 담는데 눈물이 줄줄 흘러 내렸다.

내 친어머니가 아니야! 분명해! 내가 학교 다닐 때도 별일도 아닌 걸 가지고 동생들은 공부 잘하는데 나는 공부 못한다고 항상 잔소리를 했으며 노골적으로 미워하는 표시를 했었다. 그렇다고 내가 중학교 시험에 떨어진 적도 없으며 또 고등학교 시험 때도 떨어진 적이 없는데….

바로 밑에 여동생 지영이가 1등 아니면 2등 하는 수재라서 내가 자연히 미움을 받았다. 게다가 피아노를 배우고 싶었는데 나는 못하게 했으며 지영이는 피아노 학원에 보냈던 것이다. 지영이는 머리가 좋아서 피아노도 빨리 익혔으며 그 나이 또래의 애들보다 월등히 잘했으므로 이래저래 나는 더 밉고 지영이는 예쁠 수밖에 없었다.

그 후 고등학교를 졸업하고 대학에 진학한다고 하자, 그 실력으로는 시험 봐야 떨어질 텐데 시험 볼 것도 없다면서 원서도 못 내게 하셔서 자연히 대학시험도 못 보았다. 나와 비슷하게 공부하던 친구 영희가 대학에 합격하고 나자 그때서야, 선영이도 대학에 합격할 수 있었을 텐데 시험에 응시해 볼 걸 하며 늦게야 후회하셨다.

3년 후, 동생 지영이가 공주사범대학 영문학과에 2등으로 합격했다. 지영이는 서울대학교나 이화여대 등 서울의 큰 대학으로 진학하는 것이 꿈이었으나 아버지께서 계집애를 어디다 내보내느냐고 한사코 반대하셔서 공주사대 영문과를 2등으로 입학했으며, 대학을 수석으로 졸업하여 문교부장관상까지 받았으니 아무튼 어머니한테는 자랑스러운 딸이었다.

지영이가 대학 다니면서 피아노도 계속하여 배우는 중에 집에 피아노가 있으면 개인교습을 하여 돈을 벌 수 있다고 하자 어머니가 피아노를 한 대 사서 집에 들여 놓았는데, 그때 공주에는 부유한 몇몇 집에서만 피아노가 있을 때였으므로 상당히 비싼 가격이었다. 집에서 지영이가 피아노를 가르치고 또 대학에서 장학금을 받아 학비에 보태었으며, 나는 같은 대학에서 직장생활을 할 때였다.

경남 하동에서 태어나 내 나이 9살 되던 해 가을에 어머니 친정인 공주로 이사를 하게 되었는데, 그 이유는 어머니가 딸만 내리 넷을 낳게 되자 아버지가 다른 젊은 여자를 얻어 살림을 차리셨고, 또 어머니는 당신의 친정인 공주로 이사를 했으며, 그 후로 항상 어머니와 네 자매가 한 집에서 살게 되었다.

그러자니 어머니는 젊은 나이에 남편이 바람피워서 다른 여자하고 사는 꼴을 보게 되었고, 자존심 강한 그 성격에 누구한테 화풀이할 만한 상대도 없었으며, 내가 큰딸이라 기대를 걸었는데 공부도 못하고 말썽만 부리자 자연히 큰딸인 내가 제일 만만했던 것이었다.

당신의 설움을 내게 다 쏟아대었으며 팔자타령, 신세한탄에다 내가 조금만 잘못해도 기다렸다는 듯이 쏟아대는 분이었다. 거기다 동생들과는 다르게 공부도 제일 못했고 하니 나는 항상 말썽꾸러기로 존재할 수밖에 없었다.

공주로 이사 온 후, 나는 자연히 말이 없는 아이가 되었고, 불만에 쌓여서 치마 끝자락을 이빨로 물어뜯는 것이 습관이 되어 있었으며 또 어머니가 무서웠다. 사춘기 때는 친어머니가 아니라고 생각되어 읍사무소 호적계에 가서 호적등본을 떼어 확인해 보았으며, 또 옥룡동에 사시는 외가 쪽 가족들에게 나의 어린 시절을 물어보기도 했으나 틀림없는 큰딸이었으며 다른 이상한 부분을 찾을 길이 없었다.

아버지가 우리와 함께 생활하시지 않기 때문에 어머니께서는 늘 그 부분을 염두에 두고 계셨던 것 같다. 즉 아버지 없이 자라서 행동이 저 모양이라는 주위의 따가운 시선을 받지 않으려고 미리 우리들에게 주입시키시는 것이고, 또 큰딸인 내가 행동이 올바르고 해야 동생들이 본을 받아서 반듯하게 잘 자랄 수 있다고 생각하셨기에 유독 나한테 엄하리만치 집착하셨던 것이 아닌가 생각된다.

그리고 또 자존심이 강한 분이라 누구한테 뒤지는 것을 싫어하셨는데, 혹여 내가 남들로부터 나쁜 말이라도 듣게 될까봐 그러셨을 것이다. 또 아버지가 다른 지역에서 젊은 여자와 살고 있으니 어머니 혼자서 번듯하게 자식들을 잘 키워서 아버지 앞에 보란 듯이 자랑하고 싶은데, 그런 어머니의 뜻이 마음대로 안 되어서 울분이 터진 것이리라.

나는 이때 어머니의 그런 심정을 조금은 이해할 수 있었지만 나의 위치에서는 사랑하는 남자와 가까이 지낸다고 이렇게까지 수모를 당해야 하는가 하고, 순간 어머니가 밉기만 했다.

아! 나는 왜? 이렇게 슬픈 별이 되어 이 땅에 내려오게 되었는가? 머리카락을 신문지에 주워 담으면서 만 가지 생각이 교차했으며, 머리를 이렇게 잘렸으니 이젠 대학에 근무도 못 나가겠구나, 창피해서 어떻게 나가나? 신문지에 모은 머리카락을 들고 나가서 뜰에 놓인 쓰레기통에 살그머니 넣었다.

이때가 이른 겨울이어서 마침 집에 있던 털모자를 쓰고 출근했더니, 김 형이 눈치 채고는 조금 늦은 감이 있지만 어머니를 만나뵙고 인사를 드려야 되겠다고 우겨 그날 퇴근 후 함께 집으로 갔다. 그러나 어머니가 집에 안 계셔서 내일 다시 찾아오겠노라고 하고는 헤어졌다.

다음날 각각 헤어져 퇴근한 후, 집으로 와서 어머니한테 김 형이 오늘 뵙고 싶어 한다고 미리 말씀을 드렸더니, 기다렸다는 듯이 대뜸 하시는 말씀이,

"그 사람이 왜 나를 만나자는 거냐? 나는 그 사람 만날 일 없다."

그때 막내 여동생 미영이도 집에 있었는데, 아무튼 험악한 분위기여서 김 형이 집에 와서 망신당하는 게 아닌가 하고 걱정이 되었지만, 그렇다고 이제 와서 다른 방법도 없었다.

시간이 되어 김 형이 현관문을 열고 들어서려는데 어머니는 대뜸 보더니 소리를 질러대셨다.

"여기가 어디라고 들어오는 게요? 여자들끼리만 사는 집이라고 우습게보고 들어오는 모양인데, 여기 못 들어오니 그리 알고 그냥 돌아가시오."

그래도 김 형이 현관문 안으로 들어서서 머무적거리며 서 있자, 갑자기 막내 여동생 미영이가 현관 마루 한쪽에 놓인 디딤돌 위의 나무 방망이를 하나 번쩍 들고는 소리를 질러댔다.

"야! 이 새끼야, 나가! 여긴 우리 집이야! 네가 여길 왜 와?"

순간적인 일이었다. 내가 김 형이 서 있는 현관 마루 아래로 가려고 하자, 어머니가 나를 못 나가게 두 팔을 펼쳐서 막으면서 또 소리소리 질러댔다.

"얼른 여기서 나가시오. 나는 당신 같은 사람 만날 일 없으니, 그리고 이년은 더 이상 만나지도 마시오."

막내 여동생이 그때 고등학교 1학년에 다닐 때였으며, 셋째 여동생은 고 3이라 아마도 학교에 있을 때였다. 그리고 둘째 지영이는 대학 3학년에 재학 중이었는데, 아무튼 집에 없어서 이 사건을 못 보았다.

어머니는 김 형에 대하여 자세히 물어본 적도 없었으며, 단지 대학에서 같이 근무하는 사람으로 5급 공무원인 것만 알고 계셨으며, 또한 막내 여동생 미영이가 한 행동에 대해서 나는 무척이나 놀랐다. 나이도 아직 어리고 무얼 자세히 알지도 못하면서, 어쩌자고 김 형한테 갑자기 방망이를 들고 때릴 기세란 말인가? 나는 너무나도 놀랐고 또 김 형한테 무척이나 부끄러웠다.

김 형 집안이 어쩌고 하면서, 그러는 우리 쪽의 집안은 어땠는가? 나이도 어린것이 건방진 것은 고사하고 무례한 그런 행동이 도대체 어디서 나오게 된 것인가? 집안 망신이 이만 저만이 아니었다. 거기다가 어머니마저 김 형한테 교양 없는 처신을 한 것이 정말로 쥐구멍이라도 찾고 싶은 심정이었으며 얼굴을 들고 김 형을 더 이상 대할 수 없을 것 같았다.

이날, 이 사건이 생긴 후로 나의 신변에는 더욱더 어려운 일들이 일어났는데, 다음날 근무를 나가려고 하자 어머니께서는 그만 다니겠다는 말을 하라고 하셨다.

"직장에 그만 나가! 네년 연애하라고 계속 나가게 할 순 없지! 그러니 오늘 나가서 확실하게 네 입으로 그만 다니겠다고 얘기하고 와! 내일부턴 못 나갈 테니."

머리를 잘린 상태여서 털모자를 눌러쓴 채로 대학에 출근하여 그만두겠노라고 말한 후 즉시 집으로 돌아왔다. 어머니 말씀에 순종해야지 그렇지 않고 머무적거리면서 어떻게 되겠지 하다가는 더 큰 봉변을 당하기 십상이라 직장에 사직서를 즉시 제출했다.

그리고 이날부터 나의 감금생활이 시작되었는데 뒤늦게 나의 사직서 소식을 들은 김 형과 또 함께 근무하던 친구들이 모여서 상의 끝에 한 친구가 나를 찾아왔다. 김 형 편지를 몰래 숨겨 가지고 와서는 소리 내지 않고 눈을 껌벅대며 내 가슴속에 넣어주고는 밖에서 우리들의 대화를 듣고 있는 어머니를 의식하여 일상적인 몇 마디를 나눈 후 친구는 돌아갔다.

이런 식으로 친구들이 번갈아가며 나를 찾아와서 김 형 소식도 전해주며 때로는 편지도 전해주고 했는데, 어머니가 눈치를 채셨는지 친구들도 그 후로는 못 만나게 하여 친한 친구인 형숙이와 지선이가 김 형 편지를 가지고 몇 번 왔다가 그냥 돌아가야만 했다.

국민학교 3학년 때 공주로 전학 와서 고등학교 졸업 때까지 학교를 같이 다녔으며 또 공주사대에서 함께 직장생활을 했는데, 나는 학장 부속실 근무를 했고, 형숙이는 영문과 연구실에서, 지선이는 서무과에서 각각 근무하던 중 나에게 이런 일이 생긴 것이었다.

이때부터 나는 대문 밖 출입이 금지되었으며 전화기도 감시를 하여 몇 번 몰래 김 형과 통화를 했으며 또 친구들을 통하여 김 형 소식을 연락받곤 했는데, 그나마 어머니와 동생들의 감시가 심하여 어느 누구와도 전화를 못하게 했고, 전화가 와도 아예 나에게 전화하지 말라고 하시니 일체 연락이 두절될 수밖에 없었다. 그리고 집안에만 있어야 하니 답답한 마음 이루 말할 수 없었으며 생병이 날 지경이었다.

어머니가 어디 외출하실 때면 동생들에게 나를 감시하라고 말씀하시고 나가셨다. 그리고 김 형이 몇 차례 방문 왔다가 대문 밖에서 그냥 돌아가야만 했다.

그러던 어느 날, 하루는 마당에서 왔다 갔다 하다가 김 형이 사는 언덕 위쪽으로 눈을 돌려 쳐다보니 세상에 웬일인가? 그가 서 있는 모습이 보였다. 순간 서로 손을 흔들었으며 오래토록 그렇게 작게 보이는 각자의 모습을 볼 수 있음에 그나마 마음이 놓였다.

다음날부터는 그가 퇴근한 후 같은 시간대에 맞추어 마당에 나가서 위쪽을 향해 쳐다보면서 서로 손을 들어 신호를 했는데 그것도 며칠 안 가 들통이 나서 그나마 그의 모습을 볼 수 없게 되었다.

그 무렵, 하루는 외사촌 언니가 방문을 왔다. 어머니와 이런저런 얘기를 나누다가 어머니께서 잠깐 나가신 사이에 얼른 나에게 말했다. 언니가 하는 대로 따르라고 하면서 나중에 다 알게 될 거라고 했다.

"고모! 그러니 같은 공주에 두지 말고 내 집으로 데려가면 고모도 괜찮고, 서로가 좋지 않우?"

이렇게 해서 갑작스레 보따리를 챙긴 후 외사촌 언니가 사는 공주군 경천면으로 내가 먹을 식량으로 쌀 한 자루를 딸려서 드디어 반죽동 집을 떠나게 되었다. 공주에서 있는 것보다 김 형이 모르는 시골로 보내버리면 어머니 마음이 조금 편하실 거라는 외사촌 언니의 의견에 찬성하신 것이다.

외사촌 언니가 사는 경천에 도착하여 형부와 함께 그날 저녁 우리는 서로 상의를 했다.

"내일 공주사대 김 선생에게 전화해서 이곳 경천으로 오라고 하여 서로 만나게 해줄 테니 마음 놓고 있어요."

외사촌 언니와 형부도 집에서 반대하는 결혼을 했는데, 언니가 집을 뛰쳐나와 두 사람이 함께 살고 있으며 현재 어린애가 꽤 컸는데도 서로 잦은 왕래가 별로 없다고 했다.

그래서 두 분이 나와 김 형의 관계를 아신 후 도와주려고 꾀를 내어 이곳 경천으로 오게 되었으며, 내일 전화를 해서 만나게 해 준다는 계획을 세우게 된 것이었다.

다음날, 김 형이 과일을 들고 경천 언니네 집으로 왔으며 오랜만에 만난 우리는 손을 잡고 울었다. 이날 저녁, 함께 술을 나누면서 옛날 언니하고 겪은 일을 얘기하시는 형부의 눈이 회상에 잠겨서 잠시 말문이 막히곤 하셨는데, 우리 네 사람은 의기투합하여 반드시 우리 두 사람의 결혼식을 성사시키겠노라고 다짐하기도 했다.

그날 밤 늦게 김 형과 나는 언니네 집을 나와 동네 여관에서 밤을 보냈다. 언니네 집이 협소하여 따로 잠자리를 만들 수도 없을 뿐더러 모처럼 만났으니 두 사람만이 오붓하게 지내는 게 좋을 거라고 하시면서 언니하고 형부가 둘이서 지내라고 등을 떠밀어 못 이기는 척하면서 나왔던 것이다.

〈그대의 별이 되어〉

사랑은
눈멀고
귀먹고
그래서 멍멍히 괴어 있는
물이 되는 일이다.

물이 되어
그대의 그릇에
정갈히 담기는 일이다.
사랑은
눈 뜨이고

귀 열리고
그래서 총총히 빛나는
별이 되는 일이다.

별이 되어
그대 밤하늘을
잠 안 자고 지키는 일이다.
사랑은
꿈이다가 생시이다가
그 전부이다가
마침내
아무것도 아닌 것이 되는 일이다.

아무것도 아닌 것이 되어
그대의 한 부름을
고즈넉이 기다리는 일이다.

이렇게 언니네 집에 있으면서 주말이면 김 형이 와서 함께 지내다 가곤 했는데 이런 시간도 그리 오래 가질 못했다. 어머니가 눈치를 채셨는지 집으로 다시 불러들여서 언니네를 떠나야만 했다.

"너네들이 얘들 편들어서 그렇게 불러다가 만나게 해주고 그러지 마라. 얘는 내 딸이니 내가 알아서 해! 너네들이 그런 신경 안 써도 돼! 그러니 너는 이제 됐다. 가봐라. 내가 고양이한테 생선을 맡긴 격이지 원!"

"고모! 고모도 왜 그렇게 애한테 못할 짓을 하고 그러세요. 우리 보세요. 고모님 아시다시피 우리도 잘 살고 있잖아요? 그러니 둘이서 좋다는데 김 선생 그만하면 인물도 괜찮고, 체격도 좋고,

직장도 그만하면 됐지 않아요? 그런데 왜 그래요?"

"너는 상관하지 마! 내 딸 일이니 내가 알아서 해!"

아주 싸늘한 어머니 말씀만 듣고 언니는 돌아갔으며 이후로 오래토록 언니마저 못 만나게 되었다.

그때, 공주 옥룡동에서 외삼촌 가족이 살고 계셨는데 김 형이 답답하여 옥룡동으로 찾아가서 구원을 요청했으나 어머니의 고집을 누구도 어떻게 해볼 수가 없었다.

그러자 어머니는 어느 누구도 자신의 말을 들어 주는 이가 없자, 논산에서 작은 부인과 살고 계시는 아버지한테 전화연락을 하여 급히 공주로 오시었고, 어머니 얘기를 다 들으신 후 아버지께서 말씀하셨다.

"본인들이 그렇게 좋아하고 있으니 결혼을 허락하는 것이 어떻겠소! 당신만 좋다면 나는 허락하고 싶소!"

그러나 그 분이 누군가? 독야청청 우리들 사이를 한사코 혼자서 반대하시는 분이었다. 그리고 아버지는 급한 일이 계시어 그날로 곧 떠나셨다.

나는 이제, 더 이상 이곳에서 머무적거리고 있을 필요가 없을 것 같았다. 아버지께서도 두 사람이 좋다고 하면 결혼을 찬성한다고 말씀하셨는데, 왜 어머니만 유독 반대하시는 것인지 이해가 안 되었다. 그리고 가만히 이 집에 앉아 있으면서 무심한 세월만 기다리고 있는 중에, 내 주위에서는 무언가가 소용돌이치면서 서서히 변화가 일고 있음을 느꼈다. 행동으로 내 인생을 찾아야 한다는 생각이 드는 순간 더 이상 이곳에 있을 수가 없었으며, 자신을 사랑한다면 집을 나오라고 하던 김 형 말이 떠오르면서 결심을 하게 되었다.

다음날로 내 소지품과 옷가지들을 가방에 챙긴 후 발뒤꿈치를 들고 살그머니 긴 마루를 지나 현관문 앞에서 신을 신으려는데 갑자기 안방 문이 열리면서 쏜살같이 뛰쳐나온 어머니가 내 팔을 잡고는 놔 주질 않았다. 그때 내 방은 안방을 지나야 하는 곳이었고 또 안방의 위치가 현관에서 가까웠었다.

"어딜 나가려고 그러니! 누굴 망신시키려고 이년이 이제 가방까지 싸 들고 나와? 그놈한테 미쳐도 네가 단단히 미친 게로구나. 안 된다, 이년아! 나를 죽이고 네가 집을 나가도 나가라! 못 나간다."

그리고는 마루에 털썩 주저앉아 또 아이고를 찾으면서 소리소리 질러대며 울고 계셨다. 나는 이때, 정말 집을 나가려고 했다. 지긋지긋한 이 집을 나가고 싶었다. 어머니와 함께 더 이상 살고 싶지 않았다. 경천에 사는 외사촌 언니네를 보더라도 두 사람이 애도 낳고 잘 살고 있지 않은가?

언니하고 형부가 나한테 말했었다.

"네 엄마 성질에 너를 그냥 안 둘 테니 네가 정말 김 선생이 좋으면 집을 나오는 수밖에는 다른 방법이 없을 것 같다. 세월이 지나 나중에 애 낳고 살다 보면 그땐 어쩌겠니?"

김 형도 나더러 집을 나오라고 했다. 자기가 좋으면 집을 나와서 죽이 되든, 밥이 되든, 일단 둘이서 부딪쳐 가면서 헤쳐 나가 보자고 했다.

그래서 가방을 챙겨 마루를 통과했는데, 현관 앞에서 어머니가 내 다리를 붙들고 울고 계신 것을 보고는 차마 뿌리치고 나오질 못했다.

그 무렵 대문 옆에는 아름드리 서 있는 우람한 은행나무가 샛노란 드레스로 치장하고 온 동네 사람들 앞에 말없이 서 있었다. 먼 데서 밤알 터지는 소리가 들리는가 했더니 노란 은행잎이 융단을 깔은 듯 바닥에 살포시 내려 쌓이면서 가을바람 또한 내 마음같이 스산하게 불어대고 있었다.

그해 겨울 어느 날이었다. 하루는 김 형이 찾아와서 오늘 마지막으로 한번만 만나게 해 달라고 어머니께 부탁을 하여 안방 아랫목에 셋이서 자리를 함께하고 앉았다. 그때, 안방에는 나일론천에 수놓은 노란 이불이 아랫목을 따뜻하게 덥히고 있을 때였는데, 세 사람이 각각 한쪽 귀퉁이에 앉았으며 어머니는 또 성화를 대셨다.

"무슨 말인지, 마지막으로 만나자고 했으니 오늘 이 자리가 마지막으로 만나는 자리인 줄 알고, 얼른 얘기하고 가시오."

"잠깐만 둘이 있게 해 주시겠습니까?"

그러자 웬일인지 어머니가 방문을 열고 나가시더니 문 밖에서 지키고 계셨다.

"선영아! 어머니께서 시키는 대로 해. 다른 사람 맞선도 보고 또 어머니가 정하시는 대로 따르도록 해! 나는 여러 가지로 부족한 것이 많은 사람이니까, 알았지? 그리고 항상 건강하고…."

나는 김 형을 제대로 쳐다보지도 못하고 고개만 숙이고 있었는데 잠시 후 어머니가 방문을 열고 들어오셨다. 그러자 어머니께서 자리에 앉으신 것을 본 김 형이 얘기를 계속했다.

"어머님께 여쭤보고 싶은 것이 있습니다. 도대체 왜 제가 그렇게 못마땅하신 것인지 말씀해 주실 수 있으십니까?"

"나는 자네가 여러 가지로 못마땅하네. 첫째로 자네는 장남이라 그게 싫고, 또 대학을 나오지 않은 것도 못마땅하네. 그리고 공무원으로 있는 것도 싫고 자네네 집안도 나는 싫어. 또 자네는 기독교를 다니고 있고 우리는 가톨릭이라 교회도 서로 다르니 어디 하나 맞는 데가 없어요. 한 사람은 주일에 교회 가고 한 사람은 또 성당엘 갈 건가? 이래저래 서로가 짝이 안 되니 일치감치 헤어지는 게 좋지 않겠나? 자네 집안에서도 장남이라 이 애가 그렇게 탐탁하게 보이진 않을 테고."

"잘 알겠습니다. 어머님께서 반대하시는 결혼을 굳이 하고 싶진 않습니다. 제가 선영이더러 집을 나와서 함께 살자고도 해 보았습니다만, 그것은 해본 얘기지 부모님께서 반대하시는데 어떻게 하겠습니까? 그리고 선영아! 어머님이 시키는 대로 결혼하고, 나중에 무슨 문제가 생겨 헤어지거나 하면 그때까지 내가 기다릴 테니까 그때 나한테 다시 와. 선영아, 알았지? 어머님 말씀대로 순종하고 나중에 만날 날이 꼭 있을 거야."

나는 눈을 어디에 두어야 할지 몰라서 노란색 이불 위만 바라보고 있었는데, 김 형이 흘린 하얀 눈물방울들이 노란색 나일론 이불 위에 떨어져 번지면서 길게 물결을 그려내고 있는 것이 보였다.

빌어먹을 놈의 인생, 아! 지금 어떻게 해야 한단 말인가? 그냥 같이 살면 되지, 뭐가 이렇게 복잡하고 뒤죽박죽인가. 어머니도 그렇지, 우리 둘이 좋다는데 이렇게 결사적으로 막는 이유가 도대체 무어란 말인가? 자신의 체면 때문에 당사자인 우리 두 사람의 생각이나 인생은 아무것도 아니란 말인가? 김 형이 여기서 나 때문에 이런 망신을 당하고, 저 사람의 마음은 오죽할까? 내가 여기서 어떻게 해야 한단 말인가? 그러나 김 형이 나를 기다리겠다고 말하니 조금 마음이 놓였으며, 나를 기다리겠다는 그의 말이 고마웠다. 손등으로 눈물방울을 씻어내며 다시 김 형이 나에게 말했다.

"어머니 말씀에 따르고, 그동안 너한테 더욱더 잘해 주었어야 하는 건데 여러 가지로 미안하다. 그리고 어머님, 죄송합니다. 선영이를 사랑하다 보니 저희들이 가깝게 정이 들어서 그랬습니다. 어머님께서 이해해 주시기 바랍니다."

"그런 건 걱정 말게. 얘 뱃속에 애가 들어 있다면 떼는 한이 있어도 자네한테는 내 딸을 안 줄 터이니 그런 걱정은 하지 말게!"

참으로 독한 말씀을 하셨다. 뱃속에 아이가 들었으면 떼는 한이 있어도 김 형한테 나를 시집보내지 않겠다고 하시니, 어머니의 마음이 이렇게도 단호하실 줄은 미처 몰랐다. 그리고 두 사람, 즉 어머니와 김 형의 관계가 원만하지 못하니 일이 잘 될 수가 없었으며, 내가 지금까지 알고 있는 어머니는 한번 말씀을 하시면 지키시는 분이지 번복하지 않는 분이셨다. 그러기에 세월을 갈아쉬면서 무언가 운명적으로 우리 두 사람을 엮어놓는 어떤 사건이 일어나길 마음으로 갈망하며 조용히 세월을 기다리는 길 밖에는 다른 방법이 없을 것 같았다.

사랑을 따르자니 불효가 되고, 또 효도를 따르자니 사랑이 떠나가 버리는 이런 현실이 되어 버렸으니 나 스스로도 어쩌지 못하고 엉거주춤하고 있는 모습이 몹시 안타깝기만 했다.

그리고 어머니는 이미 아버지로부터 받은 인생의 배신감이 있기에, 내가 또 어머니께 자식으로서 배신감을 안겨 드릴 수는 없었다. 그러기에 어머니 말씀에 무조건 복종하고 있는 것이었다.

이날 이렇게 우리들의 슬픈 대화는 끝났으며, 무엇이 어떻게 돼 가는지 정신이 몽롱한 채 내 인생에 한 페이지를 넘기게 되었다.

〈그리움〉

오늘은 바람이 불고
나의 마음은 울고 있다.
일찍이 너와 거닐고 바라보던
그 하늘 아래 거리련마는
아무리 찾으려도 없는 얼굴이여!

바람센 오늘은 더욱 너 그리워
진종일 헛되이 나의 마음은
공중의 깃발처럼 울고만 있나니
오오,
너는 어디메 꽃같이 숨었느뇨.

청마 유치환 선생의 '그리움'이라는 시를 책상 앞에 붙여 놓고 매일매일 읽으면서 눈물을 감추고 있었다.

73년 여름방학이 지난 뒤, 9월 가을 학기 시작부터 김 형의 공주사대 근무가 시작되었으며, 다음해인 74년 겨울에 머리를 잘린 내가 털모자를 쓰고 학교에 나가서 사직서를 제출했고, 그 후 김 형이 나의 집을 방문하여 마지막으로 눈물의 자리가 되었는데, 1년 몇 개월 되는 아주 짧았던 우리의 만남이 내 일생에 아주 굵은 한 획을 긋게 되었으며, 또한 김 형과 나의 마음속에 일생동안 지울 수 없는 아픈 기억으로 남게 되었다.

그 후 김 형은 더 이상 전화도 안 했고 또 찾아오는 일도 없었다. 아니 더 이상 어떻게 해볼 수가 없었던 것이다. 왜 그렇게 그를 싫어하는 것인지 나는 도무지 이해가 안 되었으며 또 그런 어머니가 그냥 싫었다. 집안이 어떻고, 학벌이 어떻고, 또 직장도 싫고, 그가 다니는 교회도 싫고 김 형이 갖고 있는 그 어떤 조건도 모두 싫어하셨으니, 그러면 어떤 사람한테 나를 시집보내겠다는 것인지? 한번 내 가슴에 진한 사랑의 멍울이 찍힌 뒤로는 다른 어떤 것도 눈에 차지 않았으며 또한 김 형의 그림자로부터도 쉽게 벗어나기 힘들 것 같았다.

어머니는 또 맞선을 보지 않는다고 매일같이 역정을 내셨으며, 같이 한집에 있으면서 서로 얼굴 붉히는 것도 한두 번이지 지칠 대로 지친 나는 이때 결심했다.

좋다! 그렇다면 조용히 어머니가 시키는 대로 선을 보는 거다. 그리고 간단하게 싫다고 대답하면 되는 거다. 억지로 결혼시킬 수는 없는 일이니 선을 보고 맘에 안 든다고 하는 데야 어쩔 수가 없으실 테지….

이때부터 어머니께서 말씀하시는 대로 많은 남자들을 다방에서, 식당에서 또는 우리 집에서, 소위 맞선이라고 하는 걸 계속 보면서 나는 무조건 상대의 흠집만 찾아내어 싫다고 했다. 대부분의 남자들이 정말 좋은 조건에 좋은 사람이 참 많았으며 또 그들이 나를 좋아했는데, 나는 마음속으로만 '좋은 남자다'라고 생각했지 정말로 결혼하고 싶지는 않았다.

내가 좋아하던 사람을 그렇게 억지로 갈라놓았으니 '어머니, 당신도 어디 한번 겪어 보십시오'하는 마음에 맞선 본 남자들 모두를 거절했다.

그러면서 나는 생각했다. 김 형이 기다린다고 했으니 내가 맞선 본 남자들 모두를 거절하며 이렇게 세월을 좀 지내다 보면 우리가 다시 만나게 되지 않을까? 하고….

그렇게 세월이 흘러 약 1년 정도 지나갔는가? 드디어 집에서 감금이 풀려 자유로이 교회도 나가게 되었으며 또 친구들도 만날 수 있게 되었는데, 하루는 친구 형숙이가 하는 말에 깜짝 놀랐다.

"선영아, 그동안 많이 바뀌었어. 김 선생 결혼한 거 모르지? 지난해에 결혼했다고 하더라. 큰아들이라 집에서 서두르고 해서 선을 본 모양인데, 너는 연락할 길 없고 또 결혼한다는 보장도 없고, 그래서 맞선 보고 바로 결정했다나봐! 여자도 직장 다니고 함께 공주에서 산다고 하더라!"

나는 마음속으로 무척 놀랐다. 김 형이 기다린다고 했으므로 기다려 주리라 믿고, 나는 나대로 맞선 본 후 모두 거절했던 것인데. 그리고 이젠 세월이 조금 흘렀으므로 어머니도 지치신 것 같고 하니, 김 형이 기다리고 있겠다고 했으므로 다시 시도해 보고 싶었는데. 어머니한테 우리들이 계속 사랑하고 있는 모습을 보란 듯이 보여드리고 싶었는데….

김 형! 기다린다고 했잖아요? 세월이 흘러서 그런지 이젠 어머니도 예전과 조금 달라지셨으니 우리가 아직도 사랑하고 있는 모습을 보여드리면 어머니도 이젠 더 이상 반대하시지 않을 것 같고, 이제 때가 온 것 같은데, 왜? 김 형은 그 사이에 다른 여자하고 결혼했어? 조금만 더 기다릴 순 없었어? 어떻게 해?

"김 선생이 너를 많이 사랑했는데, 또 너도 김 선생 사랑했고. 큰아들이면 어떻고, 또 공무원이면 퇴직한 후에 연금도 많이 나오고 안정된 직업이라 괜찮은데, 네 어머니께서는 공무원을 왜 싫어하시는지 모르겠다. 그리고 교회 문제만 해도 그래. 교회 이름만 다르다 뿐이지 같은 하나님 믿는 교회인데 왜 그건 또 싫어하시니? 내가 보기에 그런 것들은 다 핑계에 불과하고, 혹시 어머니께서 데릴사위를 원하시는 것 같지 않니? 자신의 든든한 노후를 생각해서 네가 큰딸이니까 너한테 의지하며 살고 싶으신데 그렇게 할 수 없으시니까 반대하시는 것 같지 않니?"

형숙이 말대로 그럴지도 모르겠지만 나는 어머니 모시고 산다는 것은 생각해 보질 않았다. 아직 어머니께서 젊으시고 또 당연히 내가 큰딸이니까 모실 수 있는 문제고. 또 깊이 생각해 본 적이 없는 일인데 형숙이 말을 들으니 그런 것 같기도 했다.

그리고 지금 모든 것이 어머니 때문에 끝장이 나고 말았다. 우리의 사랑이 이렇게도 허무하게 막을 내리게 되다니…. 이젠, 우리 두 사람만의 희망이 물거품이 되어 버린 것이다. 정말 우리의 사랑이 이렇게 될 줄 몰랐다. 그렇게도 아름답던 사랑을, 그 사랑을 지키려고 내가 그동안 많이 참고 노력했는데 운명이 비켜 나가는 느낌이 들었다.

'그래요! 이것이 우리들의 운명이라면 이제 와서 어쩔 수 없는 일이지요! 사랑은 꼭 맺어지지 않더라도 사랑 그 자체만으로 소중한 것입니다. 내 마음속에서 항상 나와 함께 있는 영원한 나의 사랑이기에, 이 넓은 세상에서 당신을 잠시나마 만나 서로가 뜨겁게 사랑했던 순간이 있었다는 그 사실만으로도 나는 당신께 감사드립니다. 그리고 김 형의 마음속에 영원한 깡패로 머물러 있을 것이며 후회 없이 사랑했으므로 나는 참 행복한 사람입니다.'

"깡패야!"

지금 이 순간 환하게 웃으며 나를 꼭 부를 것만 같다.

❦추신

<내게 있어 가장 소중한 한 사람에게>

당신께서 주신 꽃이
어느새 당신에 대한 그리움의 자리만큼이나
넉넉하게 마른 풀 향기를 풍기고 있습니다.
기억하고 있기에 아름다웠던 추억의 사연들은
차가운 밤바람과 함께 내 방 창을 스쳐 지나와
내 머릿속을 가득 메우고 있습니다.
떨쳐버리려 노력하였지만 넉넉하게 자리 잡은 그리움이기에
파고드는 그리움의 자락들을 어찌할 수 없습니다.
보잘것없는 나에게 사랑할 수 있는 용기를 가르쳐 주셨으나
사랑에서 오는 절망 또한 가르쳐 주셨기에
당신의 소중함이 오늘 새삼스레 눈물로 변해버린 것입니다.
늘 가까이 두고 싶은 까닭에 헤어짐을 아쉬워하며
자꾸자꾸 뒤돌아보았지만 이젠 뒤돌아봐도
다시는 돌아와 주지 않는 당신이기에 혼자 슬퍼하고 있습니다.
떠나간 당신이지만 이 세상에 태어나 누군가를
가슴 깊이 사랑할 수 있음을 알려 주셨기에
그리고 나 혼자 남는 법과 잃어버린 나 자신을 찾게 해 주셨기에
오히려 감사하고 있습니다.

제3부

수채화 같은 남자

그는 수채화 같은 남자다
그림물감이 번지듯이 살포시 나에게 다가와선 자연의 한 부분으로
또는 처음부터 그 자리에 있었던 것처럼 그렇게 자연스레 내 곁으로 다가왔다

수채화 같은 남자

그는 수채화 같은 남자다. 그림물감이 번지듯이 살포시 나에게 다가와선 자연의 한 부분으로, 또는 처음부터 그 자리에 있었던 것처럼 그렇게 자연스레 내 곁으로 다가왔다. 그리고 내 마음의 상처를 어루만져 주기도 했고 함께 슬퍼해 주었으며 마음의 고뇌를 서로 토론하기도 했다.

언제 우리가 만났던가? 잊혀진 줄 알았던 예전의 그 한순간의 기억이 오늘 서로를 다시 이렇게 엮어놓을 줄이야!

창민 씨는 나보다도 더 소상하게 4~5년 전의 그 모든 사소한 부분들을 많이 기억하고 있었다. 그때 우린 남남으로 자연스레 만남이 이루어졌었는데, 내가 살던 라틴겐에서 기차를 이용하여 5시간가량 가면 남편의 먼 친척 되는 분들이 살고 있었다. 마인즈라는 도시에서 레스토랑을 하는 분들인데 식당을 시작한 지 몇 해 만에 큰 돈을 벌어 다시 레스토랑 하나를 인수하여 실내장치를 하기 위해 손재주가 좋은 남편에게 부탁해왔다.

남편과 나는 그곳에서 낮에는 함께 레스토랑 실내를 꾸미는 데 필요한 문살을 만들기도 하고, 페인트칠도 하다가 저녁시간이면 식당 가족들과 함께 지내곤 했는데 저녁시간만 되면 남편은 몰래 빠져나가서 카지노엘 가는 것이었다.

허긴, 카지노 가는 일이 어제 오늘만의 일도 아니고 결혼하여 3년이 지난 지금까지 계속 그 문제로 우리 사이가 좋지 않았다. 남편의 취미가 카지노인데 나는 도저히 그 취미를 맞추기가 어려워 집에 있을 때도 많이 다투었는데 이젠 친척집에 일하러 내려와서까지 나 몰래 카지노에 가서 밤을 새우고 새벽에 들어오는 데는 화가 많이 났다.

어느 날 레스토랑 주인여자와 이런저런 얘기를 하다가 남편의 이런 나쁜 취미생활 때문에 골치가 아프다고 하소연을 하고 있을 때, 그가 레스토랑으로 들어섰다.

"안녕하십니까?"

"어서 오세요. 오랜만에요."

잠시 둘이서 하던 얘기를 중단하고 레스토랑 주인여자가 인사를 하면서 자리를 권하고 난 후, 나도 그들의 자리에 자연스레 합석하여 대화를 나누게 되었다. 레스토랑의 바텐더 바로 앞에 위치한 원탁으로 특별석을 만들어 놓은 곳에서 음료수를 마시면서 우린 많은 얘기를 나누었다.

첫눈에 반했다고나 할까? 그를 처음 본 순간, '아! 그래 이 남자야. 내가 찾던 남자가 이 사람인 것 같아' 하는 이상야릇한 감정이었다. 그러나 나는 벌써 한 남자의 아내였으며 그 또한 한 여자의 남편이고 가장이었다. 그런데 나의 이런 마음을 알고나 있는지, 그는 시종 웃으면서 자꾸 얘기를 하고 싶어 했고 시간이 흐르는 것을 안타까워하는 그런 느낌으로 나에게 와 닿았다.

레스토랑 주인여자는 일이 있어 주방으로 잠시 떠나고, 둘이 남게 되자 서먹서먹한 기분도 들었으나 그는 나의 불행한 결혼생활 얘기를 진지하고 신중하게 들어주었으며 또 안타까워해 주었다.

나는 처음 만난 분이라 조심했으나 얘기를 하다 보니 슬퍼져서 울면서 얘기하게 되었고, 기막힌 내 신세한탄을 듣던 그는 어쩔 줄 몰라 하면서도 함께 얘기하고 싶어 했으며 밤이 이슥하도록 떠나는 것을 아쉬워했다. 그러면서 그는 자기를 필요로 할 땐 언제든지 연락하라면서 전화번호와 이름을 적어준 후 또 오겠다는 얘기를 남긴 채 어둠 속으로 차를 몰고 떠났다.

창민 씨와 나눈 얘기를 생각해 보면, 그 사람도 독일에 온 지 몇 해 안 된 것 같았고 다른 사람들처럼 광원이나 간호원 가족이 아닌 아무튼 지금 잘 생각이 나진 않지만 다른 루트로 이곳에 이주해 온 듯했다.

그날 서로의 대화가 상당히 부드럽게 진행되었고 또한 성격이 원만해 보였으며 외모도 준수했지만 성품이 더욱 믿음직스러웠다.

다음날 저녁 늦은 시각에 그는 또다시 레스토랑을 찾아 왔다. 이 시간 때쯤이면 으레 남편은 카지노에 가 있는 시간으로 낮 시간에만 레스토랑 실내장식 일을 했다. 그때 그는 식품사업을 하고 있었는데 이곳 식당이 새로 개업을 하면 큰 거래처가 될 터이니 님도 보고 뽕도 딴다는 옛 속담처럼 전날보다도 더 멋진 의복을 입고 왔으며 시종일관 싱글벙글 웃으며 사업 얘기를 서로 나누었다.

그때는 그곳 식당이 수리 중이라 정리가 안 된 상태이고 30분 정도 자동차로 가야만 현재 하고 있는 식당이 있었는데 손님이 무척이나 많고 잘되는 식당이라 항상 바빴다. 그러자니 주인 내외는 양쪽으로 오가며 한쪽에선 손님을 접대하고 한쪽 식당은 수리 중이었고 그래서 우리 내외를 불러들인 것이었다.

남편의 휴가기간을 이용하여 이곳에 내려와 새로운 분위기와 사람 그리고 새로운 경험을 갖게 되었다. 그런데 이곳 식당에 요리사로 있는 미스터 장이 남편과 카지노 취미가 같아서 항상 같이 다니곤 했다. 저녁 6시부터 식당이 문을 열면 밤 11시 내지 12시까지 영업을 하는데 그 후의 시간은 자유시간이므로 함께 시간을 맞추어 카지노로 향하곤 했다. 다음날 오전에는 쉬고 12시부터 식당의 점심 시간대이므로 그들에게 시간은 충분한 셈이었다.

창민 씨 역시 식당 문 닫는 시간을 알고 있으므로 밤 11시경에 이곳으로 와서 식당 문 닫는 시간까지 기다렸다가 집으로 데려다 주겠다고 제의하여 식당 주인 여자와 나는 그의 자동차에 동승했다.

식당에서 주인집까지는 30분 정도의 아주 짧은 시간이지만 그의 제의가 고마워 함께 차를 타고 가게 되었다. 그때 창민 씨가 말하길 옆자리가 허전하다고 하며 옆자리에 앉기를 원해서 내가 그의 옆자리로 가서 앉았고 식당 주인 여자는 뒷자리에 앉았다. 운전을 하면서도 나를 계속 쳐다보고 웃으며 끊임없이 얘기를 했으며 뒷자리의 식당 주인 여자는 앉자마자 피곤한지 코 고는 소리가 들렸다.

밤길을 운전하는 그와 내가 눈이 마주치기도 했으며, 또 나는 자동차가 움직이므로 의식적으로 두 손을 마주 잡고 있었는데 손등을 아래로 손바닥이 보이는 쪽으로 마주대고 있었다. 항상 나는 손등을 무릎에 대거나 두 손을 깍지 끼운 채 손등을 아래로 누르고 있는 습성이 있는데, 나의 손바닥에 그가 손을 내밀기에 자연스럽게 잡아주었다.

그렇게 휴가기간이 다 지나고 남편과 다시 집으로 돌아왔으며, 며칠간의 아주 짧은 만남이 창민 씨와 인연의 실이 감기기 시작한 것이었다.

그리고 난 후 1년도 채 안 되어 우리는 또 크게 다투었는데, 그때의 테마는 자세히 생각이 나질 않지만 항상 카지노 때문에 서로가 싸웠으니까 아무도 말릴 수 없는 그런 싸움이었다.

그 싸움 뒤 어느 날, 나는 마인즈로 전화를 한 후 기차를 타고 내려갔다. 독일 와서 처음으로 혼자서 버스도 타 보고 뒤셀도르프까지 가서 기차도 탔다. 독일말도 잘 못할 때였는데 어떻게 마인즈까지 내려가게 되었는지 지금 생각해 봐도 꿈만 같다.

마인즈 식당에서 일도 도와주고 머리도 식힐 겸 내려오라고 하여 갔지만 일이 제대로 손에 잡히질 않았으며 마음이 불안하고 초조하기만 했다. 집 문밖을 혼자서 처음으로 나왔기에 남편이 직장에서 돌아와 내가 없는 것을 알면 몹시 걱정할 것이 뻔했다.

며칠 지난 후 레스토랑으로 남편의 전화가 왔는데 받지 않겠다고 했더니 식당 여주인이 남편에게 데리러 오라고 했고 남편은 곧장 차를 몰고 달려왔다.

그날 저녁을 식당 식구들과 지낸 후 어차피 내려왔으니 식당 수리할 곳을 한두 군데 손질해 준 후 주일 오후에 집으로 함께 돌아왔는데 그때 난 또 한번 참아보기로 한 것이었다.

그 후의 결혼생활 역시 정신적으로 몹시 비참한 생활이었으며 삭막하고 알맹이 없는 껍질에 불과한 다시금 재미없는 결혼생활의 계속이었다. 때론 이웃나라로 여행을 둘이 다니기도 하고 먼 곳으로 비행기 여행도 가 보았지만 우리 두 사람의 관계는 항상 소원했으며 가까이 하기엔 너무 먼 거리라고나 할까? 서로 대화의 폭을 좁히기엔 어려울 것 같았다.

독일에 도착하여 몇 개월 뒤 병원에 입원했는데 독일어 사전을 머리맡에 두고 단어를 찾아서 보여주었으며, 또 한번은 유산으로 병원에 갔었고, 집안에 있는 2층 난간에서 굴러 떨어져 또 병원을 이곳저곳 수도 없이 다니면서 검사를 했으나 다행히도 다친 곳은 없었다.

또 한번은 플라스틱 바구니를 안고 내리막길에서 뛰다가 바구니를 안고 넘어지면서 바른쪽 갈비뼈에 금이 가서 또 병원에 가야만 했다. 결혼 후 불과 3년 사이에 일어난 이런 불운으로 인하여 몹시 지치고 힘들었는데, 이렇게 육체적인 고통들이 일어나게 된 원인은 사실 모두가 정신적으로 안정이 안 된 상태에서 일어나는 일련의 정서부족이었다고 생각되었다. 인생의 상실감을 시시때때로 느끼며 허전함과 괴로움으로 인하여 정신착란증까지 일으킬 때도 있었다.

그러던 중 남편은 내가 싫어하는 것이 무엇이고 어떤 행동인가 하는 것을 모르는지 또다시 나쁜 습관을 발휘했는데, 그것은 자신이 기분 나쁠 때 나를 가만히 놔두질 않고 필요 없는 말을 시킨 뒤, 나의 반응이 나쁘다든가 또는 말대꾸를 한다든가 하면 그 커다란 바른손이 나의 뺨을 강타했는데 반드시 1회에 2번씩 강타를 하곤 했다.

카지노 도박증세가 심한가 하면 구타하는 습관, 그리고 어느 날 갑자기 가방을 싸서 슬그머니 집을 나가 며칠에서 몇 달씩 소식조차 전하지 않았다. 아직 신혼이라고 할 수 있는 3년짜리 결혼 초년생으로서 이럴 땐 내놓고 누구에게 전화해서 내 남편이 혹시 거기 있느냐고 물어보기도 부끄러워, 기껏 전화하는 곳은 베를린에 있는 그의 큰아들에게 연락해 보는 정도였다.

어쨌든 이런 이상스러운 습관과 증세들이 못 견디게 외롭게 만드는 요소들이었는데, 결혼 여섯 해를 두고 나아지기를 희망하던 나는 좌절감을 느낄 수밖에 없었다.

그러던 중 어느 날 갑자기 수채화 같은 느낌으로 기억되는 김창민! 그 남자가 생각났다. 몇 해 동안 내 수첩의 한 모서리에 고이 간직된 조그만 종이쪽지 한 장을 발견해내곤 몹시 반가워했다. 전화번호와 이름이 적힌 조그마한 종이쪽지, 인연이 되려면 이렇게 또 실타래가 풀리는구나 하고 생각했다. 정말 그동안 까마득히 잊고 지냈는데 어떻게 그 쪽지가 수첩 모서리에서 지금까지 있었는지 알 수 없는 일이었다.

그가 직접 자필한 전화번호와 이름 세 자 김창민, 불현듯 그가 보고 싶어졌다. 그저 단순하게 인간이 그리웠으니까. 지금까지 4~5년 정도의 세월이 지났기 때문에 아직도 전화번호가 유효한 것인지, 아님 다른 지역으로 이사를 했을지도 모르지만 그동안 어쩌면 그리도 깡그리 잊고 지냈단 말인가? 한번쯤 전화를 했더라도 서로가 이동사항이나 안부 정도는 알 수 있는 일인데….

어쨌거나 지나간 세월을 탓할 것 없고 지금이라도 늦지 않았으니 일단은 전화를 해보면 모든 궁금함이 풀리리라!

드디어 용기를 내어 전화를 해 보기로 했다. 손가락이 떨리면서 전화번호를 끝까지 다 누르자 약간 저음의 남자목소리가 들리는 순간, 아! 한국사람이 전화를 받으니 일단은 안도를 느꼈다.

여기서 살다보니 할로오! 하는 목소리가 한국사람 목소리임을 자연히 느낄 수 있었는데, 순간적으로 무어라고 해야 할지 전혀 연습이 안 된 상태여서 얼떨떨했다.

다시 전화기를 타고 그 허스키한 목소리의 주인공이 “Hallo!” 하고 재차 말하는 소리에 정신을 차린 후 나도 “Hallo!” 하고는, 무어라고 해야 하나! 몇 해나 지난 일이고 또 나를 기억 못할 수도 있는데….

선불리 전화번호를 누른 후 당혹감을 추스르지 못한 채 혹시 다른 한국인이거나 외국인일 수도 있다는 생각이 스치면서 용기를 내어 독일말로 말했다.

“김창민 씨를 찾고 있습니다.”

“제가 김창민입니다. 누구신가요?”

그러자 순간적으로 떨리는 마음을 어떻게 진정할 길이 없어 얼른 한국말로 인사를 했다.

“안녕하세요? 저를 기억하실는지요? 프라우(부인) 현인데요.”

“글쎄요, 누구신지 언뜻 생각이 안 나는데요.”

4~5년 전에 마인즈에서 만났던 얘기와 그때 전화번호와 이름을 적어주었다는 얘기를 했다.

“아! 예, 기억납니다.”

그래도 생각보다 빨리 그가 나를 기억했으며 또한 아주 반가워해 주어서 처음 전화할 때 망설이고 주저하던 그 기분에서 조금 벗어날 수 있었다.

그때 당시 창민 씨가 나에게 전화번호와 이름을 적어 주었을 뿐 나는 그에게 아무것도 남긴 것이 없어 식당 여주인이 부르던 대로 "프라우 현"만을 그는 기억하고 있을 뿐이었다.

오랫동안 전화 한번 없다가 이제야 남편과 별거 중이므로 연락해봐야겠다는 생각이 든 것이었는데, 나는 현재의 불행을 대충 얘기했으며 또 창민 씨는 예전처럼 조용히 경청하면서 이젠 자주 연락하면서 지내자고 했다. 오늘이 첫 전화이고 해서 대충 나의 고충을 얘기했으나 그가 어딘지 나를 어렴풋이 기억하고 있는 것 같아서 몹시 실망이 컸다.

4년여 동안 전화 한번 못했으며 잊은 듯이 지내다 오늘 갑작스러운 나의 전화로 몹시 머리가 어수선하리라 생각되었다. 아무튼 첫 전화는 그다지 만족스럽지 못했으나 그래도 전화번호와 사람이 변함없다는 것을 알았으니 다행이었다.

3일 후, 오전에 전화를 했는데 마침 그가 자리에 있었으며, 3일 전에는 나를 어렴풋이 기억했으나 이젠 정확하게 옛 기억을 되살려서 예전의 레스토랑 얘기랑 둥근 탁자를 기억하고 있었으며, 화려하던 그 탁자를 중심으로 우리들이 앉아서 나누었던 얘기들까지 서로의 공통분모를 확실히 찾아낸 것이었다. 그리고 한 가지 내가 전혀 기억하지 못했던 부분을 그는 기억하고 있었다.

"우리 그때 손잡은 거 기억나세요?"

"어머! 우리가 손을 잡았던가요?"

"그래요, 식당 주인아주머니하고 셋이서 내 차를 타고 갈 때 누가 먼저라고 할 것도 없이 서로가 손을 잡았던 기억 안 나세요?"

"어머머! 그러고 보니 생각나네요. 그래요, 우리 그때 손잡았던 기억나요."

옛날을 회상하는 목소리가 전화선을 타고 몇 해가 지난 일들을 방금 전의 일인 양 서로가 그렇게 회상의 파도를 타고 있었다. 어쩜 나는 전혀 생각지 못했던 일인데 그 사람은 소상히도 기억의 실타래를 찾아내었을까? 나는 몹시 감격했고 또 즐거웠다.

"이상하게 지금까지도 몹시 기억에 남는 여성이었어요."

"텔레파시란 말이 있는데, 저도 처음 뵈었을 때 그런 어떤 느낌을 받았었어요."

"그래요? 사람이란 이렇게 또 만나게 되는군요. 다시 만나고 싶은 여성이었지만 그래도 서로의 위치가 있기에 잊고 지냈는데 오늘 이렇게 서로 연락이 되다니 너무 반갑습니다."

이날을 기점으로 하여 그는 매일 나에게 전화를 했다. 너무 먼 거리여서 만나기는 힘들었고, 전화는 근무 중에도 틈틈이 시간을 내어 할 수 있었기에….

창민 씨와 처음으로 통화가 이루어진 날이 6월 9일(음력 5월1일)이었고 두 번째 전화했던 날이 13일이었다. 이날 그는 나에게 전화해도 되겠느냐고 물은 뒤 3일이 지난 16일에 전화를 했다. 근무 중이라 중간 중간에 기다려야 했고 또 일이 있으면 전화를 끊었다가 다시 전화해 주었는데, 이날이 그의 생일이라고 하여(음력 5월 8일) 축하인사를 하면서 "금년에 연세가 어떻게 되세요?" 하고 물어보았다.

"올해 47살이 됩니다."

아무튼 이날 몇 차례에 걸쳐서 긴 시간동안 통화를 했다. 별거중인 남편은 이때 가방을 싸서 나갔으니 그가 어디에 있거나 어디를 가거나 이젠 신경 쓰지 않기로 했다. 카지노 순례를 하겠지! 마음 놓고 여자를 사귀거나 다른 사람을 만나거나 하지는 않기 때문에 카지노 가는 거 말고는 달리 딴 일을 할 사람이 아니었다.

나는 금, 토, 일요일 3일간 이웃들과 산책도 다니고 하면서 잘 지낼 수 있었다. 이웃에는 한국인 몇 가정이 있는데 나를 생각하여 함께 식사도 나누고 때론 호숫가로 산책을 가서 물오리나 백조에게 빵 부스러기도 던져주곤 했다. 그렇게 주말을 지낸 뒤 월요일(20일) 아침, 나는 느낄 수 있었다. 아마도 11시 조금 지나면 그의 전화가 오리라는 것을.

정말로 11시 좀 지난 뒤 그의 전화가 왔다. 나의 예감은 항상 적중했고 또 그는 나의 예감 적중률을 즐기고 있었다.

"금요일부터 주일까지 3일간 뭐 했어요? 계속 몇 차례 전화했었는데 안 받기에 걱정했어요."

"아! 계속해서 3일간 바빴어요. 금요일 오전엔 이웃 한국인 아주머니네 밭에 가서 야채를 뽑아왔고, 또 신선한 야채로 저녁식사를 함께 나누다 보니 자정이 지난 1시경에야 집에 도착했구요. 그리고 토요일엔 아침을 함께 하자고 다른 이웃인 한국인 집에서 연락이 왔기에 빵을 준비해 가서 맛있는 아침식사를 하고 하루를 그 댁에서 놀다가 밤 12시경에 데려다 주었어요. 주일인 어제는 칼쿰이라는 지역으로 산책을 가서 옷을 완전히 벗은 독일인들을 구경했어요. 칼쿰 지역이 나체를 허락한 장소여서 여름이면 살 태우려는 사람들이 가는 곳인데, 아줌마와 아저씨 그리고 나 세 사람만 옷을 입고 갔으니 완전히 동물원의 원숭이처럼 독일 구경

꾼들이 우리를 쳐다보아서 오래 못 있겠더군요. 옷을 다 벗든지 해야지 원."

"며칠 목소리를 못 들어서 아주 참기 힘들었어요."

"오늘은 이웃에 사는 부인 생일이라 초대 받았거든요. 또 나가 봐야 해요."

오후에 다시 전화하겠다는 그의 목소리를 남긴 채 선물을 들고 이웃 정씨 댁을 방문했는데, 그 댁에서 잠시 있는 그 시간이 나에게 몹시 불안을 안겨주었으며 또 초조했다. 3시경이면 그의 전화가 꼭 올 것 같은 예감 때문에. 그래서 3시에 맞추어 집에 일이 있다는 핑계로 잠시 다녀오겠다고 하고는 막 뛰어서 집에 들어서자마자 그의 전화가 나를 붙들었다. 예감이 또 맞았고 그 사람 역시 나처럼 예감이었다고 했다.

"우린 어쩔 수 없이 운명적으로 만나야 할 사람들인가 봐요."

"큰일 났다, 당신은 이제 완전한 나의 포로야! 하하."

우리 두 사람의 통화는 어느 한 순간도 쉬질 않고 계속되었다. 대화가 무궁무진했는데 이력, 경력, 독일 생활, 취미, 여성관 등 이루 헤아릴 수 없을 만큼 우리들의 대화는 끊임이 없었다.

손님이 있는 시간에도 그는 수화기를 귀에 대고 얘기하며 또 들으며 손님에게 계산을 해주는 슈퍼맨 작전을 감행한다고 했다. 그러면서 한시도 수화기를 놓을 수 없게 만드는 나의 마력에 그는 감탄한다고 했다. 손님이 많으면 잠시 끊었다가 다시 전화하고, 그러다가는 잠시 쉬는 시간을 갖자고 하면서 장사 좀 해야지 정신이 붕붕 뜨고 하여 어쩌지 못하겠다고 하기에 내일을 약속하고 전화를 놓았다.

다시 정씨 댁으로 갔더니 결혼생활 20년째를 맞이한 40세 되는 젊은 부인에게 남편이 이때 마침 퇴근하여 40송이의 붉은 장미를 안고 현관에 들어섰다. 부엌에서 식사준비 중이던 부인의 얼굴이 빨간 장미보다 더 빨갛게 되면서 남편의 생일축하 인사를 받았다.

"당신의 40회 생일을 축하해요."

"고마워요, 생일 축하해 주어서."

꽃다발을 주는 쪽이나 받는 쪽의 부인 역시 얼굴이 빨개져선 서로 바라보고 있는 모습을 보고 내가 말했다.

"서로 좀 껴안고 뽀뽀도 하구 그러지, 왜 그렇게 뻣뻣하게들 서 있나?"

나는 짐짓 즐거워하며 말했지만 그들의 진한 부부애를 발견하면서 아주 진한 질투심이 일었다. 나는 이게 뭔가….

그날 정씨 부인 생일에 몇 가정이 초대되어 함께 식사하며 늦은 시간까지 유쾌하게 지내다 8시경에 집으로 돌아왔다.

내 생일 때마다 항상 꽃을 들고 와선 소년처럼 수줍은 미소를 띠우며 생일 축하 인사를 하던 남편이 생각났다. 거실 벽에 걸린 우리 두 사람의 사진을 보면서 갑자기 눈물이 나기 시작하더니 지금의 내 서글픈 처지가 생각나서 크게 소리 내어 그동안 참았던 눈물을 양탄자 바닥에 뿌리며 그렇게 오랫동안 울어댔다. 침실엔 그의 옷들도 있고 사진도 있고 모든 것이 그대로인데 지금 그 사람은 내 곁에 없는 것이다. 진정 이런 일이 있을 수 있는 일인가?

욕실에 가서 또 다시 그의 칫솔과 가운을 보면서 그동안 참았던 길고 긴 눈물 줄기를 추스르지 못한 채 봇물 터지듯이 엉엉 소리 내어 크게 울고 있는데 어느 순간 전화벨 소리를 듣고는 울음을 거두었다. 급히 전화 수화기를 들자 창민 씨 목소리가 들렸다.

"아니 이렇게 늦은 시간에 웬일로 전화를 다 하셨어요?"

보통 오후 6시 이후면 식당일로 바빠서 전화를 하지 않는데 오늘 처음으로 늦은 시간에 전화를 한 것이었다. 이때 창민 씨는 슈퍼마켓, 레스토랑, 자동차 대리점 등 방대한 사업으로 무척 바쁜 사람이었는데 저녁에 전화를 해 주어 한편 놀랍고 한편으론 반가웠다. 월요일이라 식당이 쉬는 날인데 저녁에 일이 있어 나왔다가 동전이 있기에 내가 집에 잘 돌아왔나 궁금하여 확인할 겸 전화 했다면서 공중전화 찾느라고 많이 헤매었다는 그의 말에서 소년다운 순진함을 느꼈다. 내 목소리가 다르게 들린다면서 감기 걸렸느냐고 묻는 그에게 감기가 아니라 지금 너무 슬퍼서 욕실에서 엉엉 소리 내어 울었노라고 얘기하자,

"저런, 왜 울었어? 그 집에서 무슨 일이 있었어?"

"그게 아니고, 그 집 남편이 20년 결혼생활에서 처음으로 부인에게 꽃다발 안겨 주는 것을 보고 슬퍼졌어요. 남편은 항상 내 생일에 잊지 않고 꽃을 사 가지고 왔었거든요. 결혼기념일이나 성탄절 때 또는 무슨 기념일 때마다 잊지 않고 선물을 잘 해주던 사람예요. 그리고 내가 모자를 좋아한다고 비싼 모자도 많이 사 주었고요. 그런데 오늘 그 집에서 그런 일들을 보고난 후 집에 돌아와 내 처지가 슬퍼져서 욕실에 들어가 엉엉 울고 있는데 창민 씨 전화가 온 거예요."

전화기를 통해 찔찔 울어대는 나의 목소리를 듣는 그의 마음이 오죽했으랴. 그는 울지 말라고 달래면서 자기가 있지 않느냐, 나를 의지해라, 나를 믿고 울지 말라고 하면서 동전이 다 돼 가는데 술

한 잔만 딱 마시고 아무 생각 말고 푹 자라고 했다. 아침에 다시 전화연락을 할 테니 아무 생각 말고 푹 자라고 거듭 당부했다.

"고마워요. 창민 씨 아니면 내가 어떻게 됐을까? 하고 많이 생각했어요. 정말 큰 도움이 됐어요. 시킨 대로 할 게요."

그날 밤 일기를 썼다.

'아! 고맙고 가슴 뿌듯하고 내가 막 기대고 싶은 가슴이 따뜻한 남자다. 나는 또다시 온 밤을 밝히며 창민 씨를 생각하며 펜 끝을 이렇게 달리고 있다. 울음이 또 다시 피어오르면서 가슴이 막 뛰는데 지금 나는 당신에게 사랑의 헌시를 보냅니다.

하얗게 밤을 밝히며 나의 남자를 그리워하다 보니 잠은 더욱더 멀리 도망가고 우리의 인연을 생각하며 끌리는 대로 물결치는 대로 그렇게 어떤 큰 운명의 수레바퀴가 도는 대로 맡기기로 마음을 먹었다. 사람과 사람 사이의 인연이란 아무렇게나 생기는 게 아니다. 그리고 일단 인연이 생기면 고집 부리는 게 아니다. 받아들여야 하는 거다. 잘 자요. 창민 씨….'

새벽 3시경 잠자리에 들었는데 7시에 눈이 떠져서는 다시 잠을 청하려 해도 먼 곳으로 도망가서는 뜻대로 되질 않았다. 그러자니 수면부족으로 인해 눈이 몹시 아파서 눈을 감고 그저 아무 생각 없이 반듯이 누워 있었다. 빵을 사러 가기에도 이른 시간이라 어쩔 수 없고, 빵집은 8시가 돼야 문을 열기 때문에 기다렸다가 빵을 사 가지고 와서 버터를 바르고 있는데 창민 씨 전화가 왔다. 어제 저녁 울면서 전화 받던 나로 인하여 잠을 제대로 이루지 못했다면서 지금은 마음이 어떤가 물어왔다.

"많이 좋아졌어요."

"어젯밤에 우는 소리 듣고 몹시 쇼크가 컸어요. 절대로 서두르지 말고 서서히 정신 차리고 하나하나 일을 해결해 나가야 해요. 식사도 잘하고 건강해야 되니까 절대적으로 안정을 취하고 항상 즐거운 일만을 생각해 봐요."

아침에 전화 한번, 12시에 또 전화, 2시, 3시, 4시…. 그는 근무 중의 시간을 전부 나에게 투자했다. 그의 일과는 대개 오전에는 슈퍼마켓에서 낮에는 자동차 대리점에서 저녁땐 식당에서 이렇게 세 곳을 왔다 갔다 하면서 종업원 관리 및 손님 접대, 그리고 가정으로 정말 바쁘게 생활하는 사람이었다. 그러나 그때그때의 상황에 맞춰 최선을 다하는 신중함이 있어서 바쁜 일과에도 불구하고 나한테 충실했고 일에도 충실했던 것 같다.

그리고 또 다시 새로운 사업구상을 하고 있으며 어떤 때는 머리가 몹시 아플 때도 있다는 창민 씨! 그렇게 바쁜 중에도 항시 핸드폰과 전화기로 나의 집 전화번호를 누른다면서 내가 어떤 마력을 가진 것 같다고 했다. 자신이 홀린 것 같기도 하고 왜 이러는지, 도대체가 독일에 와서 10년 생활에 이런 일은 정말 처음이고 또 전화로 이렇게 연애하는 사람은 우리들뿐일 거라고 하면서 그는 몹시 흥분되어 있는 목소리였다. 도저히 안정이 안 된다면서 냉수를 마신 후에 정신 차리고 나서 다시 전화하겠다고 하는 그 사람 때문에 나는 행복에 젖어 마음이 부들부들 떨리고 있었다.

7시경에 다시 전화한 그에게 나는 황진이의 꿈이라는 시를 들려주었다.

〈꿈〉

꿈길밖에 길이 없어 꿈길로 가니
그 님은 나를 찾아 길 떠나셨네.
그 뒤엘랑 밤마다 어긋나는 꿈
같이 떠나 노중에서 만나를 지고

꿈길 따라 그 님을 만나러 가니
길 떠났네 그 님은 나를 찾으러
밤마다 어긋나는 꿈일 양이면
같이 떠나 노중에서 만나를 지고.

황진이가 지은 이 시는 한국 가곡으로도 되어 있다고 알려준 후 노래를 불러 주기도 했다. 그리고 이어서 '사랑'이라는 제목의 이은상 선생님의 시를 들려주었다.

스물 몇 살 때였나? 대학에서 직장생활을 할 때, 그때 국문과 교수님께서는 환등기로 사진을 비추면서 국내의 시 몇 편을 낭독시키셨던 때가 생각났다. 목소리가 맑으니 한번 해 보라고 하셨는데 원래는 대학생들만이 참가할 수 있는 국문과 시간이었는데 나에게 특별한 기회를 주시었다.

교수님과 국문과 학생들과 많은 시간을 함께 녹음기 앞에서 연습하며 목소리를 가다듬던 그때가 전화기 앞에서 다시금 떠오르면서 옛 추억이 새로웠다.

〈사랑〉

탈대로 다 타시오 타다 말진 부대 마소,
타고 마시라서 재 될 법은 하거니와
타다가 남은 동강은 쓰일 곳이 없나이다.

사랑이라는 제목의 이 시 역시 가곡으로 유명한 곡이 되어 예전엔 메조소프라노 김청자 씨의 아름다운 목소리로 즐겨 듣던 아주 멋진 곡이었다. 나는 창민 씨에 대해서 어제 쓴 글을 읽어 주었다.

사랑, 사랑, 내 사랑
어화 둥둥 내 사랑

훨훨 타올라라 내 사랑
하늘 끝까지 닿도록.

(위의 두 줄은 사랑가의 한 대목에서 인용했다.)

계속 읽어 가려는데 그의 목소리가 중단시켰다.

"정말 너 왜 이러니? 내 가슴이 막 뛰고 또 얼굴이 활활 달아오른다."

"왜 그러세요? 내가 현재 자기에게 해 줄 수 있는 건 마음을 편하게 해 주는 것밖에 달리 다른 방법이 없어서요."

"사랑해!"

"아! 머리가 어지럽고 가슴이 막 뛰어요."

"뭐, 내가 말은 안 해도 사랑하고 있는 거 다 알고 있잖아?"

"Ich auch!(나 또한!)"

"나는 자기가 곰보라도 좋다."

그의 목소리는 약간 허스키한 데다 명랑한 분위기를 풍기고 있어 언제나 대화를 하다 보면 마음이 안정되고 또 그의 지시대로 하고 싶어졌다. 저녁시간엔 약속이 있어 외출을 해야 하기에 늦은 시간에 전화할 수 있으면 다시 하겠다는 그의 목소리를 귀에 담아 둔 채 현관문을 나섰다.

임 아주머님 댁에 갔더니 독일인 Norbert(노베아트) 씨가 와 있었다. 노베아트 씨는 50대의 독신 남성으로 임 아주머님 댁과는 20년 정도 알고 지내는 이웃인데 50이 지나도록 결혼 경험 없는 독신 남성이라 그런지 무척 순수해 보였으며 또 착해 보였다.

임 아주머님 댁에서 우연히 자주 만날 기회가 있었는데 내 옆에 앉아서는 독일 말을 지도해 주기도 했고, 또한 한국말을 꽤 많이 알고 있었다. 한국말을 배우려고 노력하는 분이며 한국음식도 몇 가지는 알고 있으며 또 맛있다고 했다. 그런데 최근 내 결혼생활 얘기를 아주머니한테서 대충 듣고 난 후로는 예전과 다르게 행동하는 것이 눈에 보였다.

내 손을 잡으려고 하고 어깨를 만지기도 하는 것이 싫어서 자꾸 옆으로 옮겨 앉으면 노베아트 씨는 얼굴이 금방 애들처럼 울상이 돼 버렸다. 그리고 자기는 돈도 많고 튼튼하며 심장도 젊은이처럼 뛰니까 젊다면서 자기와 결혼하자고 하는 것이었다. 나의 바른손을 끌어다가 자기 심장에 대 보고 했는데 어찌 해야 할지를 몰라 나는 자꾸 손을 끌어 내리고는 떨어져 앉으려고 했다.

그날은 도대체가 어찌된 일인지, 김창민 씨의 사랑고백을 들은 지 몇 시간 후에 또다시 노베아트 씨로부터 결혼신청과 더불어 사랑고백을 받았으니 말이다.

"아직은 쉬고 싶다. 생각이 없다"라고 노베아트 씨한테 얘기했다. 정신적으로 불안정하며 별거중이니 곧 이혼이 성립될 테고 내 인생을 어찌해야 할지 갈피를 잡을 길 없었다. 현재로썬 우선 한국에 한번 다녀오는 것이 급선무일 듯싶었고, 이곳에서 계속 살아야 할지, 아니면 말도 잘 통하고 하니 한국에서 생활하는 게 나을지, 결정 내리지 못한 채 엉거주춤인 상태에서 무엇 하나 확실한 대답을 할 수가 없었다.

노베아트 씨는 일이 있다면서 먼저 일어났고 밤 10시에 독일과 스페인의 축구경기가 있기에 임 아주머님 댁에서 TV시청을 한 후 집으로 돌아왔다.

남편이 집에 없으니까 맘 놓고 돌아다닐 수도 있고 신경 쓰이지 않아 참 편했다. 가정주부가 밤늦게 혼자 다른 가정에서 오래 머무를 수 있다는 건 쉬운 일이 아니었다. 보통 부부동반하여 방문하는 것이 통상의 예의인데, 이혼 대기 중인 여자인 것을 이웃에 사는 한국인들 대부분이 알고 있는 사실이라 나를 불러서 함께 식사도 하고 커피와 빵을 나누기도 했다.

독일에서 한국인이 이혼을 한다든가 결혼을 할 경우 많은 시간을 요했는데 그것은 내 나라가 아니고 독일이기에 결혼이나 이혼 서류를 한국대사관에 접수시키면 대사관에서는 한국의 관할 동사무소에 서류를 우송한 후 보통 한 달에서 한 달 반 정도를 기다리면 회답이 돌아오게 되었다.

어쨌건 이날 늦은 밤 집에 들어와 잠을 청하니 눈만 말똥말똥

했다. 창민 씨와 노베아트 씨가 어쩜 같은 날 거의 비슷한 시간에 각각 사랑고백을 했단 말인가? 이상하게 생각되면서 신기한 인생 경험으로 치부하기엔 너무나도 엄청난 인생의 수레바퀴가 막 굴러가고 있는 것 같았다.

물론 엄격하게 분류하자면 현재 위치에선 노베아트 씨가 좋은 조건을 갖추고 있었다. 독일인이라 이곳에서 생활하게 될 경우 좋은 조건이며, 독신이라는 점 또한 나에겐 좋은 조건이라고 할 수 있었다. 그리고 노베아트 씨는 아직 직장근무를 하고 있으며 큰 집을 갖고 있다고 하니(아직 본 적은 없지만) 그만 하면 준비는 된 듯싶었고 우선순위에서 빼놓을 수 없는 것은 그의 순수한 사랑을 나는 보았다. 그의 눈빛에서, 또는 가슴이 붕붕댄다고 하던 그의 심장의 고동소리를 전기 통하듯이 느꼈다.

그리고 한국인 남자 김창민 씨는 나이도 나와 비슷해서 젊고 (노베아트 씨는 나보다 12살 연상) 또 한국말이 통해서 좋았으며 당연히 한국음식을 함께 나눌 수 있을 테니까 좋았다. 그러나 가장으로서 자신의 가정을 보호해야 할 의무가 있었다. 물론 창민 씨 역시 이혼 절차 중이라고 하니 곧 이혼이 결정되면 상관없다고 말은 하지만 어쩐지 내가 그 사이에 끼어든 느낌이라 공연히 내 몸에 먼지가 낀 그런 느낌이 들었다.

몇 해 전 불과 몇 시간 동안 얘기했던 것이 전부이고 또 지금 매일 전화로 서로의 생각과 이상 등을 얘기하여 많이 알고는 있지만 어쨌든 나로서는 한번 결혼의 파탄을 경험하고 있기에 신중할 수밖에….

사랑해! 사랑해! 사랑해! 귓가에 어지럽게 난무하고 있는 이 단어들…. 베개를 끌어안고 이리 저리 뒤척이다 일어나서 세수를 하고 책을 펼쳤다.

요즘 서머셋 모음의 '인간의 굴레'를 읽고 있는 중인데 새벽 3시 30분까지 읽다가 아무래도 잠을 좀 자 두어야 할 것 같았다. 눈이 피곤하여 억지로 눈꺼풀을 내린 후 얼마의 시간이 지났을까? 전화소리에 퍼뜩 잠을 깼다.

아침 7시, 그러나 잘못 걸린 전화인지 신호음만 들리곤 이내 잠잠해졌다. 잘못 온 전화로 인해서 또 다시 잠은 멀리 달아나고 11시 경에 창민 씨 전화가 왔기에 어제 저녁 있었던 노베아트 씨의 사랑고백 얘기를 해 주었다.

"아무튼 어제는 이상한 날이에요. 두 사람이 사랑고백을 한 날이니까요."

"인생에는 몇 차례의 행운이 주어지는데 아마 어제가 자기한테는 행운의 날이었던 모양이다."

"질투 나지 않으세요?"

"질투는? 좋은 현상이지. 자기가 마음 가는 쪽으로 결정해!"

그의 말을 듣는 순간 아찔해지면서 피가 거꾸로 솟는 것 같은 느낌을 받았다.

"어쩜, 자기는 그런 말을 듣고도 그렇게 대답할 수 있어요? 내가 지금 김창민 버리고 노베아트로 정하면 자기는 좋을 것 같아요? 그래요? 그런 거예요?"

"아니지, 그게 아니고 나는 지금 자기한테 떳떳이 나설 수가 없어서 그래. 자기가 다 아는 사정인데 내가 뭐라고 말할 수 없는 위치니까 그렇지. 상대는 혼자니까 복잡하지 않고 괜찮지 않아?"

"아휴 어지러워, 정말 자기 왜 이래? 누구 죽는 꼴 보려고 그래? 왜 그런 말을 하는 거예요?"

나는 억양이 높아졌으며 감정이 북받쳐서 울먹이며 얘기했다.

"왜 그렇게 애기 같은 말만 해? 지금 내가 한 말은 그만큼 자기를 생각하고 한 말이야. 나보다는 그 쪽이 일단은 홀가분한 사람이니까 자기한테 좋을 것 같아서 그랬지. 한번 결혼해서 상처받은 사람한테 내가 또 상처주면 안 되지. 나는 애도 있고 아무튼 이혼 수속 중인데 떳떳이 나설 수 없는 위치라서 그래."

"그래도 그런 얘기는 싫어요. 자기는 질투도 안 나요?"

"그래그래 알았어, 내가 잘못했어. 그러니까 진정해, 진정하구 내말 들어봐."

"싫어요, 듣지 않을 거예요. 그리고 김창민! 나 책임져요. 당신하고만 있을 거예요."

"알았어, 알았으니까 우리 그 얘긴 그만 하구 딴 얘기 하자 응? 딴 애기 해!"

그리고 그는 한국으로 여행가는 얘기를 했다. 지난번 전화했을 때 한국으로 신혼여행 가는 얘기를 서로 나누었는데 보다 더 구체적으로 얘기를 해 주었다. 2주 내지 3주 체류 예정으로 함께 떠나는 방법과 따로따로 떠나는 방법 등 서로 생각하는 바를 얘기했다.

그리고 밤 10시가 지나서 다시 그의 전화가 왔다.

"주차장에 가기 전에 전화했어. 시간이 많질 않지만 자기 목소리만 듣기 위해서. 사랑해, 오늘밤 푹 잘 자기를 바라고…."

"알았어요, 잘 잘게요."

“자기 나 따라해 봐, 사!”
“사!”
“아니! 그게 아니고 내가 ‘사’ 하면 자긴 ‘랑’ 이렇게!”
“알았어요.”
창민 씨가 다시 ‘사’, 내가 ‘랑’, 그가 다시 ‘해’….
“밤 1시 30분부터 한국축구 하는데 볼 거야?”
“봐야죠! 당연히.”
“그래, 자기가 내 옆에서 함께 본다고 생각하면서 나는 볼 거야.”

● **6월 24일(금)**

한국축구 보느라 늦게 잠자리에 든 관계로 아침 역시 늦은 시간에 빵을 사 가지고 와서 커피를 마시면서 문득 6월이라는 생각을 해 내었다. 그래! 지금은 6월이야. 6월 하고도 24일이니 이제야 6월다운 6월을 생각해낸 것이었다. 그러자 갑자기 노천명 시인의 “6월의 언덕”이라는 시가 문득 떠올랐다.

〈유월의 언덕〉

아카시아꽃 핀 유월의 하늘은
사뭇 곱기만 한데
파라솔을 접듯이
마음을 접고 안으로 안으로만 들다

이 인파 속에서 고독이
곧 얼음모양 꼿꼿이 얼어 들어옴은
어쩐 까닭이뇨.

보리밭엔 양귀비꽃이 으스러지게 고운데
이른 아침부터 밤이 이슥토록
이야기해 볼 사람은 없어
파라솔을 접듯이
마음을 접어가지고 안으로만 들다

장미가 말을 배우지 않은 이유를 알겠다
사슴이 말을 안 하는 연유도 알아듣겠다
아카시아꽃 핀 유월의 언덕은
곱기만 한데.

어린 시절 공주에서 제일 처음 살던 곳이 천주교회 아래 긴 돌 층층대를 내려가서 첫 번째 회색 기와집이었는데, 뒤쪽은 언덕배기였으며 그 넓은 언덕은 작은 소나무와 잣나무로 꽉 차 있었다. 그리고 그 옆으로 좁은 돌 층층대를 70~80계단 정도 올라가면 천주교회로 가는 S자 모양의 자동차 길이 나 있는데, 그 중간 지점에 위치해 있는 좁은 돌 층층대가 하늘나라와 육지를, 그러니까 천국은 천주교회이고 우리가 사는 곳이 지옥이거나 아마도 연옥쯤이고 돌 층층대 70~80개만 올라가면 하늘나라 하나님 집이니, 나는 하나님 가까이 사는 이웃이라 항상 뿌듯하고 좋았다.

그 천주교회의 꼭대기 십자가를 제외하고는 아카시아 숲으로 둥글게 교회가 둘러싸여 있는 모습이 멀리서 보면 그렇게 아늑하고 전원적일 수가 없었다. 그리고 해마다 유월이면 아카시아 향기가 동네 가득히 퍼져서 코를 자극시키곤 했던 그때 그 시절이 새삼 이곳 독일에서 보고 싶어졌다. 그리고 오늘 아침 갑자기 유월의 언덕과 아카시아 꽃이 그리워서 공주로 달려가 지금도 그 아카시아 숲이 울창한지 보고 싶고, 그리고 그 향기를 맡고 싶어서 유월에 꼭 가야만 될 것 같은 생각이 가득했다.

그동안 마음이 안정되질 않아 집안 청소도 제대로 못하고 지내다 모처럼 부엌청소를 하면서 또다시 생각했다.

어느 날, 내 사랑하는 님이 방문했을 때 집안 곳곳에서 곰팡이 냄새가 나고 정리되지 않았을 때 그는 조금 실망하리라. 그래서 단호히 생각을 바꿔 갖기로 하고 구석구석 청소를 하고 창문을 열어놓고 햇볕을 집안 가득 받아들여 묵은 냄새를 없애야 한다고! 그러자 청소하는 데 즐거움이 생기고 내 마음 또한 가뿐한 것이 모처럼 아주 즐거운 오전이 되었다.

11시경에 창민 씨 전화가 왔다.

"Guten Morgen(굳텐 모겐!)"

"굳텐 모겐(좋은 아침!)"

"오랫동안 자기 잠 잘 자라고 일부러 늦게 전화한 거야. 오랫동안 잘 잤어?"

"네, 축구 경기가 아마 3시 30분 지나서 끝났었죠? 오전 10시경에 일어났는데 오랜만에 숙면을 취한 것 같아요. 그래서 그런지 마음도 가뿐하고 아주 좋아요."

"그래? 참 다행이야. 그렇게 잘 자야지. 오늘 날씨가 참 좋은데 그곳 지역은 어때?"

"여기도 햇볕이 풍부해요. 오늘 참으로 좋은 날씨인데요? 아주 대단한 여름 날씨예요."

"어제, 아니 새벽에 축구 봤지? 아휴 속상해서 0:0이 뭐니 그래,

되게 답답하더라고!"

"나도 끝까지 다 봤어요. 꼴의 연결도 잘 안 되고 슛도 왜 그렇게 높이 해요? 계속 몇 차례나 기회가 왔는데도 그렇게 높이 차 내 버리고 했잖아요?"

"자기도 축구에 대해서 대단한 평론가네? 꽤 정확하게 보고 있는 것 같은데?"

그러고 난 후 창민 씨한테 손님이 와서 잠시 전화를 끊었다가 다시 전화했는데 가끔은 손님하고 나누는 얘기가 수화기를 통해서 들렸다. 손님이 "Wiedersehen!(다시 만납시다)" 하는 소리가 들리면 통화는 다시 시작되어 끊임없이 우리들의 이야기는 계속되는데, 꽃에 대해서, 시에 대해서, 우리들 각자가 읽었던 책의 내용을 이야기하기도 했다.

그러던 그가 또다시 전화하겠다고 하며 끊은 후 한참동안 소식이 없었다. 그러자 산책을 함께 가자고 하면서 오전에 나에게 전화했던 부인들 두 사람이 방문하였기에 음료수를 권하고 하면서 나는 불안하고 초조했다. 전화가 오면 뭐라고 하나? 이 사람들이 빨리 돌아가 주었으면 좋겠는데, 자주 만나는 사람들이지만 나의 집을 방문한 것은 최근 들어서 오랜만이고 또 함께 산책 가자고 왔는데 어떻게 해야 할지 속으로는 쩔쩔 매면서 겉으로는 태연한 척했다.

"날씨 좋은데 이렇게 앉아 있지 말고 산책 나가자. 밖은 얼마나 더운지 몰라."

"글쎄요, 난 요즘 몸이 좀 안 좋아서 그런지 햇볕 쪼이면 어지럽고 해서 당분간 집에서 휴식을 좀 취할까 하구요. 어제도 아줌마 집에서 돌아올 때 어지러워서 혼났거든요."

어제도 잠깐 만났던 분들이라 내 모습을 보았고 오늘 또 보아서 그런지 짐작이 간다는 눈치들이었다.

잠시 후 그들이 산책 나간 후 갑자기 에디뜨 삐아프의 목소리가 생각나서 CD를 올려놓았다. 사랑의 찬가, 장밋빛 인생 등 계속해서 주옥같은 그의 히트곡들이 계속 울려 퍼지고 있을 때, 나는 삐아프의 목소리에 매료되어 따라 부르기도 하고 가슴에 전율을 느끼면서 감상하고 있는데 전화소리가 들려왔다. 시간을 보니 창민 씨 전화가 끊긴 지 1시간가량 돼가고 있었다.

"이렇게 오랫동안 전화 못해 본 건 처음이지?"

항상 손님이 나간 후 즉시, 또는 손님과 대화 중에도 수화기를 내려놓고 내가 들을 수 있게 잠시 통화가 끊어지는 일은 있었지만, 근무시간 중에 이렇게 오랫동안 전화가 쉰 적은 없었으므로 그가 한 말이었다.

"오랫동안 뭐하셨어요? 중요한 손님이었거나 또는 부인이 왔을 거라고 생각했어요. 아니면? 슈퍼마켓을 내놓은 상태니까 매매 관계로 얘기가 길어질 수 있다고 생각했어요."

그의 얘기인즉 중요한 손님이 왔었다고 했다. 자금이 필요한데 어떻게 사정을 알고 자청해서 2만 마르크를 빌려 주겠다는 부인이 왔다고 하기에 난 순간 긴장되었다.

"어떤 여자? 도대체 어떤 관계인데 자발적으로 2만 마르크를 빌려 주겠다는 거예요? 이상한데?"

그러자 그는 이상하게 생각할 것 없다면서 그 여자 분은 이혼 경력이 있으며 미술 하는 분인데, 지금은 독일인 의사와 재혼한 상태지만 예전에 이혼 직후 허탈한 심정을 자기에게 얘기해 와서 나름대로 좋은 얘기를 해주고 한 적이 있었단다. 아마 그때 그런 일들이 고맙게 여겨졌는지 지금 자신의 어려운 심정을 어떻게 알고 조심스레 도움을 주고 싶은데 어떻게 생각하느냐고 해서 흔쾌히 받아들이지는 않고 다만 당신의 남편과 상의해서 뜻이 정해진 후면 받아들이겠다고 얘기했단다.

“자기한테 좋은 일이라니 나도 기뻐요. 모두가 다 평소에 덕을 쌓은 탓일 거예요. 오늘이 창민 씨하고 전화 시작한 지 15일째 되는 날이에요.”

“그래? 벌써 그렇게 되었어?”

창민 씨는 현재 운영하고 있는 슈퍼마켓을 처분하고 레스토랑과 자동차 대리점 두 개만 사업을 해야 되겠다고 했다. 슈퍼마켓은 너무 자잘한 물건이 많아서 사고팔고 하는 데 신경이 많이 쓰이는데, 레스토랑이야 종업원 관리만 잘하면 되고 자동차 대리점 쪽은 그다지 신경 쓰이거나 하는 건 없는데 광고를 잘해야 하므로 다른 문제는 특별히 없다고 했다.

그의 전화가 잠시 쉬는 동안 생각했다. 도대체 나는 이 사람의 그 무엇을 잡으려고 하는 걸까? 그리고 왜, 나의 결혼생활이 이렇게까지 되었단 말인가? 다시는 돌이킬 수도 없고 돌아가지 못할 깊은 강을 건너가는 것이 아닐는지, 지금 이 길이 맞는 길인지, 안개가 깔려있어 희미하게 시야를 밝혀주는 이 길이 정녕 내가 가야 할 길이라면 두려움을 안은 채 이를 악물고 받아들일 수밖에….

아! 인생은 이렇게 굴곡이 심하고 고통이 따르기에 도전할 만한 것이라고 자위라도 해야 하는가? 나의 하나님은 잠시 여행을 떠나셨나요?

밤 9시경에 정아엄마한테서 자꾸만 오라고 재촉하는 전화가 왔다. 아직 해가 밝은 6월의 저녁나절인 관계로 바깥 날씨는 산책하기에 안성맞춤으로 좋았기에 천천히 걸어서 정아네 잔디밭으로 갔다. 잔디밭은 시원한 여름밤의 정취를 물씬 풍기고 있었으며 가벼운 미풍과 상큼한 풀 향기, 그리고 이날 밤 나는 독일 와서 처음으로 반딧불을 볼 수 있었다. 가까이서 아주 뚜렷하게 떠다니는 반딧불은 흡사 유성처럼 느껴졌다. 심호흡을 깊이 하여 맑은 공기를 듬뿍 마시고 밤하늘의 별을 헤면서 나의 미래의 별을 찾아보기도 했다.

어느덧 시간이 흘러 밤 12시가 되자 자동차로 데려다 주겠다던 정아엄마는 여기서 함께 자고 내일 가라고 하면서 한사코 붙들었다. 이때 정아엄마 역시 혼자인 관계로 다른 남성이 이 집에 없었으며 꽤 넓은 정원과 큰 집을 소유하고 있었는데 2층에 침실이 있는 그림 같은 집이었다.

"그러지 뭐! 어차피 집에 가야 혼자인데."

잠자리가 바뀌어서인지 잠이 오지 않아 이리 저리 뒤척이고 있는데 정아엄마는 일찍 잠이 드는 사람이었다. 전에도 몇 번 와서 함께 지낸 적이 있는데 누워서 몇 마디 같이 나누다 이내 잠이 드는 편이라 나는 항상 부러워했다. 그러다 새벽녘에 잠깐 잠이 들었는데 아마도 창민 씨 그 사람으로 생각되는 어느 남자와 내가 다정히 앉아있는 그런 꿈을 꾸었다.

● **6월 25일(토)**

아침에 일어나서도 도대체가 불안한 것이 그가 전화할 것 같고 어제 저녁에도 분명히 전화했을 것 같은 예감이 들었다. 함께 커피와 빵을 나눈 후 서둘러 집으로 와서 창민 씨 전화를 기다리고 있는데 소식이 없어 내가 전화를 했다.

"전화했었어요?"

"아침에 일이 좀 많아서 아직 연락을 못했어."

"어젯밤 나 외박한 거 알아요?"

"친구네 집이거나 이웃집에서 자고 왔겠지 뭐!"

"아니라니까요. 외박했다는데도 괜찮아요? 지금 막 돌아왔어요."

"그렇지 않아도 어젯밤 11시경에 동전을 잔뜩 바꿔서 자기하고 한 30분 정도 통화하려고 했더니 안 받기에 이웃에서 늦게까지 있나보다 생각했었지."

"아휴! 너그러우셔라."

"너그럽지 않으면 떨어져 있는데 믿어야지 어떻게 할 수 없잖아?"

"어젯밤 그 집에서 잠자면서 꿈을 꾸었는데 얼굴 모습은 분명치 않았고 체격이 큰 남자인데 함께 앉아있는 꿈을 꾸었거든요. 아마 창민 씨가 아닌가 하고 생각되었는데 그것은 내가 창민 씨 얼굴을 가까이 대해본 지 오래되어 그럴 거예요."

오늘이 토요일이라 창민 씨는 2시 30분이면 슈퍼마켓 문을 닫고 자동차 대리점으로 갈 시간이었다. 빨리 슈퍼마켓이 처분되길 바라고 있는데 큰 슈퍼마켓이라 쉽지 않은 모양이었다.

무정한 시간은 자꾸 흐르고 "사랑해"라는 말을 서로 번갈아가며 주고받은 뒤 수화기를 내려놓을 수밖에….

아! 이리도 애 타는 것을, 사랑이라는 수채화는 핑크빛으로 물들여져 가고 있는데 아직도 못다 그린 그림들, 미지의 세계, 한편으로는 두렵고 또 한편으로는 열망에 몸을 떨고 있다.

아주 맑고 고운 진홍빛을 기억하나요? 진홍빛의 하와이 무궁화가 함초롬히 피었는데 내 마음을 나타내는 것 같아서 그대에게 선사하고 싶습니다. 향기가 없기에 더욱 더 맑고 고운 빛을 간직하고 있는 것 같습니다. 빛깔과 품위와 모양 그리고 계속해서 아름다움을 피워대는 것 또한 내 마음에 듭니다.

〈그 사람〉

길을 걸으면서도 나는
그 사람 생각한다.

여럿이 있을 때에도 나는
그 사람만을 생각한다.

무엇을 하거나 어디에 있거나
그 사람만 생각한다.

무심하게 있는 시간에도 나는
그 사람만을 무심히 생각한다.

일기를 쓰고 나서도 밤이 이슥토록 잠을 못 이루고 무언가를 초조하게 기다렸다. 그래 혹시 그가 늦게라도 전화해 주면 좋을 터인데 그러나 새벽 1시, 전화는 없었다. 아마도 오늘이 토요일이라 레스토랑 손님이 많은 모양이었다. 내일은 주일이라 역시 레스토랑에서 바쁘겠지. 불쌍한 창민 씨! 너무 혹사당하고 있는 것 같다.

● **6월 26일(일)**

주일 아침, 정아엄마가 수영장 가자고 연락이 왔으나 바깥 날씨가 상당히 뜨거워 보여서 글쎄, 하고는 머무적거리자 얼른 오라고 성화였다. 비키니 수영복과 햇빛차단 크림을 준비해 정아네로 갔으나 내 말대로 바깥 날씨가 너무나 더운 까닭에 수영장에 가는 것을 포기하고 서로 재잘거리고만 있다가 돌아왔다.

정아엄마 아는 사람이 식당을 하는데 오전에만 일할 사람이 필요하다는데 한번 해보지 않겠느냐고 제의해 오기에, 아직은 이르고 하니 좀 더 생각해 보자고 했다. 정아엄마는 나와 창민 씨의 일을 모르고 있는 관계로 하루 종일 집에서 뭐하느냐고 하며 오전만 일하면 되니까 그 집에 연락한 후 한번 가보자고 해서 식당도 구경하고 또 그 댁도 방문하게 되었다.

저녁식사를 함께 나눈 후 조바심이 나서 집에 돌아갈 생각뿐이었는데 정아엄마는 오랜만에 만난 관계로 얘기하느라 정신이 없었다. 나는 마음이 답답하고 초조했는데 창민 씨가 분명히 오늘 아침부터 몇 차례나 전화했을 텐데, 걱정이 태산이었다. 그 댁 남편이 하품하는 것을 기회로 하여 나는 일어서서 집에 돌아가길 재촉했다.

10시 조금 지난 시간에 집에 도착하여 혹시 늦게라도 그의 전화가 올지 몰라 기다리다가 밤 1시경에 자리에 누웠다.

내일 오전 7시까지 식당에 도착하려면 일찍 잠들어야 하는데 잠이 안 와서 뒤척이다 새벽을 맞이했다. 여름인데도 아침엔 꽤 쌀쌀했는데 낮 시간만을 생각하고 반팔 소매 옷을 입었더니 팔에 소름이 끼치도록 쌀쌀한 것이 몹시 추웠다.

● **6월 27일(월)**

버스를 두 차례 바꿔 타고 약속한 시간에 맞추어 나갔다. 첫날이라 여러 가지 일들을 보면서 배우고 또 시키는 일을 했다. 계산하는 법이라든가, 돈을 바꿔주는 요령, 물건이 빠진 곳은 계속하여 창고에서 날라다 채워 넣어야 하는 것 등을 옆에서 보면서 서서히 익혀지리라 생각했다. 일주일 정도는 익혀야 몸에 익숙해진다고 하니 어떻게 되겠지. 생각보다는 어렵지 않아서 다행인데 일단 승낙했으니 잘 해봐야겠지….

낮 12시에 끝나고 집에 돌아올 땐 차편이 즉시 연결되지 않아 거리에서 많이 기다렸다. 내가 사는 지역은 조금 작은 도시이고 식당이 있는 곳은 큰 도시여서 차를 두 번 바꿔 타고 일을 다녀야만 했다. 아침 7시부터 낮 12시까지 5시간을 서 있었으며 버스를 또 기다리고 해서 합하여 6시간 정도를 서 있었던 셈이다.

오랫동안 서 있어서 그런지 다리도 뻐근하고 또한 더운 날씨 관계로 몸이 조금 무거웠다. 집에 와서 시간을 보니 1시 좀 지났는데 그동안 몇 차례 전화하다가 이젠 지쳐서 전화를 안 하는 것인가? 조금 머릴 식힌 후 내가 전화해야지 하면서 시간을 보니 1시 20분, 그가 역시 먼저 전화해왔다.

"오래만이네요, 도대체 어딜 그렇게 다니는 거야?"

그의 목소리는 빈정거림과 체념 섞인 어조였다.

"응, 나 지금 막 돌아왔어요."

나는 지친 상태여서 목소리에 힘이 빠졌다.

"그래? 어딜 갔었는데?"

"아침 일찍 어딜 좀 갔다가 지금 돌아왔어요."

"그래? 어젯밤 외박한 게 아니구?"

"아니에요, 어제 집에서 자고 아침에 나갔다 온 거라니까요."

"피곤한 것 같으니 쉬도록 해!"

아주 차갑고 냉정한 그의 목소리, 그리곤 전화가 끊겼다. 그 후 1시간이 지나도록 연락이 없었는데 그가 몹시 오해를 하고 있는 것 같아 도저히 얘길 안할 수가 없어 내가 다시 전화를 했다. 나의 전화를 받은 그의 목소리가 여전히 차고 냉정하게 들렸지만 어쩔 수 없었다.

"토요일에도 저녁때 전화하니 없고, 어제는 아침부터 하루 종일 없었고, 외박하고 지금 들어온 것이 분명하지?"

격정 섞인 그의 목소리는 몹시 거칠어져 갔다. 나는 순간 눈물이 울컥 치밀어 나왔다. 어떻게 이 일을 수습해야 할지 생각지 못했던 일이라 마음만 답답해 왔다. 나는 창민 씨에게 가능하면 식당에 일 나가는 사실을 숨기고 싶었다. 눈으로 직접 보지 못하는 상태에서 일 나가는 걸 알게 되면 창민 씬 더욱 걱정할 것이 당연하므로, 나의 생각이지만 그가 좋아하지 않을 것은 당연한 일이고, 피곤하고 힘든데 굳이 일을 해야 하는가? 그것도 다른 도시로 1시간가량 차를 두 번이나 바꿔 타고 다니면서….

"그렇지 않아요. 토요일 저녁 늦게까지 자기 전화 기다렸는데 연락 없었어요. 그리고 오늘 아침은 일찍 나갔다가 지금 막 들어왔고 어제도 아침 일찍 나가서 저녁 늦게 들어오고요."

"내가 자기한테 그런 보고 받으려고 그러는 게 아냐! 어딜 가면 간다고 연락할 수도 있잖아? 연락도 없이 3일간 내가 얼마나 걱정이 됐는지 알아? 내가 관심을 갖는 게 당연하잖아? 토요일에 내가 늦게 전화했는데 분명히 없었어. 주일엔 안 들어왔고 그리고 지금 들어온 게 분명해! 내가 매일 전화하는 걸 알면서 그래. 걱정도 안 되니? 3일간 뭐 했는지 분명하게 밝혀봐!"

격정, 놀라움…. 아! 이 사람은 나를 이리도 사랑하는구나. 고마워요 창민 씨! 나를 사랑하는 까닭에 걱정하고 또 의심하고 질투하는군요.

내 스스로 그에게 어느 한 점 부끄러운 일을 한 적이 없고 한 순간의 생각까지도 부끄러움 없이 그에게 내보일 수 있으므로 나는 오히려 차분한 마음이 되었다.

"창민 씨가 걱정할까봐 얘길 안 했는데 자기가 나를 이상하게 생각하는 거 당연해요. 그렇게 생각할 수 있어요. 순서대로 얘기할 테니까 들어봐요. 토요일 낮 2시 30분에 자기하고 통화한 거 기억나죠? 그리고 그날은 계속 집에 있었어요. 혹시 자기가 늦게 전화할 것 같은 예감에 밤 1시까지 기다렸었어요. 그런데 분명히 전화 없었어요."

"지금 생각하니 토요일 전화했다고 한 것은 내가 잘못 생각한 것 같다. 네 말이 맞아, 그날 저녁때 다시 전화하려고 나왔더니 동전 넣는 데가 없고 카드 사용하는 곳만 있어서 전화 못했어."

"그리고 주일 아침 일찍 정아엄마한테 전화가 왔는데 낮에 풀장에 가자는 거예요. 날씨도 좋고 애들이 방학했으니 함께 가서 수영하자고요. 나는 수영도 못 하는데 가고 싶지 않다고 하자 할 얘기도 있고 하니 얼른 오라고 하잖아요? 갔더니 소파에 누워서 일어나기 싫다고 하여 풀장에 가는 건 취소하고 서로 이런저런 얘기하다 어디 마땅한 데가 있는데 취직해 보라고 권하는 거예요. 그래서 좀 지난 뒤 머릴 식힌 후에 취직하겠다고 했죠. 하루 종일 집에서 할 일도 없으면서 오전만 근무하면 되는데 왜 안 된다는 거냐고 하면서 말하니까 내가 할 말이 없었어요. 다음 달에 우리 2주 정도 한국에 여행가기로 약속했잖아요. 그러니 지금 취직하면 그때 시간 내기가 어려울 것 같아 좀 더 지난 뒤에 시작하겠다고 하자 이해를 못하겠다는 거예요. 내 사정을 다 알고 있는 정아엄마로서는 이해가 안 되니 뭐라고 하는 게 당연하죠. 한번쯤 가보는 것이 소개한 사람 체면도 살려 주게 되니 좋을 것 같아 가보기로 했는데, 어제는 창민 씨하고 한번 상의해 보고 싶었는데 창민 씨네 레스토랑 전화번호도 아직 모르고 있어서 할 수도 없었구요. 어제 저녁에 식당 하는 집(가정집)에 같이 갔었는데 여름철인 요즘이 제일 바쁜 때라 그 집에선 오전시간을 부탁했어요. 그리고 월요일인 오늘 7시에 시작하여 12시까지 근무하고 1시 좀 지난 시간에 집에 도착했는데 가고 오고 하면서 차 바꿔 타고 기다리고 하면서 거의 1시간가량, 그러니까 왕복 2시간은 또 추가해야 되겠죠?"

나의 길고 긴 설명을 다 들은 후 그는 마음이 놓이는 것 같았다.

"그랬었구나, 새벽에 나가서 근무하고 온 사람한테 피곤할 터인데 내가 화내서 미안해, 정말 미안해, 내가 잘못 생각한 거야.

어제 레스토랑 나와서 몇 번이나 전화해도 안 받고 오늘 아침에도 몇 차례나 전화했어. 매일 목소리 듣다가 오랫동안 못 들으니 얼마나 불안하고 초조한지 너는 잘 모를 거다. 이젠 알았으니까 됐어, 그리고 일하기로 한 것도 잘 했고."

손님이 왔는지 잠시 후에 다시 연락이 왔다.

"내가 왜 이러는지 모르겠다. 자기 목소리 못 들으면 불안하고 초조하고 그래. 그리고 자기한테만 하는 얘긴데 요새는 혜진이엄마가 왜 그렇게 보기 싫은지 모르겠어. 이러면 안 되는데 자연스럽게 대하려고 해도 자꾸 싫어져서 큰일이야. 이혼이 쉽게 빨리 결정 나는 것도 아니구, 아무튼 그 문제는 좀 골치 아파."

"자기 팔자엔 그렇게 나왔다면서요? 처음 만난 인연은 결혼 상대자가 아니라구, 아마도 그래서 그럴 거야."

"자기처럼 얘기도 이렇게 살살하고 하면 얼마나 좋아. 또 내가 알아서 하는 일을 마누라가 훼방 놓으니 보기에도 안 좋고, 여자가 고집이 어찌나 센지 통 내말을 안 들어요."

"나는 자기가 하는 일에 나서지 않아요. 잘 알아서 할 건데. 그러나 서로가 상의하는 것은 필요하다고 봐요. 그러면 좋지 않아요? 믿어야지요. 서로 믿지 못하나 봐요?"

"그래! 나는 자기 같은 사람이 좋아! 얘기도 잘 들어주고 얼마나 좋아."

"우린 천생연분이라니까요."

그는 내가 전화 안 받는 시간동안 몹시 불안하고 초조했으며 허무한 것이 어떻게 해야 할지 무척이나 많은 생각을 했다고 한다. 아무튼 며칠 동안이지만 불안초조했던 그의 방황이 끝나서 다행이었다. 내가 차근차근 얘길 하니까 잘 이해해줬고 또한 나의 마음도 한결 가벼워졌다.

이날 밤 10시부터 한국과 독일 월드컵 축구전이 시작되어 12시가 지난 뒤 끝났다. 생각보다 한국팀이 잘했는데 전반전에 세 꼴을 주었다는 것이 너무 허망했으며 후반전에는 맨투맨 작전으로 바꾸어 한국이 두 꼴을 넣어 3:2가 되었다. 그리고 몇 번이나 득점의 기회가 있었는데도 안타깝게 놓치는 결과가 많았으며 아무튼 잘했고 또 안타까움도 컸다.

● **6월 28일(화)**

아침 6시까지 출근인데 축구경기 보느라 늦게 잠자리에 든 관계로 일찍 일어나는 데 조금 힘들었다. 첫차 버스시간을 놓쳐 6시까지 도착을 못하고 6시 20분에 도착했는데 가게 문이 내려져 있어 기다리고 있자니 주인아저씨가 그때 오셨다. 축구경기 보느라 늦게 일어나셨다고 하며 함께 부지런히 일을 시작했다.

그곳은 손님이 많아서 몹시 바쁜 곳인데 처음이라 서투르고 어디에 무엇이 있는지 빨리 기억하질 못했으며 돈을 받고 거스름돈 내어 주는 일 등 시간이 오래 걸려야 익혀질 듯싶었다. 주인아저씨에게 남편과의 불화설은 말하지 않았는데 정아엄마도 말하지 않았다기에 다행이라고 생각하며 태연하게 행동했고, 또 남편과 함께 해보려고 배우기 위해 나왔노라고 말했다.

주인아저씨는 남편의 직장과 아이들 얘기 그리고 언제 한번 남편과 같이 오라고도 하셨으며 7월 중순에 휴가를 떠나는데 그땐 꼭 일 좀 봐달라고 하셨다.

12시 10분에 버스를 타고 집에 도착하자 25분, 샤워를 간단히 하려고 하는데 정아엄마 전화가 왔다.

"잘 다녀왔어? 그래, 할만 하구?"

"지금 막 도착한 거야. 어제는 첫날이라 그런지 아침에 일어날 때 다리가 좀 뻐근하더라고. 갑자기 오랫동안 서서 일하니까 그렇겠지. 그런데 오늘은 괜찮았어."

"아! 그래, 차츰 괜찮아지겠지. 열심히 한번 해 봐. 돈도 벌고 그래야 함께 놀러 가고 여러 가지로 잘 될 거야."

"신경 써줘서 고맙게 생각해."

"피곤할 텐데 쉬도록 해, 끊을게."

전화를 끝내고 샤워도 하고 식사를 한 후 창민 씨에게 전화했더니,

"아니! 아직 시간이 아닌데 어떻게 된 거야?"

"어젠 12시 차를 놓쳐서 늦게 왔던 것이고 오늘은 12시 10분차를 탈 수 있어서 일찍 도착한 거예요."

"알았어, 전화 끊고 기다려. 내가 다시 전화할게."

그는 항상 내가 전화하면 알았으니 수화기 놓고 기다리라고 했다. 그것은 자기가 전화요금을 부담하겠다는 뜻이었다. 창민 씨 전화를 기다리는 사이에 정아엄마가 다시 전화해왔다.

"프라우 현, 다름이 아니고 지금 그 집에서 연락이 왔는데 아무래도 프라우 현이 힘들 것 같다고 하네. 빨리빨리 일해야 하는데 그렇질 못하고 독일말도 짧고, 도대체가 어떻게 했기에 그래요? 오늘 아침 몇 시에 갔었어? 그리고 몇 시에 왔는데?"

"무슨 말인지 난 이해가 잘 안 되네. 오늘은 6시까지 나오라고

했는데 6시 20분에 도착했고 문이 또 닫혀 있어서 기다리고 있으니까 아저씨가 오셨어. 축구경기 보느라 늦게 일어나셨다고 했어. 그리고 또 어제는 7시까지 출근하라고 해서 7시에 맞추어서 나갔고 퇴근시간은 같은 시간이었고. 이상한 일이 없는데 왜 그래?"

"아무튼 그 집에서 연락이 왔는데 어려울 것 같다고 하니까 내일부터 나가지 말아요."

이상한 예감이 들었다. 오늘 아침 그 아저씬 분명히 휴가 때 꼭 와서 도와줘야 하니까 그 동안에 잘 익히라고 했는데 왜 갑자기 불과 몇 시간 사이에 그만 두라는 얘기가 나왔는가? 하고 생각하니 수화기를 든 손이 부들부들 떨렸다.

여자들끼리 무슨 얘기가 오고 간 것이 분명한데, 하고 생각하는 순간 정아엄마 목소리가 수화기를 통해 계속 나오고 있었다.

"지금 프라우 현 그 집, 이혼하려고 하고 있으며 이 수산나 씨(상담자)도 만나고 해야 한다. 그러니 마침 잘 됐다고 해줬지. 그 집에서 그렇게 나오는데 구태여 나갈 필요 없지 않아?"

"내가 지금 기분 나쁜 것은 주일에 내가 정아엄마한테 분명히 말했었지? 당분간 나가고 싶지 않다고. 그런데 그날 약속했다면서 나를 억지로 끌고 간 사람이 누구야? 그리고는 불과 이틀 사이에 말도 안 되는 소리나 하고 사람들이 왜 그래? 내가 내일 나가서 분명히 하겠어."

"어쨌든 그 사람들이 필요 없다는데 굳이 나갈 일은 없지 않아? 그 집하고 나하고는 10년 정도 오래 사귄 사인데 이런 일로 인해 서로가 의 상할까 봐서 그래."

"아무튼 알았어, 내가 거길 꼭 나가고 싶어서 이러는 게 아냐!

말이 앞뒤가 틀리고 뭔가 이상한 느낌이 들어서 그래."

수화기를 든 손이 부들부들 떨리고 하여 어떻게 내려놓았는지 몰랐다. 얼굴이 화끈거리고 속이 터질 것만 같아 거실로 가서 막 소리 지르며 크게 울었다. 이혼한 단계도 아니고 현재 소송중인데 이렇게 혼자 있는 여자라고 얕보고 이상하게 생각하며 나를 못살게 하니, 정말로 이혼하고 나면 사람들이 나를 어떻게 대할까 생각하니 억울하고 속상하고 내 인생이 딱하여 눈물이 걷잡을 수 없이 흘렀다.

울면서 생각했다. 김창민 씨는 내가 이렇게 슬프고 한데 전화도 없으니 어찌된 건가? 이럴 때 전화해 주면 하소연이라도 할 수 있을 텐데, 이런 생각을 하고 있는데 전화소리가 들렸다.

"오래 기다렸지? 손님이 이제 다 갔어."

"여보! 나 어떻게 해! 이제 어떻게 살지? 벌써부터 나 혼자 있다고 이러는데 어떻게 해, 응?"

나는 조금 전의 이야기를 들려주면서 왜 내가 이런 소리를 듣고 살아야 하는가? 지금 막 소리 내어 울던 참이었고, 그래서 왜 당신이 전화도 안 하는가 하고 원망하던 중이라고 울면서 얘기했다.

"그 여자가 참으로 나쁜 여자구나. 내가 지난번부터 뭐라고 했어, 그 여자하고 같이 카지노도 가고 춤을 배우러 가네, 뭐 여러 가지로 얘기할 때 가까이 하면 안 될 여자라고 몇 번 얘기해도 자기는 내 말 안 들었지? 그런 여자 얘기는 들을 필요도 없고, 그렇지 않아도 자기 취직이 되어 다음 달에 우리 만나려면 주인한테 어떻게 거짓말 하나 하고 우리가 걱정했잖아? 그러니 오히려 잘됐지! 걱정 안 해도 되고. 사실 나는 지난번에 자기가 나간다고 할 때 일도 좀 배우고 하는 것이 앞으로 좋을 듯싶어 그러라고 쾌히 승낙했는데, 그럼 내일부턴 나가지 않아도 되네? 아침 잠 설치고 나갈 필요 없어. 그리고 돈도 그래, 지난번에도 얘기했지만 요새 누가 7마르크 받고 일하는 사람이 어디 있어? 여러 가지로 아주 잘된 일이니까 울지 말고 진정해. 뭐 그까짓 일로 애기처럼 울고 그래?"

"얼마나 슬펐는지 몰라요. 정아엄마가 나를 생각해서 취직시켜 주고 하여 고맙게 생각하고 있었는데 왜 잠깐 사이에 그렇게 변해서 나한테 있지도 않은 얘기를 하고 그러는지 모를 일이에요. 그리고 중요한 건 제일 처음에 취직시켜 주겠다고 할 때 내가 이런 일이 생길 것을 막연히 생각했었기에 일하러 가지 않겠다고 했던 것인데, 그것은 내가 아직 젊은 나이에 이혼하고 혼자 있다고 하면 사람들 생각하는 것이 다르거든요. 남편 있는 여자가 생각할 때 젊은 여자가 자기 남편하고 같이 몇 시간 동안 좁은 공간에서 함께 있다는 자체를 좋게 생각할 사람은 거의 없으니까요. 내가 몇 차례 걸쳐서 고맙지만 그 일을 하고 싶지 않다고 했건만 가기 싫다는 나를 주일에 자기 차로 태워서 데리고 가고서는 지금은 또 억지를 부리면서 무조건 그만 두라니. 내가 3일간 그 여자(정아엄마) 꼭두각시놀음을 한 것 같고, 난 그렇게 안 봤는데 그 여자의 생각이 몹시 부족했던 것이 이번 사건의 원인이고, 또 모든 것을 솔직하게 얘기해 왔으면 오히려 정이라도 갈 터인데 자신의 실수를 인정하지 않고 나한테서 원인을 찾으려고만 하는 것이 그 여자의 두 번째 실수였는데 정말 왜 그랬는지 모르겠어요."

나는 계속 울먹이면서 휴지로 눈물을 닦아댔다.

"여보, 그러니 앞으로 어떻게 살아갈지, 맘대로 취직하기도 힘들고 남의 시선도 무서워요. 나 어떻게 해 여보!"

"울지 마, 울지 마라니까! 뭐 그런 일로 그렇게 울고 그래! 혼자 살다보면 앞으로 더한 일도 많을 텐데 벌써부터 그렇게 마음이 약해서 어떻게 살려고 그래?"

"난 창민 씨만 있으면 돼! 그러니까 자기 맘 변하면 안 돼! 지금 창민 씨한테 얘기하고 나니까 마음이 좀 편해졌어요."

"조금 전에, 자기가 나한테 여보라고 한 거 기억해? 참 듣기 좋던데 여보라고 나한테 몇 번 한 거, 자기 알아?

"내가 여보라고 그랬어? 어머머! 어떻게 그랬지?"

나는 한결 마음이 안정됐고 목소리 역시 차분하니 가라앉아 있었다.

"자기 성질나니까 목소리도 막 틀려지더라. 상당히 딱딱해지고 이상해. 자긴 목소리가 부드럽고 나근나근한데 말야. 이제 다시 목소리가 예뻐졌네! 아이구, 이러니 언제 철이 날까? 영락없는 애기라니까! 애기!"

"포항제철에 가서 철들지요!"

"뭐! 포항제철에서 철을 들어? 아! 하하하, 인제 원상복귀가 됐구나."

"창민 씨한테 여러 가지로 미안하고 또 항상 고맙게 생각해요. 하필이면 내가 어려울 때 자기를 만나서 이렇게 되었는지 모르겠네요."

"자기가 어려울 때 만나서 나는 더 기쁜데? 내 말이 위로가 된다면 천만다행이야. 자기 그동안 나하고 통화하면서 아마 서너

차례 울었던 것 같아. 내가 위로가 된다면 그걸로 기뻐! 더 바랄 것 없어."

"사랑해요."

"사랑해요."

마음이 한결 가뿐해져서 그에게 얘기했듯이 내일 식당에 가서 그만두겠다는 얘길 하고 오면 되었다.

저녁땐 정 씨네서 식사 초대가 있어 갔더니 또 한 명의 친구 분이 와 있었다. 내가 혼자 있는 것을 알고 일부러 냉면을 대접하려고 했다면서 셋이서 시원한 냉면을 들면서 오랫동안 담소도 나누고 하다가 집에 돌아왔다.

● **6월 29일(수)**

식당에 가서 아저씨한테 어제의 일을 소상히 얘기하고 난 후 식당 일을 도와주고 11시 조금 지나 돌아왔다. 200마르크를 주셨는데 받지 않겠다고 해도 자꾸 넣어 두라고 하셔서 안 받아도 예의가 아닐 것 같아 감사히 받았다. 집에 도착하여 창민 씨에게 즉시 전화하여 지금 왔다고 하자 자기가 전화할 테니 수화기 내려놓으라고 하여 수화기를 내려놓았다.

"내가 어제 얘기한 것이 맞아요. 그 집 아저씨는 잘 모르는 얘기이고 여자들 둘이서 무슨 얘기가 오고 간 거야. 그 아저씬 깜짝 놀라시더군요. '남편하고 같이 식당 한다고 했지 않아요?' 하시면서요. 아저씨 생각엔 내가 말이 서툴고 하니까 배울 것 없이 남편하고 식당 차려서 시작하면 남편 되시는 분이 독일 말 잘한다고 하니 괜찮을 것 같아서, 좋은 데 있으면 알아봐 주고 해야겠다는 말을 자기 부인한테 했다고 하시더군요. 그리고 7월 15일 휴가 땐 자기 부인한테 혼자 한국 다녀오라고 말했대요. 아저씨가 나하고 식당을 함께 할 수밖에 없지 않겠냐고 하면서요. 그리고 정아엄마가 그 집으로 전화해 왔는데 일하는 게 어떠냐고 묻기에 아저씨가 그랬대요. 프라우 현이 아직 독일 말이 서툴고 잘 알아듣지 못해서 혼자 맡길 수는 없고, 식당을 찾는다고 하니 잘 알아봐 줘야 되겠다고요. 어제 정아엄마하고 아저씨가 전화한 내용을 나에게 얘기해 주었어요. 내가 생각한 대로 아저씨는 내 말을 믿었고, 그 여자들이 이상하게 생각하고 있었던 거예요."

"아무튼 그 일은 잘 됐어, 이젠 집에 가만히 있어. 그리고 자기가 아름다운가보다. 그러니까 여자들이 질투하는 거 아냐? 나는 그런 생각이 드는데? 그렇지 않으면 그 여자가 소개하고 나서 사람을 이렇게 곤란하게 할 일이 어디 있겠어. 자기 그렇게 예뻐? 난 전혀 기억이 안 나니까!"

"난 키도 작고 체격도 작고 얼굴은 특별히 미운데 없고 그저 그래요. 별 다른 특징도 없는데 그전부터 주변의 남자들 얘기로는 아담한 사이즈래요. 너무 마르지도 않고 또 뚱뚱하지도 않고 안기에 좋은 그런 사이즈를 아담 사이즈라고 흔히 말하잖아요?"

"자기는 가만히 생각해보면 꽤 예쁠 것 같아. 그러니까 여자들이 질투하고 그러지? 다음에 우리 만날 땐 큰일 났는데? 나 보고 자기가 도망가면 어떡하지?"

"어머머 큰일 날 소리, 난 그렇질 못해요. 오히려 생각한 것과 다를 수 있어요."

"난 자기 목소리만 들어도 좋아! 자기는 목소리 예쁜 거 알아?

자기 목소리 듣고 있으면 난 막 빨려 드는 것 같은 느낌이 들어, 정신이 아늑해지구 말야, 그런 거 알아?"

"난 모르겠어요. 자기가 예쁘게 생각해 주니까 고마워요."

"난 자기 생각만 해도 전기 통하는 것처럼 막 끌리는 것 같아, 보고 싶어 어쩌나! 막 깨물어 먹을 것 같다구!"

"알았어요, 그렇다고 박살내면 일회용품이 되잖아요? 그러니 박살내지 말고 살살 다뤄 주세요."

"아이구! 이러니, 이러니 원, 내가 안달이 나지."

그러면서 그의 얘기인즉, 내가 이혼이 되면 따로 방을 얻어 나가야 하는데, 내가 어떻게 될지 모르므로 방을 알아보았는데 한 달 방값이 약 700마르크 정도이며, 여기선 3개월 치 방값을 선불로 주인에게 지불해야 되는데 이 돈은 나중에 아무 하자가 없을 땐 찾아갈 수 있단다(한국에선 보증금에 해당되는 돈). 그래서 첫 달에 지불해야 하는 돈이 3개월 보증금 2,100마르크와 그달 치 방값 700마르크를 합해서 2,800마르크를 지불해야 한단다. 그리고 생활비를 한 달에 500마르크로 계산하여 방값과 함께 한 달에 나가는 돈을 약 2,000마르크로 대충 계산하고, 계획도 세우고 방을 알아보고 있으니 걱정하지 말라고 했다.

얼마나 고마운 얘기인지 눈물이 날 것 같았다. 나는 지금 마음의 준비도 못한 채 이렇게 앉아만 있는데 창민 씬 역시 생각이 다르구나. 사업하는 사람이라 계획이 서 있고 또 차근차근 정확하게 일을 추진했다.

창민 씨가 먼저 이혼이 되든 내가 이혼이 되든 빨리 성립되는 쪽에서 어쨌든 따로 방을 얻어 일단 나와야 하는 거니까!

불과 3, 4년 전에 잠시 스치듯 나를 본 후, 지금 서로가 얼굴도 정확하게 기억 못하고 있으며 오직 목소리로만 20일째(6월 9일 첫 번째 통화) 매일 통화하는 특별한 우리 두 사람이었다. 매일 나와 대화하는 것이 생활의 중요한 한 부분을 차지하고 있으며, 나와 대화를 하지 못하는 날은 몹시 초조하고 불안하다는 그 사람, 사업을 하는 관계로 담배를 많이 태우는 습관이 있는데 나와 한 시간씩 긴 통화를 하다보면 담배 태울 시간이 없어서 그것 역시 일석이조로 아주 좋은 점이라고 했다.

바른쪽 어깨에다 수화기를 놓고 대화하며 두 손과 두 눈으로 일을 한다고 했다. 그의 이런 얘기를 들을 때면 정말로 행복했고 마음이 한없이 안정되고 또 그에게 믿음이 갔다. 난 창민 씨를 위해 무얼 하지? 그러자 노트를 꺼내 글이 쓰고 싶어졌다.

미루나무의 작은 잎들이 햇볕을 받아 반짝반짝 빛을 내며 작게 떨고 있는 모습을 보며 다시금 화사한 여름날의 아침을 열어 봅니다. 이곳은 도이칠란트, 대한민국에서 이곳까지는 비행기로 쉬지 않고 17시간 30분 정도 소요되고 지구의 반을 돌아야 하는 지점에서 나는 소중한 나의 사람을 만나게 됨을 행운으로 생각하고 있습니다. 태어나서 우리가 남남으로 지내다 40대의 중간 지점쯤 되는 나이에서 이렇게 뜻하지 않은 상태로 또 생각지 못한 지역에서 만나게 될 줄이야. 사람의 인연이란 정말로 오묘한 이치를 지니고 있구나 하고 요즘 많은 생각을 갖게 해 줍니다.

만약에 내가 제일 처음 그에게 전화했을 때, 그가 그 자리에 없었더라면, 물론 그 자리라는 것은 일시적인 자리를 말함이 아니고 직업의 이동 또는 폐쇄 등 일련의 이동사항을 말합니다. 통화가 이루어지지 않았더라면 아마도 나는 그의 전화번호와 이름이 적힌 쪽지를 그 즉시 버리지 않았을까 하는 생각이 듭니다.

미련을 하나도 남김없이 쏟아버리듯 그렇게 그 종이쪽지를 휴지통에 버렸을 것입니다. 그리고 나의 별거 상태를 다른 사항으로, 또는 다른 각도로 생각하며 그 어떤 시도를 했을 것입니다. 그렇게 되었더라면 창민 씨와 인연이라는 굴레를 함께 돌리지 않았을 것입니다.

그저 그렇게 타인으로, 또는 내 마음 가운데 어느 한 점으로 남아 붉게 멍울져 있는 남자였을지도….

아! 그러나 그 남자는 역시 내 마음 안의 큰 사랑이었습니다. 현실감각이 없는 여자, 꿈길 가운데 있는 여자, 구름을 타고 이상理想의 지팡이를 들고 있는 여자, 사랑과 평화와 끝없는 동경으로 꿈을 꾸는 여자, 아름다움과 보석 같은 단어를 캐내기 위해 헌신하는 여자로 영원히 기억되기 위하여….

〈유월〉

유월이여! 빛나는 녹색의 유월이여!

너, 영원히 빛나리라
내 마음속 깊이 영원이라는 단어로.

사랑이 열리었던 유월이여!
사랑이 무르익었던 유월이여!

그리고
언제까지나 내 곁을 지킬 유월이여!

넌, 영원히 빛나리라

유월이라는 단어로
사랑이라는 이름으로.

- 유월을 보내면서

● 7월 1일(금)

7월은 이육사 님의 '청포도'가 시작되는 계절이다.

내 고장 칠월은
청포도가 익어 가는 시절.

이 마을 전설이 주저리주저리 열리고
먼 데 하늘이 꿈꾸며 알알이 들어와 박혀,

하늘 밑 푸른 바다가 가슴을 열고
흰 돛단배가 곱게 밀려서 오면,

내가 바라는 손님은 고달픈 몸으로
청포를 입고 찾아온다고 했으니,

내 그를 맞아 이 포도를 따 먹으면
두 손은 함뿍 적셔도 좋으련,
아이야, 우리 식탁엔 은쟁반에
하이얀 모시 수건을 마련해 두렴.

그와 만나기로 약속한 7월이 드디어 다가왔다. 7월 17일이나 18일 중 가장 빠른 기차를 타고 그를 만나러 내려 갈 것이다. 17일 밤 열차를 이용하든지 18일 새벽에 열차를 타고 가든지 둘 중 하나를 선택하여 미리 그에게 연락한 후 떠나면 된다.

지난달 언제였나? 그와 통화를 시작하고 며칠 지난 뒤 그의 제의에 따라 D-Day로 정했는데, 만날 날을 손꼽아 기다렸고 이제 얼마 안 남았다.

내 웃음과 내 눈물을
모두 아는 이여!
내 비밀과, 나의 잠든 모습까지 아는 이여!

서럽거나 괴롭거나
한없이 절망하거나
그대! 나를 아는 이여!

어디에 있거나, 어디를 가거나
그대 나를 쫓아
하늘 끝까지라도
바다 끝까지라도

그대는 모두
모두를 아는
단, 한 사람이어라.

아침에 전화가 올 시간인데 벨소리가 나질 않는다. 수화기를 잘못 놓았는가 하여 확인해 봐도 아무 이상이 없는데 이상하다. 분명히 어제 오후 4시에 통화하기로 약속하고 산책 나갔던 내가 그 시간에 맞추어서 못 돌아왔으므로 몇 차례 전화했다가 안 받으니 화가 났을 것이다. 아니면 오전에는 바쁜 때라고 했으니까 정말로 바빠서 전화 못하는 것인가?

10시에 내가 전화를 했다. 벨소리가 네 번이나 울리도록 받는 이가 없어 바쁜 모양이라고 생각하며 수화기를 내려놓으려는데 착 가라앉은 그의 목소리가 들렸다.

내 목소리를 확인하더니 “지금 바빠서 그러니 내가 전화할게” 하는 그의 음성이 몹시 화가 나 있는 상태였다. 어제의 일로 화가 나 있는데다 아침에 또 바빠서 그런 것 같았다. 잠시 후 그의 전화가 왔다.

“어제는 어떻게 된 거야? 4시에 내가 전화한다고 하니까 자기가 3시 30분에 전화하라고 했었지? 그래도 내가 4시까지 할 테니 산보하고 오라고 했었던 거, 자기 기억하고 있는 거야?”

“알아요, 어제 약속한 거 기억하고 있는데 어제는 좀 특별한 날이었어요. 1시에 산책 나갔다 우연히 여러 사람이 모이게 되었고 또 요사이 내가 밖엘 나가지 않아 여러 사람을 오랜만에 만나다 보니 얘기가 길어졌어요. 거기다가 몇몇 부인들의 아주 쇼킹한 얘기를 듣다보니 그렇게 되었어요. 죄송해요.”

나는 창민 씨의 화난 음성을 듣는 것만으로도 벌써 다리가 덜덜 떨리고 가슴이 막 뛰는 것이 꼭이나 죄 지은 사람 모양으로 되어버렸다. 약속이라는 단어 아래, 너와 나의 약속이 이행되지 못한 죄, 약속 불이행 죄(?)라고나 할까?

"4시에 약속했으면 어떠한 일이 있어도 그 시간만큼은 지켜서 잠시 집에 있어야 하잖아? 일단 집에 들어와서 나한테 전화를 하든지, 아니면 내 전화를 받고 나서 다시 나갈 수도 있잖아. 자기 그렇게 머리가 안 돌아? 그런 사람 아니잖아? 어제 사실은 4시 전에 내가 슈퍼마켓으로 왔었어! 1시에 식사하러 갔다가 생각보다 일찍 시간이 있었고 또 갑자기 자기 형체도 아무것도 모르는 내가 막 자기가 보고 싶었고. 그러자니 형체도 떠오르고 그랬어. 그런 심정 이해해? 그래서 자기 목소리라도 들으려고 3시 50분에 전화했어. 그런데 안 받아서 시간이 아직 안 되어 그러겠지 하고 생각했고. 만약 자기가 전화 받으면 지금 내가 느끼는 이런 감정들을 막 얘기하고 싶었어. 어제의 그런 감정은 처음이었거든. 예전에 처음 잠깐 볼 때가 벌써 몇 해 전이니? 그러니 사실 자기 얼굴도 모른 채 정확한 것은 아무것도 없는데 갑자기 자기 형체를 그려낼 수 없는 내가 자기의 형체가 떠오르고, 그리고 여러 가지로 떠올라 막 열이 났었거든. 정신이 아득해지구 그랬는데 전화는 안 받고 또 10분 간격으로 계속해서 아무 일도 못하고 전화를 했었어. 거의 7시 퇴근시간까지 말야. 자동차 대리점에서도 안 온다고 몇 번이나 나한테 연락해 왔지만 알아서 하라고 했어. 손님이고 뭐고 다 귀찮아서. 그러다가 지쳐서 내가 왜 이러는가? 또 자존심도 상하고 자기가 얄밉고 막 그랬어. 그리고 자기 어제 오전에 나한테 뭐라고 했어? 내 생각엔 자기 주변에 남자들이 많고 또 나보다 좋은 조건의 남자도 있고 하니까 계산적이고 타산적인 요즘 여자들 다 그런 거 아냐? 자기도 그럴 거라는 생각 때문에 얼마나 내 마음이 허전하고 자존심도 상하고 그동안 내가 자기한테 정말로 얼마나 성의를 보였어? 바빠도 꼭 전화하고 또 속인 거 하나도 없고 한데 그렇게 무성의할 수 있는 거야?"

"미안해요. 정말 미안해요! 어제 나도 잠깐 그 시간에 집에 들어왔다가 다시 갈까 하는 생각도 해봤어요. 그러나 울면서 얘기하는 그 여자 얘길 들어줘야지 나 혼자 있었던 것도 아니고 일행이 많이 있었는데 특별히 다른 이유를 대서 집에 간다고 할 수도 없었어요. 그래서 알면서도 그 자릴 뜰 수가 없었던 거예요. 지금 나 무서워요. 자기가 화내니까 무서워서 막 떨려요."

"알았어! 지난번 자기 나갈 때 얘기 안하고 나간 것하고 이번하고 두 번째인데 잘 명심해! 난 약속 지키지 않는 사람이 제일 싫어! 어떤 일이 있어도 약속은 지켜야 해!"

"저도 그래요. 약속 지키지 않는 사람이 제일 싫어요."

"어제 저녁 7시 지나 식당에서 있다가 식당이구 자동차구 다 귀찮아서 식품점에 뭐 가지러 간다고 핑계 대고 나와서 두 번이나 전화해도 안 받았어. 8시 30분까지 두 번이나 전화했는데도, 도대체가 어제 몇 시에 들어왔어. 그래 여자들하고 만났으니 분명히 저녁준비 하기 위해 모두 6시까지는 집에 돌아가야 하는 거 아냐? 가정이 있는데 집에 가서 식사준비를 해야 할 텐데 어떻게 된 것이 그 시간에도 집에 안 돌아가고."

"어제 그곳에 모인 여자 중 집에 가서 식사 준비해야 할 의무가 있는 사람은 나이가 그 중에서 제일 많은 임 아줌마밖에는 없었어요. 마침 아줌마 남편 되시는 분도 그 곳에 계셨으므로 일찍 집에 돌아갈 의무가 있는 여자는 없었던 거죠. 정아엄마는 나와 나이가 비슷한 여자인데 이틀 전 한국식품에 친구와 갔다가 그곳에서 우연히 원수는 외나무다리에서 만난다고 자기 남편하고 현재 살고 있는 젊은 여자와 딱 마주쳤대요. 그래서 전쟁이 났나 봐요. 정아엄마와 함께 간 친구가 어떻게 말릴 시간도 없이 한 남자를 두고 정아엄마와 또 젊은 여자 그들 둘이서 예기치 못한 장소에서 만나자 마자 서로 할퀴고 머리를 끌어 댕기고 하면서 소리소리 질러대자 식품점 주인이 경찰을 부를 테니 조용히 하라고 그랬대요. 그러자 옆에 있는 사람들이 두 사람을 풀어서 끌어내고 수습시켰다나 봐요. 정아엄마 손등에 할퀸 자국이 몇 개 있어서 나는 처음에 보고 그 집에서 기르는 조그만 개가 있으므로 그 개가 할퀴었나? 생각했는데 자기 남편과 현재 살고 있는 젊은 여자와 서로 싸우다 그렇게 된 거죠. 그러니 그런 얘기를 들은 후 빨리 일어설 수도 없고 어떻게 위로의 말이라도 해 줘야 될 입장이었거든요. 임 아줌마 댁으로 모두 가서 식사하고 6시경에 다른 사람들은 집으로 가고 나는 9시경에 돌아왔어요. 다른 집들은 모두 애들이 있지만 나야 애도 없고 남편도 없고 혼자니까!"

나의 장광설을 듣고 난 그는 조금 누그러진 느낌이 들었다.

"그렇게 됐어? 앞으로는 약속을 지키도록 노력하면 돼!"

"아휴, 자기 화내니까 너무 무서워요. 이젠 화 풀렸어요? 그런데 창민 씨가 나를 굉장히 사랑하나 보다. 자기가 화를 내니까 나는 좋던데? 조금 무서웠지만 그래도 난 참 행복해요. 나를 사랑하니까 화도 내고 하지, 그렇지 않으면 왜 화가 나겠어요?"

"이런, 이런, 또 사람 죽이는구나. 사랑하니까? 그래! 자기는 그냥 모든 것이 다 사랑으로만 보이는구나."

"사랑은 모든 걸 믿고 참고 또 책임질 줄 알아야 하잖아요?"

"사랑이면 모든 게 다 만사 OK야 자기는."

"제 생각에는요, 사랑에는 두 종류가 있는데 아가페적인 것과 에로스적인 흔한 표현 말구요, 모든 걸 믿고 사는 믿음의 사랑과 질투하고 스스로 애를 태우는 질투적인 사랑이에요. 창민 씨는 내 느낌에 질투적인 사랑을 하는 쪽이고 나는 믿음의 사랑 쪽이죠. 나는 자기를 항상 믿고 있어요. 의심한다거나 다른 생각을 가져 본 적이 없고 그냥 믿어요. 자기는 의심이 안 가거든요. 그런데 창민 씨는 질투도 하고 의심도 하고 그래요. 물론 그것 역시 사랑이에요. 방법이 다르다 뿐이지, 사랑하지 않으면 의심이나 질투가 생기지 않는 거니까요. 나처럼 너무 믿기만 하고 질투도 못 느끼고 하면 그것 역시 사랑의 묘약이 못 되겠죠? 내 말 맞죠? 나는 자기가 질투하고 하니까 좋더라 뭐!"

"그래서 나 질투하는 거 보려고 그랬어? 아무튼 만나면 보자. 내가 가만히 안 둘 테니까! 꼼짝 못하게 만들 테니까 알고 계시라구요."

장장 1시간이라는 오랜 시간동안 통화를 하니 귀에 땀이 찰 지경이라며 잠시 서로가 쉬는 시간을 갖기로 하고, 창민 씨는 자동차 주문한 손님과 약속이 있어 곧 나가야 한다고 했다. 그는 슈퍼마켓에는 크게 신경 쓰질 않고 식당에 많은 신경을 쓰는 것 같았다. 장소도 중심지라 좋으며 단골이 많아서 좋고, 까다로운 음식 맛 때문에 주방장한테 대우를 잘 해준다고도 했다. 그리고 또 자동차 대리점은 시작한 지 얼마 안 되어서 선전기간으로 생각하며 긴 안목으로 시작한 것이라 초조해할 필요가 없다고 했다.

김수희라는 한국가수가 부른 "애모"라는 제목의 노래가 있다.

부제로 당신의 여자라고 쓰여 있는 이 노래가 한국에서 최근 대학가를 휩쓴 히트곡이 되었다고 하는데, 그와 전화를 잠깐 쉬는 동안 테이프를 돌리면서 이 노래가 시작될 무렵 창민 씨 전화가 왔으면 하고 생각했다. 그러자 노래의 전주곡이 울리면서 전화벨 소리가 동시에 울려왔다.

"어머머머, 아휴 웬일이래요? 우린 텔레파시가 너무너무 잘 통한다. 지금 김수희 씨 테이프 중에 '애모'라는 곡을 맞춰 놓고 이곡이 시작될 때 창민 씨 전화가 왔으면 했는데, 그런데 지금 음악 시작하면서 자기 전화가 온 거야! 어떻게 이렇게 잘 맞는지 이상해요."

"그렇게 좋아? 좋아하고 사랑하고 그러다 보면 다 그렇게 되는 거야. 아무튼 자기가 웃고 즐거워하니까 나도 참 좋다. 징징 짜면서 '나 어떡해요' 하면서 울 때보다는. 그땐 참으로 난감하더라고! 내가 당장 찾아갈 수 있는 거리도 못 되고 전화에다 대고 울고 있으니 어떻게 해야 할지 초조하기만 했는데 아무튼 좋은 게 좋은 거니까!"

〈애모〉

그대 가슴에 얼굴을 묻고 오늘은 울고 싶어라
세월의 강 건너 우리 사랑은 눈물 속에 흔들리는데
얼만큼 나 더 살아야 그대를 잊을 수 있나
한마디 말이 모자라서 다가설 수 없는 사람아
그대 앞에만 서면 나는 왜 작아지는가?
그대 등 뒤에 서면 내 눈은 젖어 드는데
사랑 때문에 침묵해야 할 나는 당신의 여자
그리고 추억이 있는 한 당신은 나의 남자여!

창민 씨가 노래를 해 보라고 조르는데 평소에 잘 듣지 않던 낯선 노래여서 조금 전에 한번 들은 기억으로 해 보았다. 박수소리를 들려주면서 훌륭하다고 했다.

"더 잘할 수 있지만 마이크가 수화기로 바뀐 상태라 크게 노래할 수 없어서 이상해요."

● **7월 2일(토)**

새벽 일찍 일어나서 준비를 한 후 버스를 타려고 나갔다가 다시 돌아왔다. 토요일이라 오전에만 버스가 다니는데 가만히 생각해보니 10시까지 일을 마치고 집에 돌아올 수 없을 것 같기에 마음이 놓이질 않았다.

일찍 식당에 가서 버스표를 반납해주고, 간 김에 비스바덴 가는 열차시간표를 알아봐 달라고 부탁하기로 어제 창민 씨와 약속했다. 그것은 식당 아저씨가 버스표를 자기 아들이 모으는 거라고 하면서 돌려주길 바란다는 전화가 있었다. 얼른 돌려주고 와야지, 그렇지 않으면 그 핑계로 자꾸 나에게 전화할 것 같은 느낌이 들었다. 이왕 가는 길에 열차시간을 알아봐 달라고 부탁하면 일거양득이다 싶어 창민 씨한테 그렇게 해도 되겠느냐고 어제 물어보았더니 좋은 생각이라고 하여 오늘 다녀오기로 한 것이었다.

그런데 창민 씨는 오전 10시에 전화하겠다고 했으므로 생각해보니 도저히 10시까진 어려울 것 같았다. 두 번 버스를 바꿔 타야 되고 토요일에는 차가 자주 없는데다가 식당 역시 오전에는 상당히 바쁜 시간대이고 전화로 또 열차시간을 알아봐 달라고 부탁한다는 것은 무리일 듯싶었다. 10시까지 집에 못 오면 전에처럼 또 그 시간에 집에 없었다고 말할 테고 해서 나가는 것을 포기하고 다시 침대에 누웠다.

일찍 일어나서 그런지 눈이 아픈데도 잠은 오질 않았다. 몇 시간을 그렇게 얕은 잠을 자는데 전화소리에 깜짝 놀라 일어났다. 정각 10시, 그의 전화 목소리를 들으며 시계를 다시 쳐다보니 1초도 지나지 않은 10시였다.

“어쩜 그렇게 정확히 10시에 전화를 다 하죠?”

“10시를 딱 기다리고 있었지! 다녀왔어?”

“안 갔어요, 생각해보니 아침 바쁜 시간에 부탁하는 것은 무리이고 또 10시까지 돌아오는 것도 약간 무리예요. 그래서 다음에 가기로 하고 나갔다가 다시 들어왔어요. 새벽 이른 시간에 일어나서 그런지 눈이 아프고 해서 눈감고 누워있었어요. 그리고 10시 정각에 전화했다가 내가 없으면 자긴 또 막 화냈을 거 아니에요? 지난번처럼. 아휴 그땐 생각만 해도 무서워요. 10시를 꼭 지킨다는 보장이 어려울 것 같아 아예 안 나갔어요.”

“그랬구나, 내가 왜 자꾸 마음이 조급해지고 또 약해지는지 모르겠어. 내가 우습게 보이지? 지난번에도 그랬고 또 오늘도 마음이 놓이질 않아. 여유가 없이 말야. 나 왜 이러니?”

“나를 사랑해서 그래요, 사랑의 표현이죠 뭐!”

“내가 아까 곰곰이 생각해 보았는데 지난번 주말에 자기 일 나갈 때 며칠 연락 안 하고 나갔다고 내가 그렇게까지 소리 지를 위치도 아닌데, 내가 자기한테 해준 것도 없는데 그렇게 구속하는 게 아니었는데 하고 말야. 그때 자기가 나한테 무슨 권리로 그런 말하냐고 했었다면 나는 할 말이 없었을 거야. 그리고 자기가 화나서 전화를 끊을 수도 있었는데. 그러면 나는 자존심에 다시는 자기한테 전화도 못하고 그냥 우리 사이는 그 걸로 끝날 수도 있었는데 그때 자기가 잘 참아주었어. 고마워, 내가 사실 화낼 일도 아니고 오히려 자기가 화낼 일인데도 아무 소리 안하고 잘 받아주었어. 지금 생각하면 아찔해, 그냥 끝낼 뻔했구나 하고. 아무튼 그땐 화내서 정말 미안해."

"나는 자기 성격 벌써 다 알아요. 보통 말할 땐 차분한 성격인데 어떤 때는 성급하고 초조해지더군요. 물론 사람에 따라서 성격이 급해지는 어떤 부분을 누구나가 다 갖고 있죠. 저도 성격이 평소에는 느긋하다가도 급해질 때가 있어요."

"요즘 글 쓰는 건 잘 돼가고 있어? 몇 페이지 정도 썼는데?"

"38페이지까지 글을 썼고 어제는 시를 두 편 썼는데 읽어 드릴게요."

마알간 초록의 풋풋한 향기로
나는 그대에게 다가서렵니다.

아직 설익은 수줍은 처녀처럼
조금 설레는 마음으로
그대의 넓은 가슴으로 다가서렵니다.
내 미소, 내 울음을
모두 담아 두었던
그대의 넓은 가슴으로
나는 어린아이처럼
마냥, 파고들렵니다.

그리고 우린
오색 무지개 빛 사랑을
영롱하게 채색할 것입니다.

창민 씨는 이 시가 맘에 든다면서 다시 읽어 달라고 하기에 감정을 담아 읽어 준 후 전화를 끊었다.

그런 후, 글을 쓰고 있는데 전화벨 소리에 달려가 보니 그의 목소리가 나를 반겼다.

"Guten Abend!(좋은 저녁입니다)"

"Guten Abend!"

6시에 개업 집에 간다고 했는데 돌아와서 또다시 전화를 한 것이다. 미리 동전을 바꿔 놓았다가 동전으로 전화하는 곳을 찾아서 해야 하는 어려움에도 불구하고.

"뭐 했어? 그동안?"

"아파트 청소 당번이라 청소도 하고 또 샤워도 하고 지금 글을 쓰던 중이었어요."

"너무 무리하지 말고 쉬면서 하도록 해."

토요일 밤 9시의 전화, 그리고 또 남은 토요일 밤과 일요일 하루를 그는 못내 아쉬워하며 월요일에 전화할 때까지 잘 지내라고 했다.

"저녁은 뭐 먹었니? 그리고 내일은 뭐 할 건데? 그래! 잘 자고 또 즐겁게 보내도록 해! 잘 자."

전화 수화기를 놓기가 안타까운 듯 "잘 자!" 하면서 전화할 사람들이 꽤 많이 줄 서 있어 오래 통화할 수 없다고 했다.

“알았어요. 이제 전화 끊어요.”

내가 수화기를 먼저 내려놓아야지 그는 망설여서 수화기 내려놓는 데 시간이 걸렸다. 헤어지기 섭섭하여 마음속으로 노래 한 소절을 불렀다. 독일 와서 이번 여름처럼 더운 여름은 처음인 것 같다. 다른 분들도 얘기하길 몇 십 년 독일에서 살았는데 올해의 더위가 대단하다고들 했다. 저녁시간이 그래도 해가 쉬는 동안이라 시원하고 또 머리도 맑아지는 느낌이라 저녁 늦게까지 주로 글을 썼다.

● **7월 4일(월)**

주일 낮에 집 앞 광장에서 열리는 빈대시장으로 구경 나가서 몇 시간 동안 서서히 걸으면서 햇볕을 쪼여서 그런지 하루가 지난 오늘까지도 팔과 얼굴 등 노출된 곳은 화끈화끈한 것이 영 안 좋았다. 요사이 불볕더위가 계속되어서 밖으로 통 나가질 않다가 주일이라 심심하고 해서 구경 나갔다가 햇볕을 쪼인 것이 왼쪽 팔목의 시계줄 자리만 하얗게 드러내 놓았다.

10시경 그의 전화가 왔다. 어제 빈대시장에 가서 구경하고 또 살이 많이 탔으며 더워서 하루에도 두세 번씩 샤워를 한다고 얘기해 주었다. 그는 나와 얘기하고 있으면 시간 가는 줄 모르고 있다면서, 매일 전화하니까 오늘은 무슨 얘기를 할까 하고 생각해 보곤 하지만 적당한 화젯거리가 없어 그냥 수화기를 들면, 내가 술술 얘기를 잘 풀어 나가서 참 즐겁다고 했다.

“그런데 이상한 생각이 들었어요. 나는 항상 창민 씨라고 이름 부르고 하는데 왜 창민 씨는 내 이름을 묻지 않아요? 성만 알고 이름은 모르지 않아요?"

"아! 그건 일부러 묻지 않는 거야, 내가 자기를 너무너무 좋아하고 있는데 혹, 잠꼬대라도 하는 날이면 들통 나서 안 되지. 이름을 알면 분명히 내가 자기 이름을 부를 것 같아서 지금 들통 나면 안 되니까, 조금 더 있다가 자리가 안정되면 그때 자기 이름 기억해 둘려고."

"창민 씨는 소년 같아요. 아주 순수한 소년 말예요. 맑고 티 없으며 밝아요. 그래서 함께 대화하다 보면 나도 순수해져요. 수정처럼 맑아지구요. 고마워요."

"나는 자기하고 이렇게 얼굴도 잘 기억 안 나서 모르는데 매일 몇 시간씩 전화하는 게 이제 낙이고 습관이 되었어. 만약에 어느 날, 자기가 어디로 날아가 버린다면? 하고 생각도 해 보았어. 그래도 나는 지금 상태로 만족이야. 그것은 내가 예전에 많은 여성들과 상대해 보았지만 대부분의 여성들이 나를 쫓아다니면서 귀찮게 했었거든. 그래서 나는 여자들이 항상 귀찮을 지경이었다구! 그런데 지금은 내가 매일 자기한테 전화하잖아? 이런 일은 정말 처음이야. 물론 얼굴도 서로 잘 기억 못하고 이름은 내가 일부러 묻지 않는 것이고, 약 4~5년 전의 희미한 기억 속에서 전화로만 얘기하지만, 서로가 이젠 알만큼 알고 우린 직접 만나서 얘기하는 것 이상으로 서로 잘 알고 있으므로, 나는 자기를 알게 된 그것만으로도 대만족이야."

월요일엔 식당이 휴업이므로 저녁에 초대 받은 곳이 있어 가족이 함께 가기로 했다면서 처자를 먼저 보내고 창민 씨는 나에게 전화하느라 약속 시간이 다 된 7시가 되도록 떠날 줄 모르고 있었다. 내가 먼저 수화기를 내려놓았다. 그래야 그가 떠날 수 있을 것이므로.

● **7월 5일(화)**

이날은 좀 특별한 날로 나에게 기억될 듯싶다. 아침에 정씨네로 "서편제" 비디오테이프를 빌리러 갔더니, 새벽녘에 꿈을 꾸었다면서 꿈 얘기를 들려주었는데, 일본 황제가 나타났으며 황제 뒤로는 중신들이 길게 줄 서 있었고, 그 옆으로 맑은 폭포가 보였으며 또 폭포 아래로는 맑은 물이 내를 만들면서 흐르는 모습이었다고 했다. 넓은 들판이 보였으며 폭포수 옆으로 야산이 있었는데 내 모습이 풀밭 한쪽에서 보였으며 또 중신들이 말하길, 나를 잘 모시라고 하더란다. 그리고 또 돌아가신 정씨네 할머님이 꿈에 나타나서 프라우 현을 잘 돌봐주라고 하면서 나를 잘 돌봐주면 나중에 좋은 일이 반드시 있을 것이라고 했단다.

꿈 얘기를 듣고 나니 나도 뭔지 모르지만 기분이 좋고 해서 한국에서 예전에 부녀회장 할 때 알던 사람들이 17, 8일경 독일에 여행 온다고 어제 오전에 연락이 왔었는데 나보고 그때 맞춰서 비스바덴으로 내려와서 합류하자고 했다는 얘길 해 주었다.

그랬더니 정씨 부인 얘기가 좋은 징조일 듯싶으니 그때 꼭 내려가서 즐겁게 보내고, 또 좋은 일이 있을 것 같다고 했다. 정씨 부인은 가까이 이웃하며 지내는데 참으로 깔끔하고 요리도 잘하며 예의도 바른 현숙한 부인이었다. 나이는 나보다 네 살 아래인데 결혼을 일찍 하여 결혼의 대선배인 셈이었다.

비디오테이프를 함께 구경하자고 하는 것을 집에 가서 보겠노라고 하고는 얼른 나왔다. 벌써 몇 차례 창민 씨 전화가 왔을 것 같은 예감이 들어 집에 와서 즉시 전화를 하자, 그렇지 않아도 두 번 전화했노라고 하면서 빵 사러 나간 줄 알았다고 한다. 정씨네서 들은 꿈 얘기를 해주자 좋은 징조라고 기뻐하면서 그렇지 않아도 새로 시작하는 식당에 폭포를 만들 계획이었으며, 그 옆으로는 또 잔디밭을 만들 계획이라고 하니 꿈에서 들은 것과 많이 일치하는 것 같았다.

"창민 씨가 황제야, 꿈에서 나를 잘 돌봐주라고 부탁했대요. 그러면 나중에 좋은 일이 있을 거라고. 그리고 황제 옆자리에 누가 없었는가? 하고 물었더니 아무도 없었고, 뒤에 신하들이 있었다고 하더군요."

잠깐 전화를 쉬는 동안 임 아줌마가 오셔서 서편제 영화를 함께 관람하고 있는데 창민 씨 전화가 또 왔다. 전화 잘못했다고 독일말로 얘기하자 창민 씨는 "알았어! 이따 다시 전화할게" 하고 즉시 끊었다.

서편제 영화는 참으로 감명 깊었다. 국악을 전수하고 또 어려움 속에서 열심히 창을 익혀 나가는 과정을 그린 것인데 TV 화면이 한 폭의 그림엽서처럼 그렇게 풍경이 깔끔하게 처리됐으며 군더더기 없이 깨끗한 영상의 이미지를 심어주었다.

시간 나는 대로 독서도 해야 하고(현재 읽고 있는 책은 이문열 씨의 '추락하는 것은 날개가 있다') 밥도 잘 먹어야 했다. 그의 전화가 있을 땐 근무에 충실한 직원처럼 열심히 대화하고 시간을 흘려보내지 않으려고 노력했다. 나는 항상 시간을 아까워하면서 살아왔고 또 지금도 시간을 아껴 쓰려고 노력하는 편이었다. 그러자니 할 것도 많고 항상 몸을 움직여 여러 방면으로 힘닿는 데까지 해 보려고 노력했다.

동양자수 놓는 것을 좋아하는데 이곳 독일에서는 재료도 없고 또 완성되더라도 표구하는 것이 안 되므로 포기할 수밖에 없었다. 노래하는 것을 좋아하는데 집에서 음악 반주를 틀어놓고 할 수 있어 그나마 다행이었으며, 독서와 틈틈이 글 쓰는 것 그리고 현재 레이스 뜨기를 하고 있었다. 아주 재미있고 좋아서 오래 레이스 뜨기를 하다 보면 어깨와 팔목이 아파서 매일 조금씩 해야 했다. 이렇게 혼자 있는 시간이 많을 줄 알았더라면 내 가야금을 가지고 왔어야 하는 건데, 결혼하여 독일로 올 때 그땐 짐이 많아서 다음에 또 기회가 있겠지 하고 그냥 왔더니 후회막급이었다.

매일, 하루에 보통 3시간 이상 그와 전화통화를 하는 것 같았다. 그래도 끊임없는 우리의 대화는 도무지 지칠 줄 모르고 샘솟기만 했다. 조용필을 얘기하고 문학을 얘기하고 황진이를 어떻게 생각하시나요?로 시작하여 여성 얘기까지 끊임없이 서로를 알기 위하여, 또는 그의 사상과 이상의 깊이를 알기 위하여 나는 계속 재잘거렸으며 그는 내 참새소리를 음악소리로 착각하며 경청하고 있었다.

때론, 현재 별거중인 전 남편 얘기를 하면 그 사람 역시 부인 얘기를 했는데, 공통점은 나이가 찰대로 찼는데 이제 와서 성격을 바꾼다는 것은 어려운 일이고 또 상대적으로 지금껏 잘 참아 왔지만 앙금이 가라앉지 않은 상태여서 쉽사리 용납될 문제가 아니다라는 얘기를 나누었다.

"우리 두 사람은 성격이 아주 잘 맞는 것 같아요"하고 내가 말하자, 창민 씨 역시 그런 것 같다고 하며 일이 잔뜩 밀렸는데 자꾸 손이 전화기로만 가고 있다면서 마음이 자꾸 나한테 가 있어서 진정이 안 된다고 했다.

창민 씨와 대화를 하면서 느낀 내 감정은, 그는 상대의 얘기를 잘 들어 주며 또 약속을 지킬 줄 아는 사람을 좋아했다. 그리고 모성애를 발휘하여 포근하게 감싸줄 줄 아는 여성을 그리워하고 있으며 한국적인 여성의 다소곳함을 찾고 있는 것 같았다. 말씨가 나긋나긋한 조그마한 여자를 원하며, 현숙하면서 돌출하지 않아야 하며, 지적이면서 우아한 용모를 흠모한다는 그의 욕심에 나는 감탄해야만 했다.

내가 글을 한 줄 쓰고 나면 그가 내 한 줄의 글을 읽고 있는 것 같이 나에겐 느껴졌다. 약 두 해만 기다리면 될 것 같다는 그의 말에, 나는 매우 기쁘면서도 언제 2년을 기다려야 할지 지금으로썬 까마득하기만 했다. 두 달이라면 혹시 몰라도. 그렇지만 나는 기다릴 수 있을 것 같았다. 그를 진심으로 사랑하므로. 창민 씨 역시 나를 사랑하니까.

우선은 7월 18일에 그를 만나서 얼굴도 익히고 사랑도 확인하게 되리라. 그 주의 며칠을 함께 보낸 뒤 가을엔 한국으로 함께 여행을 다녀올 계획이다. 우리의 정식 결혼식과 더불어 신혼여행이 될 것이다. 영원히 늙지 않는 소녀처럼 재잘대는 모습을 창민 씨에게 보여줄 수 있기를 열망하며 나는 순수하고 맑게 그의 소녀로서, 오로지 그의 소녀로서만 만족하리라. 남들은 20대에 만나 60~70대까지 함께 늙어가는 행복한 부부들도 있어 부러움을 사고 있지만 창민 씨나 나는 40대 중반에 만난, 너무 늦게 만난 사이지만 그래도 만나지 않은 것보다는 이렇게 늦게라도 만난 것이 신의 축복이라 여겨 시간을 아껴서 그를 사랑하고 사랑하리라 다짐했다.

지나간 날, 흘러간 날들에 연연해 할 것 없고 현재가 중요하며 또 중요한 현재가 자꾸 연결되어 우리의 미래가 완성되리라 믿으며 서로의 믿음을 쌓아가야 하리라.

"창민 씨, 보고 싶어 죽겠다. 왜 이렇게 보고 싶지?"

"조금만 기다려, 이제 며칠 안 남았어, 12일만 지나면 만날 텐데 뭐. 그동안도 잘 지냈는데 바로 만나게 될 거야."

"꿈에서라도 만났으면 좋겠는데 자기는 왜 내 꿈에 나타나지도 않지? 꿈속에서라도 만나면 좋겠는데 말예요."

"나도 그래! 자기 꿈도 안 꾸어지는 걸 어떡하니."

나는 이날 저녁 자꾸 눈물이 나서 혼났다. 창민 씨를 알게 된 제일 처음, 4~5년 전의 일부터 시작하여 이번에 내가 전화를 하자 그가 받음으로써 우리의 인연이 시작되어 지금 이 순간까지 그의 애틋하고 애잔한 보살핌으로 별거라는 낯선 단어 속에서 갈팡질팡하던 마음을 추스르게 되었으며 또한 이제는 그와 장래를 약속하고 있다.

언제나 내 마음을 다스리는 나의 황제로서 차츰 내 안으로 자리하고 있었다. 창민 씨를 만나지 않았다면 나는 어떻게 되었을는지…. 창민 씨! 고마워요. 앞으로 남은 일생은 창민 씨를 위해 헌신하고 또 사랑하며 사랑받으려고 노력할 거예요. 고마운 내 사람이여, 오늘은 사랑이라는 단어로 이 한밤을 태우리라. 그대를 위해 몸과 마음 모두 활활 태우리라.

● **7월 7일(목)**

아침에 일어나서 즉시 둘째 여동생에게 국제전화를 했다. 오랫동안 소식을 전하지 못해 동생들이 어떻게 지내는지 궁금했고, 또 가장 궁금한 것은 나의 별거 소식이 한국에 나가 있는 전 남편의 딸 현아를 통해 전해졌을 가능성이 짙으므로 은근히 확인할 겸 전화를 해 본 것이다.

그러나 지영이는 밝은 음성으로 전화를 받았으며 동생들과 어머님 모두모두 건강히 잘 지내고 있다는 얘기를 들려주어 안심이 되었다. 막내 미영이가 곧 여름방학을 맞이하여 공주 어머님에게 내려갈 예정이고, 지영이는 영어 과외지도를 오후 5시부터 9시까지 하고 있다고 했다.

올해 가을쯤, 어머님을 서울로 모셔 와서 미영이와 함께 지내도록 하고 싶은데 아직 결정이 확실치 않다면서 공주아파트는 세를 주기로 하고 팔지 않겠다는 어머니의 의견이란다.

혹시 내가 이담에 한국에 가게 되면 공주에서 살았으니까 공주에 와서 있을 집이 필요하므로 내 몫으로 집을 두겠다고 하셨단다. 지영이의 그 얘기를 듣고 코끝이 찡해 오면서 갑자기 어지럼증이 일었다.

'엄마! 그리운 나의 어머님, 오늘은 어머님이 보고 싶어요. 오랫동안 참고 참았던 나의 어머님에 대한 그리운 눈물이 한없이 볼을 타고 내립니다. 당신은 그 숱한 세월을 어이 홀로 그렇게 강하게 지내셨는지요. 나는 도무지 혼자서 살아갈 힘이 없습니다. 어머님! 나의 어머님! 오늘은 날씨마저 흐리고 침울한 것이 꼭이나

내 마음 같습니다.'

차이코프스키의 피아노 협주곡 1번을 올려놓았다. 밴 크라이번의 연주로 된 이 곡은 내가 19살 되던 그해 봄에 처음으로 만나게 된 곡인데 지금까지 내가 가장 아끼는 클래식 음악 중 하나다. 이어서 라흐마니노프의 피아노 협주곡 1번 역시 아끼는 곡인데 위의 두 곡을 크게 틀어놓고 나서야 마음이 조금 진정되었다.

10시에 창민 씨 전화가 왔기에 어제 저녁에 쓴 글을 읽어주었고 오늘 아침 동생과의 전화통화를 이야기했다. 또 아침에 쓴 글을 읽어달라고 하여 읽어주었으며 도중에 어머님 얘기가 나와서 막 울었다. 울고 싶을 땐 실컷 울어야 한다면서 참지 말고 울라고 그는 말했지만 곧 진정이 되었고 나의 가족 얘기를 잠깐 곁들여서 들려줬다.

1시경에 유진엄마와 오랜만에 산책을 나갔다. 모처럼 날씨가 선선했으며 간간히 비도 뿌리고 하여 맑고 고운 날씨여서 마음이 상쾌했다. 산책을 끝내고 임 아줌마 댁에 같이 갔더니 칼국수를 해 주셔서 즉시 일어날 수도 없었다.

그때가 3시였는데 칼국수를 먹을 때쯤엔 15분. 조금만 달라고 했다. 그래야 빨리 먹을 수 있으므로. 25분경 집에 수돗물을 틀어놓고 온 것 같다고 거짓말을 한 후 집에까지 계속 달리기를 하여 돌아와 창민 씨에게 전화를 했다. 혹시 그가 조금 전에 전화했다가 내가 없어서 기다리고 있지 않나 해서. 그러자 그는 바빠서 아직 전화 안했다고 하기에 마음을 놓았다.

"마음 놓고 오랫동안 놀다 오지, 모처럼 나갔다가 약속시간 때문에 일찍 왔어 그래?"

"창민 씨하고 약속했잖아요? 3시 30분에 전화 받기로."

"그래도 그렇지, 그 사람들이 이상하게 생각하지 않겠어? 나도 4시까지는 돌아오겠지 생각하고 전화 안한 건데"

"시간 맞추어 오느라 그 집에서부터 계속 뛰어왔어요. 그랬더니 숨이 차서 아주 혼났어요. 이젠 좀 진정이 되었지만."

"자기야, 너무 그렇게 나에게 억매이지 마! 자유스럽게 다니고 해. 나야 고맙고 그렇지만 난 자기를 구속하거나 그러고 싶진 않아, 편하게 생활해, 알았지?"

"난 창민 씨가 걱정할까봐 그러지. 어디 갔는가 하고 자기는 몹시 걱정하잖아!"

"아, 그거야 오늘처럼 산책 간다고 하면 여자하고 같이 산책할 테고, 또 한두 시간 산책 후엔 함께 커피나 테를 마실 수도 있고 그러다 보면 또 시간 가고 그런 거야 이해하지. 그렇지만 지난번 같은 경우는 나한테 전혀 말이 없었고 계속 며칠 연락이 안 닿으니 내가 얼마나 걱정이 돼. 자기 혼자 있는 거 빤히 알고 있는데 며칠씩 전화 안 받을 땐 집에 없었다는 얘기 아냐? 그땐 그래서 그런 거니까 그때하고는 성질이 다르잖아? 그러니 맘 푹 놓으라고."

"남자하고 산책가면 어쩌려고? 꼭 여자하고만 산책 가나 뭐?"

"내가 자길 다 알아요. 자기는 거짓말하질 못하고 또 얘기 들어보면 거짓말인지 아닌지 느낌으로 알 수 있는 거 아냐?"

손님이 오는 소리가 들려서 수화기를 놓고 기다렸다. 잠시 후, 그의 전화가 다시 왔을 땐 슬기둥 노래를 들을 때였다. 음악소리가 잘 들리도록 수화기를 들고 있다가 음악이 맘에 드는가 물어보았더니 참 좋다고 했다.

"슬기둥 노래집인데 내가 아주 좋아하는 음악예요. 그런데 큰 일 났어요. 내가 자주 테이프를 틀어서 그런지 음악소리가 이상해 졌어요. 원음보다 느려지고 있어요. 참 속상해요."

"나는 잘 모르는 음악인데, 그러나 참 좋은데?"

"CD를 준비해야겠어요. CD는 변하질 않으니까, 한국에 가면 조용필 CD하고 또 내가 좋아하는 음악 CD를 많이 사야겠어요."

"그러지 뭐, 한국에서 살 수 있는 거야? 어디 가서 사는 건데?"

"한국 가서 레코드점에 가면 구입할 수 있어요. 필요한 것을 메모지에 다 적어두고 있어요."

"그래! 자기 가야금도 하나 사야지, 이번에 나갈 때 다 준비하지 뭐!"

잠시 그는 어디를 다녀와야 한다면서 기다리라고 했다. 다시 그의 전화가 왔을 때,

"미안해요, 자기는 그렇게 바쁜데 나는 가만히 앉아 있으니 어쩌죠? 자기는 나한테 전화해야 되고 장사해야 되고 또 식당일, 집안일, 종업원 문제 등 여러 가지로 바쁜데 내가 해 줄 수 있는 일이 현재로썬 아무것도 없으니 말예요. 내가 자기 곁에 있으면 지금 안마도 해주고 피로를 풀 수 있게 조용한 음악으로 올려놓을 거예요. 내가 멋진 시를 들려줄까요? 조금 전에 들었던 곡의 작사를 쓴 분인데 황청원 씨라고, '그리운 임'이라는 제목의 시예요.

〈그리운 임〉

달빛을 마주보며 그리운 임 생각에
소쩍새 울음 되어 하얗게 지샜더니

설레며 다가오는 희미한 임의 얼굴
한밤중 꿈속에선 수선화로 피었더라.

밤별을 헤아리며 그리운 임 생각에
타오르는 촛불 되어 서럽게 밝혔더니
풀 향기 젖어드는 아련한 임의 숨결
이른 새벽 잠 끝에선 시 한 줄로 살았더라.

〈눈부셔라 내 사랑〉

내 가슴에 그려진 등불 같은 그대 얼굴
오늘은 살아나서 먼동을 트는구나
정다운 이슬 맺듯 우리 서로 만남 이뤄
절망뿐인 세상살이 힘이 되는 그대여
백날 천날 곁에 둬도 어찌하여 안타깝나
다순 눈빛 마주쳐도 왜 이다지 허허롭나
사랑, 사랑 내 사랑아, 어화둥둥 내 사랑아.

가야금 반주에 맞추어 나오는 노랫가락이 완전 민요도 아니고 가요도 아닌, 경쾌한 현대 민요라고 할까? 멋지게 국악과 현대시를 잘 접목시킨 훌륭한 곡이었다.

● 7월 8일(금)

오늘은 뜻 깊은 날이다. 창민 씨와 전화로 만난 지 한 달째 되는 날이니까. 그 사람을 만난 것은 우연이었으나 질긴 인연의 끄나풀이 있어서 만남이 이뤄진 것 같은 생각이 들었다. 물론 전화로 만나는 특이한 인연이지만 한 달 사이에 감히 우리라는 단어를 쓸 수 있게 되었고, 또 몇 해를 살았어도 정이 안 가는 사람이 있는가 하면 두 사람이 얼굴도 모르는 사이이면서 전화 통화만으로 몇 해를 훌쩍 뛰어넘는 발전된 사이가 되었으니 말이다.

우리의 관계가 어떻게 그림 그려질는지, 또는 어떤 색실로 어떻게 고운 빛깔의 수를 놓을 수 있을지, 님의 잠과 시인의 상상과 그들만이 알리라….

"창민 씨? 오늘이 무슨 날인지 알아요?"

"오늘이? 오늘이 무슨 날인가?"

"창민 씨한테 내가 제일 처음 전화한 날이 6월 9일이었으니까 오늘이 꼭 한 달 되는 날예요."

"벌써 그렇게 되었어? 아주 오래된 것 같은데 말야. 우린 그 사이에 많은 얘길 나누어서 그런지 아주 오래된 것 같지 않아?"

"그래요, 한 달이 아니라 몇 해 된 듯싶어요. 그동안 창민 씨 덕분에 잘 안정되었어요. 내가 울고 해서 몹시 어려웠었지요?"

"그래, 처음보다 자기가 많이 좋아진 것 같아 좋다. 계속해서 마음을 굳게 갖도록 하고, 내가 옆에 있잖아? 이 김창민을 믿고 마음 편하게 가져."

창민 씨와 통화를 잠시 쉬는 사이에 정아엄마한테서 전화가 왔다. 팥밥을 했으니 먹으러 오라고 하여 내 책도 찾아올 겸해서 그의 집에 가서 점심식사를 같이 한 후 3시경에 돌아왔다. 그리고 독서를 하고 있는데 열쇠로 아파트 문을 찰칵 여는 소리가 들렸다. 순간적으로 생각하길 열쇠 갖고 있는 사람은 남편밖에 없으니까 '그가 웬일로 오는 걸까?' 하고 가슴이 철컥 하며 뛰기 시작했다.

응접실에서 고개만 돌려 현관을 바라보았더니 힐끔 나를 바라보고는 욕실로 곧장 들어가는 남편의 얼굴이 몹시 수척해 보였다. 집을 나가 남의 집에서 숙식하며 지내려니 여러 가지로 불편하고 마음이 편치 못한 상태여서 살이 빠지는 것은 당연한 일이겠지. 샤워를 하려는 건가? 하고 기다려 보아도 물소리가 들리질 않으니 화장실에 있는 모양인데 걱정이 되었다.

창민 씨가 오전에 내 연락을 받고 5시에 다시 전화하기로 했기에 시간이 다 돼 가는데 걱정이었다. 남편이 있을 때 전화한 적은 아직 없었고, 물론 남편이 집 나가 있는 걸 창민 씨는 알고 있지만 갑자기 전화 왔을 때 내 목소리가 좀 다를 것이라 생각되었다. 물론 법적으로는 아직 호적상 남편 자리에 놓여있지만 지금 상황으로는 별거 중이므로 사실상 아무 하자는 없었다.

그래도 어쨌든 호적정리가 안 된 상태에다 항상 나 혼자 있을 때 맘 놓고 창민 씨와 대화하다 남편이 갑자기 와 있는 상태에서 전화를 하게 되면 아무튼 내 맘이 안 놓이고 그냥 불안할 것 같아서 살그머니 전화기 있는 데로 가서 수화기를 살짝 들어 놓았다. 통화중이 되도록. 그러나 남편은 샤워를 한 후에 옷을 바꿔 입고는 편지 온 것들을 가지고 가서 읽어본 후 살그머니 아무 말 없이 문을 닫고는 1시간 만에 나갔다.

남편이 잠시 있는 사이에 내 가슴은 쿵쾅거렸으며 들고 있던 책이 부들부들 떨렸다. 왜 그런지 안정이 안 되고 공연히 불안한 것이 얼른 그 사람이 나가 주길 바라는 마음이었다. 약 한달 만에 잠시 들어 와서는 내 기척을 살피러 온 것인지 정말 샤워하려고 들어온 것인지 모를 일이었다. 어쨌든 나는 그가 집에 온 것이 왠지 불안하고 영 맘이 놓이질 않았다. 함께 얼굴 맞대고 살아야 남편이지 등 돌리면 남보다도 더 못한 것이 부부관계라고 하더니 정말이지 이렇게도 낯설고 또 어색하더란 말인가?

차츰 마음이 멀어지고 말이 없어지고 얼굴 대한 지 오래되고 하니 잠깐 스치듯이 본 그의 얼굴이 왜 그리도 무섭게 보이고 낯설더란 말인가?

5년 넘게 살아온 부부가 잠시 손찌검한 걸로 또는 마음에 안 든다는 이유로 이렇게 별거가 되는 수도 있구나. 또 이러다가 이혼이 되는구나. 말로만 듣던 이혼이란 것이….

남편이 나간 뒤 마음을 좀 진정시킨 나는 전화 수화기를 바르게 놓았다. 그러자 곧 전화벨 소리가 요란스레 울려왔다.

"창민 씨! 계속 통화 중이었지?"

"아니! 지금 처음으로 전화하는 건데? 손님이 많고 바빠서 시간 낼 수가 없었어. 내가 아까 5시나 6시경에 전화한다고 했잖아?"

"그랬었죠, 알아요. 그래도 자기가 그 안에 전화 안한 것이 얼마나 다행이었는지 몰라요. 5시경에 남편이 갑자기 집에 왔다가 조금 전에 나갔거든요. 그래서 창민 씨 전화 올까봐 겁나서 수화기를 살짝 들어놨어요. 만약 자기 전화 왔었다면 내 목소리가 이상해졌을 것 같아서요."

"오늘은 좀 얘길 하지 그랬어? 언제까지 이렇게 할 거냐고. 나는 도대체 그 사람이 이해가 안 되는 것이 어떻게 그렇게 몇 달 동안 여자 혼자 놔두고 집에 들어오지 않느냐고. 일단 집에 들어와서 서로 얘기를 해서 해결하려고 해야지, 사내 녀석이 어찌 그리 옹졸하냐 말야. 자기 혼자 몇 달을 지금 그렇게 있는 거 아냐.

나하고 통화한 것이 벌써 한 달이고, 언제부터야 도대체가?"

"싸운 것은 4월 20일경이고 본격적으로 집을 나간 것은 4월 말경인 것 같아요."

"어떤 조건으로 싸웠든지 일단 서로가 얘기를 해야 될 것 아냐? 그렇게 피하기만 하면 해결이 안 되지."

"그 사람 성격이 그래요. 끊고 맺는 것이 분명하질 않고 어떤 문제든지 다 그런 것은 아닌데 나와 싸움 문제에 있어서는 항상 그랬어요. 자존심이 강해서 먼저 얘기하고 싶어 하질 않고 또 현재 자기 위치에서 나한테 할 얘기가 없을 거예요 아마도…."

"내 생각엔 자기가 어떻게 해주길 기다리고 있는 것 같다. 남자 자존심에 어쩌지도 못하고 자기가 잘못했다든가 하는 어떤 말로 서로 화해가 되길 기다리고 있는 것 같지 않아? 쉽게 얘기해서 자기 눈치만 보고 있는 것 같다고."

"그럴지도 모르죠. 그러나 이젠 싫어요. 난 결정 내렸다구요. 김창민 쪽으로 결정 났다니까요."

창민 씨는 오늘 내 기분이 안 좋을 터이니 아줌마 댁에라도 놀러 갔다 오라고 했다. 가서 수다도 좀 떨고 같이 어울려 보면 기분이 한결 나아질 터이니 나가서 바람 쏘이고 오라고 했다.

"난 싫어요. 창민 씨랑 전화하는 것이 더 좋아요."

"그렇지 않아, 나하고는 많은 시간 얘기하고 있잖아. 주변 사람들하고도 잘 지내는 것이 좋고 또 오늘 이런 일이 있었다 하고 얘기하면 그 사람들이 자길 동조할 테니 좋잖아?"

"알았어요. 어차피 창민 씬 퇴근시간이니까 나갔다 올게요."

전화를 끊고 즉시 아파트를 나왔다. 슈퍼마켓 앞으로 걸어가려고 눈을 돌렸더니 광장 한쪽 벤치에 남편이 앉아있는 것이 보여 얼른 몸을 돌려 집으로 막 뛰어 들어왔다.

왜, 집을 나간 지 한참 되었는데 광장 벤치에 앉아 있는가 말이다. 그냥 걸어갔어도 되는 것인데 나는 왜 가던 길을 돌려 집으로 다시 들어왔는지 모를 일이었다. 그냥, 그 남자를 보는 순간 발길을 돌리고 만 것이다. 아파트에 들어와서는 문을 얼른 잠근 뒤 창민 씨한테 전화를 돌렸다.

"창민 씨! 아직 퇴근 안 해서 다행이에요. 나 지금 임 아줌마 댁에 가려다 돌아왔어요. 집 앞 광장 벤치에 그 남자가 앉아 있더라고요. 내 생각에 저녁때 집에 들어올지도 모르니까 내일 내가 전화할 때까지 그냥 기다려 줄래요?"

"알았어, 내일 자기 전화할 때까지 기다릴게. 그리고 만나면 마음 차분히 갖고 잘 얘기하고, 내가 항상 곁에 있다고 생각하고."

"알았어요. 창민 씨! 사랑해요."

"나도 사랑해요."

그러나 나의 우려는 우려로 끝났다. 그 남자는 저녁때 집에 안 들어 왔고 나는 마음 편하게 잠들 수 있었다.

● **7월 9일(토)**

새벽 4시 30분경 이른 새벽에 눈이 떠져서는 잠이 영 달아나 버렸다. 마땅히 할 일도 없고 해서 아침나절 시원할 때 다림질이나 할까 하고 어제 빨아서 널어둔 남편의 여름용 바지를 다림질했다. 내가 여기 있는 동안은 할 일이니까. 그리고 커피와 빵을 먹고 음악을 올려놓았다. 그래도 10시가 되기까지는 많은 시간이 남아있어 청소도 하고 욕조 청소를 하면서 시간이 되길 기다려 창민 씨한테 전화했다.

"Guten Morgen! 창민 씨, 어제 저녁에 그 남자 안 들어 왔어요. 집에 올까봐 걱정했었는데 다행이에요."

"그랬어? 나도 밤새도록 잠 못 잤어. 어제 저녁 그 남자가 와서 자기하고 잘 화해가 되길 바라면서도 한편으로는 나와 한번이라도 만난 뒤에 화해가 될 것이지 하고 바랐고. 또 두 사람이 어떤 타결점을 찾지 않았을까 하고 나름대로 이 생각 저 생각 하느라 잠을 못 잤어. 그리고 중요한 것은 나하고 자기가 만날 날도 얼마 안 남았는데 조금 더 있다 우리가 만난 뒤에 무슨 일이 있어도 있었으면 하고 은근히 바라는 욕심도 있었고."

"어떤 일이 있어도 우린 만나게 될 거예요. 약속대로."

그때, 그의 상점에 많은 손님이 왔다면서 다시 연락하겠노라고 한 후 수화기를 놓았다. 잠시 쉬는 사이에 지숙이네서 전화가 왔는데 윤옥이 엄마가 정아네 간다는데 같이 갈려면 연락해서 가라고 하기에 3시로 약속했다. 그리고 임 아줌마한테서 전화가 왔는데 고기를 구울 테니 정원으로 오라고 하셔서 알았노라고 하고는 창민 씨한테 다시 전화했다.

"지금 나가야 할 것 같아요. 아줌마 댁에서 고기 구워 준다고 하니 먹고 나서 3시엔 또 동갑네 집에 가는 차편이 있어 함께 다녀올까 하는데요."

"그래? 잘됐네. 가서 고기 꼭꼭 씹어서 체하지 않게 잘 먹고 또 잘 놀다 와. 바람도 쏘이고 그래야 덜 답답하지!"

"자기하고 오늘은 통화도 많이 못하고 또 오후에도 시간이 안 될 것 같으니 어쩌지요? 내일은 또 주일이라 자기하고 통화도 못 하잖아요? 가지 말까? 자기하고 얘기하는 게 좋은데 난!"

"아냐 다녀와, 어차피 오늘은 토요일이라 이곳이 일찍 끝나니까. 내일은 자기 집에 있어?"

"내일은 아직 약속 없어요."

"그래, 내일 전화하도록 시간 낼게, 잘 놀다와!"

"알았어요, 다녀올게요."

● **7월 10일(일)**

창민 씨는 언젠가 나에게 이렇게 말한 적이 있다. 현재 내가 받고 있는 이 고통을 고통으로만 생각지 말고 긴 인생길에 잠시 휴식시간으로 생각하고 마음의 안정을 찾으라고. 그리고 내가 글솜씨가 있으니까 일부러 이런 고통과 시련을 겪음으로써 마음에서 우러난 진한 얘기를 글로써 쓸 수 있는 좋은 경험을 갖게 되었으니 예술적 승화로 생각하길 바란다고….

그렇다. 창민 씨 말대로라면 나는 지금 고통의 수렁 속에서 헤매면서도 정신적으로는 새로운 창조와 새 날의 잉태를 품고 있는 것이다.

〈달〉

가슴에 달 하나를 품었습니다.

너무나도 아름답고 소중한
둥근달 하나를

아무도 모르게 내 가슴에 품었습니다.

가슴에 달 하나를 품었습니다.

이태백의 술잔에
요정처럼 잠겨있는 달과
그의 두 눈동자에 젖어 있는 달
푸른빛으로 하늘에 떠있는 둥근달과
강 위에서 출렁이던 달

그리고
이태백이 가슴속에 간직하고 있는
또 하나의 둥근달.

이태백과 마주앉은 이의 술잔에도
달이 잠겨있으며
마주앉은 이의 두 눈동자에도 젖어 있는 달
그리고 그의 마음속에 간직하고 있는
또 하나의 달.

하늘에 달이 하나요.
강 위에 달이 또 하나요.
두 사람의 술잔에 두 개의 달과
두 사람의 눈동자에서
네 개의 달이 마주친다.

그리고

두 사람의 마음속에서 두 개의 달이
한마음으로 부딪힌다.

하늘에 달이 하나요.
강 위에 달이 또 하나요.

두 사람의 술잔과
두 사람의 눈동자에
그리고
두 사람의 마음속에 있는 달.
하나의 달에서
열 개의 달이
소리 없이 빛을 발한다.

그리고 오늘은
내 마음속에서
셀 수 없이 많은 달로 가득 차 있다.

● **7월 11일(월)**

오전 11시경인가, 남편의 전화가 왔는데 적금통장을 가지고 은행으로 나오라고 하기에 얼른 적금통장을 가지고 내려갔다. 96년에 찾기로 하고 시작한 적금통장인데(89년 8월 1일에 시작하여 96년 8월 1일에 찾기로 되어 있다) 은행에서 그를 만나 서로 아무 말 없이 통장을 건네주고 건네받았다.

적금을 파기한다는 그의 한마디 말이 뼛속 깊이 들어와 언젠가는 하고 예감하던 그 말이지만 너무나도 뜻밖으로 받아들여졌다.

이젠 정말 이렇게 하나하나 정리되는구나. 그리고 또 남남으로 돌아서는 길로 접어드는구나.

적금을 파기하여도 그동안 낸 돈은 찾기로 되어 있어 별다른 손해는 없지만 그래도 어느 쪽이든 마지막까지 입금을 하여 96년 만기가 되었을 때 찾기를 소망했었다. 그러나 그의 갑작스런 말을 듣고는 나의 생각을 얘기도 못했다.

은행을 나와 벤치에 앉는 그를 보면서 나는 앉지도 못하고 옆에 서 있었는데 그저 막막하기만 하고 마음이 부들부들 떨리기만 했다. 2,000마르크는 자신의 지갑에 넣고 4,000마르크를 나에게 건네주었다.

"당장 쓸 돈이 없으니 내가 2,000마르크는 가질게. 우선 그 돈으로 쓰면서 당신도 얼른 취직을 하던지 해서 앞으로는 혼자서 살 궁리를 해야지. 그렇게 집에만 앉아있으면 어떻게 하려고 그래?"

그러면서 나머지 잔돈(303마르크 42센트)을 다 나에게 건네주었다.

"나하고 살아야 희망도 없고 앞으로는 혼자 살 궁리를 해야지. 그리고 그 집은 이달까지는 집세 냈으니까 다음 달부터는 집을 비워야 해."

"그러면 나는, 어떻게 어디서 살아야 해요?"

오늘 갑작스럽게 적금을 파기하고 또 파기한 돈의 일부를 주고는 집을 다음 달부터 내줘야 한다는 말을 들으니 가슴이 철렁하고 또 막막하고 어찌해야 할지 모르겠다. 나는 그저 말도 안 나오고 또 오늘이 남편 생일인데 축하한다는 말 한마디라도 해야지, 하고 어제부터 생각했던 그 말이 도무지 나오질 않고 그저 마음만 메어졌다.

"이젠 당신 스스로 알아서 다 처리해. 내가 미리미리 이런 얘기 다 했었잖아? 쏘치알암트(극빈자 사무실)에 누구 독일 말 잘하는 사람 데리고 가서 돈 받아 낼 수 있는 건 다 받아내고 또 취직도 하고 그러란 말야."

조금 전 은행에서 적금을 파기하기 위해 기다리면서 그의 눈은 축축하게 젖어들고 있었다. 옆에 앉은 나는 그런 그의 얼굴을 안 보려고 애써 고개를 돌리고 냉정한 척 앉아있었고, 적금을 파기하기 위해 서명을 하면서 그는 눈물을 닦아내고 있었다. 나는 마음으로 울면서 겉으로는 태연한 척 가장하고 있었다.

"씩씩하게 잘 살아, 모르는 건 사람들한테 물어서 해결하고."

"당신은 어디서 지내는 거야? 형민이네서 있는 거예요? 그리고 식사는 어떻게 하고, 뭐 하면서 지내는 거예요?"

"그런 건 알 필요 없어, 내가 알아서 할 테니까. 형민이네서 왜 나한테 먹여주고 재워줄 일이 있나? 그런 걱정 말고 당신 일이나 정신 차리고 하나하나 잘 해 나가라고."

그리고 아무 말 없이 오랫동안 그렇게 그는 앉아 있었고 나는 그 옆에 서서 어떻게 무슨 말이라도 하고 싶었지만 도무지 말을 잃은 채 그렇게 긴 여름날의 햇빛 사이에 서 있었다.

오늘이 이 사람 생일인데 이게 뭐란 말인가? 나는 더 이상 그곳에 서 있기가 서러워 집에 간다고 하고는 그가 보는 앞에서 집으로 향했다.

집에 들어와 약 10분 정도 지났을까? 남편이 집으로 와서 노동허가서를 꺼내 나에게 주면서 취직할 때 미리 주지 말고 보여 달라고 하면 주라면서, 반드시 복사해서 주고 원본은 가지고 있어야 한다고 알려주었다. 응접실에서 울고 있는데 잠시 옆방에서 무언가를 하고 있던 그가 들어와서는 나를 일으켜 세우더니 꼭 껴안았다. 그의 가슴에서 눈물이 쉴 새 없이 흘러 엉엉 소리 내어 울었다.

이 사람도 울고 있겠지. 아! 세월의 강을 건너면 잊혀질까? 이 무슨 운명이란 말인가. 왜 서로 만나 이렇게 서러운 이별을 갖는단 말인가. 내 입술에 그가 입술을 살짝 대면서 껴안은 팔에 힘을 주었다. 나는 엉엉 소리 내어 울면서 그의 팔을 빠져나와 눈물을 닦고 있는데 아파트 문을 열고 살며시 나가는 소리가 들렸다.

점심식사라도 준비할 것을…. 그래도 오늘만큼은 어떤 일이 있더라도 내가 할 도리를 했어야 하는 게 아닌가? 하고 뒤늦게 생각이 나는 것이었다.

마음이 걷잡을 수 없이 출렁대며 무엇을 어떻게 해야 하는지 멍멍하기만 한데 눈물은 두 볼을 타고 한없이 흐르고 이렇게 나의 첫 결혼생활이 끝나는 것인가? 하고 생각하니 미래에 대해 도무지 종잡을 수 없는 기분이 되어 버렸다.

울고 있는데 창민 씨 전화가 와서 오전에 있었던 일을 상세히 얘기하면서 또 쏟아지는 폭포수가 되어 눈물이 마를 새 없었다. 내 얘기를 다 듣고 난 창민 씨는 진정하라면서 앞으로 더 큰일이 많을 터인데, 이제 시작인데 애기처럼 그래서야 되느냐고 진정시켜 주며 또 함께 괴로워했다.

"창민 씨! 나는 이번에 남편하고 말다툼하면서 사실은 예전처럼 또 아무 일 없었던 것처럼 그렇게 살아가리라 생각했었어요.

그런데 얼마 지난 뒤 남편이 집을 나가서는 안 들어오고, 처음에 한두 번 돈을 조금 주더니 이젠 그것도 없고 아예 집에는 몇 개월째 들어오지 않자, 그 사람에게서 마음이 멀어졌어요. 물론 내가 먼저 별거하자고 말했고 그래도 남편이 나의 말을 믿지 않으려 하기에 재차 별거라는 단어를 상기시켜 주었더니, 가방을 싸들고 나간 후 오랫동안 연락도 없이 있다가 들어온 거예요. 그리고 내 마음이 이젠 이혼까지 생각하게 됐어요."

"나는 그래도 이번에 그 남자가 왔다기에 서로 사과가 이뤄져서 잘 되기를 정말 바랬어. 물론 처음에 자기 전화 받고 상담에 응하면서 어디까지나 상담자로서의 내 직분을 다해야 되는데 어떻게 자기가 좋아져 버렸고, 또 자꾸 통화를 하면서 얼굴도 모르면서 어떻게 이렇게 될 수 있나 하고 나도 많이 생각했었지. 물론 시기적으로 나한테도 가정의 어려움이 있을 때라 아마 서로의 공감대가 형성된 것 같아. 결혼해서 지금까지 줄곧 어떤 돌파구를 찾았다고 할까? 뭐, 그런 새로운 것을 나 스스로가 찾고 있던 중에 자기가 천사처럼 딱 나타난 거야. 나도 처음엔 내 위치에서 흔들림 없이 상담에 응하면서 어떤 정신적인 위로라도 되었으면 하는 마음에서 계속 전화했던 건데, 어떻게 이젠 정이 흠뻑 들어 버렸어."

"창민 씨! 사실은 오늘이 그 사람 생일이에요. 어제 저녁부터 축하 전화라도 해 줘야지 하고 맘먹고 있었는데, 오늘 갑자기 은행으로 통장 가지고 나오라는 소릴 듣고 깜짝 놀랐고, 또 집 문제까지 생겨서 정신이 하나도 없었어요. 그래서 생일 축하한다는 말도 못하고 오늘만큼은 식사라도 준비해야 했는데 그런 마음의 준비도 안 되었어요. 갑작스러워서요. 지금 생각하니 내가 잘못한 거 같아요. 내 할 도리를 해야 하는데. 그러나 지금처럼 어려운 시기에 창민 씨가 옆에 있다는 것이 얼마나 큰 힘이 되는지 몰라요. 정말 고마워요."

"나는 지금 자기한테 무슨 얘길 해줘야 할지 모르겠다. 지금 자기 얘길 들어보면 그 남자 때문에 울고 있는 거 아냐? 미련이 있는 것 같고, 지금이라도 늦지 않았으니 자기가 미안하다고 하면서 다 용서하고 같이 살자고 하면 그 남자 다시 살 것 같지 않아? 그래서 자기는 울고 있는 거지? 얘길 한번 다시 해보지 그랬어?"

"아녜요, 창민 씨. 그런 게 아니고, 지금 내가 우는 건 그 남자하고의 미련이라든가 그런 것 때문이 아니고, 내 일생에 이런 일을 겪어야만 하는가? 너무너무 두렵고 나도 모르는 사이에 일이 이렇게까지 돼버린 거예요. 그리고 자기가 그때 전화를 받지 않았으면 이렇게 일이 커지질 않았을 터인데 나 책임져요. 이제 난 몰라요. 나 어떻게 해! 자기가 내 옆에 없었다면 나는 어떻게 되었을까요? 아마도 예전처럼 잘못했다고 하면서 또 그렇게 살았을 것 같아요. 그런데 이번에는 내 마음이 그렇지를 않았어요. 이상하게도 예전과 달랐어요. 물론 처음에 싸우고 나서 창민 씨 생각하고 이렇게 된 것도 아니고, 그땐 정말 창민 씨 생각도 못했었죠. 싸움 뒤끝이 길어지고 이 남자가 집을 나가서 안 들어오고 하니까 수첩이랑 이것저것 정리하다가 자기가 적어준 전화 메모지가 수첩 첫 장을 넘기면 비닐로 막힌 데 있죠? 거기서 툭 떨어졌어요. 그래서 생각을 했죠. 예전에는 한 남자의 여자로서 전화한다는 것은 상상도 못했었는데 지금은 혼자라고 생각하니까 전화가 가능했던 거예요. 그리고 또 전화하면서도 그동안 세월이 몇 해를 넘어갔으므로 자기가 전화를 받으리라고는 상상도 못했어요. 일단 갖고 있던 전화번호니까 확인하고 나서 버릴 생각이었는데, 어떻게 자기가 전화를 받아서 이렇게 서로의 운명에 영향력을 끼치게 된 것 같아요. 가만히 있는 창민 씨 운명에 내가 갑자기 뛰어들어서 휘저어 놓는 것만 같고, 어떻게 생각하면 또 운명적인 만남이라는 생각도 들고 그래요."

"나, 아침에 자기 얘기 듣고 난 후 기분이 울적하고 또 어떻게 해야 할지 나도 막막하더라고. 그래서 점심도 별 생각이 없어 잘 먹지 못했어. 그리고 일이 이렇게까지 되기에는 자기한테 알게 모르게 나의 영향력이 사실 컸을 테고. 그러자니 내가 자기한테 지금 떳떳한 위치도 못되면서 잡고 있는 실정인데, 이제 와서 다른 방법도 없고 앞으로 자기가 넘어야 할 산이 첩첩인데 애기 같은 사람이 무슨 일을 할 수 있을까? 걱정이 되지만 지금 내가 갈 수도 없고 어쩌니. 그러니 정신 똑바로 차리고 차근차근 하나씩 일을 해결해야지 어떻게 해. 우선 내일 아파트 사무실에 가서 집 문제가 어찌 됐나 알아보고, 또 지난번에 얘기한 사회사업 하는 사람한테 연락해서 요청을 구하고 그래."

"알았어요. 이젠 마음이 많이 안정되었어요. 내가 자기한테 너무 우는 모습을 많이 보였나 봐요. 창민 씨 마음이 많이 아플 텐데."

"그래! 용기를 갖고. 자기 혼자 이혼하는 거야? 다른 사람들 봐라. 얼마나 많은 사람이 이혼하고 그러는데, 원래 똑똑한 사람들이 이혼도 하는 거지, 그렇지 못하면 그냥 참고 그렇게들 살고 있잖아? 그리고 월요일에 오는 거 잊지 마! 그때 만나서 또 상의하면 되니까 겁먹지 말고, 어떻게든 다 살게 되어 있어. 그러니까 절대 마음 안정하고 내일부터 일을 차근차근 진행시키도록 해. 알았지? 아이고 우리 귀여운 베이비."

창민 씨는 호탕하게 웃으며 나를 격려해 주려고 했다. 오늘 이 뜻밖의 사건, 무언가 내 주변을 자꾸 조여 대는 듯한 이러한 일련의 사건을 두고 볼 때, 무언가 모를 힘이 있어 내 일생을 다른 괘도로 바꾸려 하는 듯한 느낌이 들었다. 역행하지 말고 역류도 하지 말자. 그저 흐르는 물처럼, 인생의 흐름에 자연스레 몸을 맡겨야지….

● **7월 12일(화)**

낮에 남편이 잠시 들어와서 라면을 끓여 달라, 커피를 끓여 달라 하여 원하는 대로 해주고 TV를 보며 앉아있기에 나는 옆방으로 가서 책을 읽고 있다가 창민 씨 전화가 올까봐 조마조마 하여 수화기를 옆으로 놓아두었다. 오랫동안 서부영화를 보면서 앉아 있는 그 사람, 사실은 딴 생각을 하고 있었으리라. 아무튼 내가 말을 안 하고 자리를 피하고 있으니 남편은 TV영화가 끝나고 나서야 집을 나갔다.

즉시 창민 씨한테 전화했더니 통화중이더라고 하면서 내 얘기를 듣고 나더니 그 사람 도대체가 이해할 수 없는 사람이라고 하며, 어제는 적금 파기하고 끝나는 줄 알게 해 놓고는, 오늘 새삼스런 그런 행동은 이해하기 어렵다며 마음을 굳게 갖고 잘 대처해 나가길 바란다고 말했다.

창민 씨와 전화가 끝난 후, 잠시 앉아있는데 남편이 수박을 들고 다시 들어왔다. 자신이 직접 썰어서 냉장고에 넣고 난 후 TV를 보며 앉아 있더니 수박을 갖다 달라고 하기에 갖다 주었다. 시간이 자꾸 흐르는데 어쩐 일인지 오늘은 나갈 생각을 안 하고 있기에 공연히 마음이 불안하기만 했다.

그러다가 밤 10시가 되어 그는 TV를 끄고 나서 "자러 안 가?" 하고는 나를 쳐다보았다. 그때 나는 거실 책상에 앉아 책을 읽고 있었는데 갑작스런 그의 말에 놀라 흘끔 쳐다본 후 다시 눈을 책으로 돌렸다.

남편이 침실로 들어가고 나서 한참 후, 읽던 책을 덮어두고 거실 소파에서 옷을 입은 채로 누워있는데 누가 들어오는 인기척이 있어 벌떡 일어났더니 남편이 팬티만 입은 채 들어서고 있어서 화들짝 놀랐다.

"방에 가서 안 잘 거야?"

"지금 당신 무슨 소릴 하고 있는 거예요? 도대체가 제 정신이에요? 뭔가 지금 꿈을 꾸고 있는 모양인데 꿈 깨세요."

"그래? 네가 아직도 정신을 안 차리고 그러는데 그러면 내가 어디 뜨거운 맛을 보여주지, 정신이 번쩍 들도록."

역정을 내어 소리를 지르면서 침실로 다시 갔다. 정말로 어처구니없는 그의 이런 행동을 어떻게 받아들여야 할는지. 나는 불 꺼진 거실 한쪽 소파에서 두 무릎을 세우고 앉아 있었다. 결혼의 시작도 힘들었지만 결혼의 끝이 왜 이렇게 돼야 하는지. 어제 남편의 행동과 오늘 남편의 행동에서 보이는 이런 이중성을 어떻게 해석해야 하는가?

물론 내 마음이 중요한 것이다. 상대가 어떤 방법으로 나오든

활은 벌써 시위를 떠난 지 오래고 엎질러진 물인 것을. 그 사람은 도대체 왜 나를 이다지 괴롭히려 드는 것인가? 벼랑의 끝에서 서로 다투고 또 신경전을 소모할 필요가 있을까? 현명하게 대처하도록 노력해야겠지. 서로를 위하는 최선의 방법을 찾도록.

잠이 오질 않아 다시 책을 들었으나 눈에 들어오질 않고 머리만 지끈지끈 아파왔다.

아! 내 인생이여, 굴곡이 많은 나의 삶이여, 모든 고통과 시련 모두모두 모여라. 그리하여 깡그리 나를 다 태우고 또 소멸시켜라. 그래도 미워하지 않으리라. 어쩔 수 없는 내 인생이라면 받아들일 수밖에….

● **7월 13일(수)**

몇 시쯤인지 모르는 이른 새벽, 남편이 나가는 소리에 잠이 깼다. 밤새 뒤척이다 새벽녘에 잠시 눈을 붙였는데 남편이 나가면서 한 마디 세차게 던졌다.

"어디, 네가 어떻게 하나 두고 보지!"

정아엄마가 우리 집 근처에 왔다가 빵을 사 가지고 왔기에 함께 아침을 나누었다. 그런데 정아엄마가 전화를 하기 위해 수화기를 들더니 전화 신호음이 안 들린다고 하기에 직감으로 남편이 아침에 나가서 전화국에 연락을 한 모양이구나 하고 생각했다. 전화선이나 전화코드 모두 아무 이상이 없었다. 분명히 남편이 아침에 나가서 전화국에 연락을 한 모양이었다. 그의 말대로 뜨거운 맛을 보이려고.

정아엄마는 화가 나서 손을 부들부들 떨었다. 이럴 수가 있느냐고, 전화를 끊어도 얘기를 하고 나서 끊어야지 어떻게 사람이 살고 있는데 이럴 수 있느냐고.

즉시 정아네 집으로 같이 가서 전화국에 알아보았으나 아직 서류를 못 받았다면서 오후에 다시 확인한 후 연락해 달라는 답변을 들었다.

괘씸한 사람 같으니라구! 사람이 엄연히 집에 있는 것을 알면서 한마디 말도 없이 일방적으로 전화선을 끊어 놓다니. 만약에 이러다가 위급한 상황이라도 생긴다면, 전화마저 없으니 몹시 곤란한 일을 당할 수도 있다.

정아엄마는 그래도 내가 좀 기다리면서 서로 대화를 해 보는 게 어떻겠느냐고 하는데 나는 그렇게 생각하지 않았다. 과거도 중요하고 현재도 중요하지만 미래는 더욱 중요한 것이라고 생각했다. 과거와 현재를 이렇게 망가트려 놓고 어떻게 미래를 꿈 꿀 수 있으며 또 설계할 수 있겠는가?

임 아줌마가 나를 찾기 위해 정아네로 전화를 하셨는데 어제 오늘 내가 없어서 궁금하여 찾았다고 하셨다. 그곳으로 잠시 후 아줌마가 오시어 함께 식사하고 휴식을 취했다.

정아엄마는 요즘 조그만 곳으로 집을 옮기기 위해 신문에서 찾고 있는 중인데 10월 말까지 집을 비워줘야 하니까 지금부터 부지런히 찾아야 했다.

집에 와보니 거실 벽에 장식으로 달아 놨던 긴 한국 문살의 창호지 문 6개를 떼어놓았다. 그 사이 남편이 와서 문을 떼어서 한쪽에 가지런히 세워 놓았는데 순간 섬뜩한 느낌이 들었다. 잠시 있으려니 그가 들어왔다.

“왜 전화선을 끊어 놓았어요? 나한테 얘길 하고 끊든지 할 것이지. 그리고 어차피 전화가 필요한데 내 이름으로 해도 되는 게 아닌가요?”

“내 이름으로 된 것이라 내가 그만 쓴다고 했어. 그리고 당신이 필요하면 이제부터 당신이 따로 설치해서 써!”

창민 씨가 나에게 몇 차례 전화했을 텐데 하는 생각에 즉시 우체국에 가서 전화카드를 사서 전화했다.

“전화 이제 못해요. 남편이 전화를 끊어 놨어요. 지금 카드로 전화하는 거예요.”

“내가 뭐랬어. 이제 별 일이 다 있을 거라고 했지? 이제부터 시작이니까 용기를 내야 해!”

공중전화 박스는 몹시 더웠다. 길가에 위치하고 있어서 문을 열면 조금 시원했지만 차 소리가 많이 나고, 문을 닫으면 조용하지만 푹푹 찌는 한증막이고. 창민 씨는 더운데서 전화하느라 힘들 거라면서 자기도 경험이 있는 사람이라 알고 있었다.

“전화 카드 사서 한동안 사용해야 되겠어요. 그리고 월요일에 우리 만나기로 했으니까 괜찮아요. 어차피 주말에는 자기하고 통화 못하고 오늘이 수요일이니까 2일 정도면 되니까 괜찮아요. 그 사람도 며칠 지난 뒤에 전화를 끊을 것이지 고약하다니까요.”

“아침부터 매일 몇 시간씩 통화하다가 오늘은 아침부터 전화가 안 되니까, 처음엔 손님이 왔거나 아니면 통화 중인 줄 알았었다구. 자기 목소리를 안 들으니까 도무지 일손이 잡히지도 않고 그랬어. 그래도 계속 전화해줘야지 내가 궁금하잖아?”

“알았어요. 전화 문제부터 해결해 놓고 또 연락할게요. 그런데 자기 나한테 요즘 얘기 안한 거 있다?"

"무슨 얘기? 아! 그래 알았어! 사랑해!"

이날은 임 아줌마 댁에서 하룻밤 묵기로 했다. 남편이 집에 와서 강제로 나를 끌고 침실로 갈 것 같은 예감이 들어서.

● **7월 14일(목)**

아침에 임 아저씨와 함께 전화국에 가서 전화선을 내 이름으로 다시 가설해 놓고 전화기도 흰색으로 준비해왔다. 전화가 끊긴 지 3일 이내에 설치해야만 예전에 쓰던 번호를 그대로 쓸 수 있다기에, 번호 변경시키는 것보다는 그대로 사용하는 게 편할 것 같았다. 오늘이 2일째, 즉시 재신청을 내 이름으로 했으니 전화기를 남편이 마음대로 하지 못하겠지.

공중전화로 창민 씨에게 전화를 했다. 전화기를 다시 가지고 왔으며 내 이름으로 신청했는데 다음 주부터 연결이 된다고 하더라는 얘길 들려주었다. 창민 씨는 내 목소리를 못 들으니 일이 손에 안 잡히고 한다면서 또 전화해주길 희망했다.

지숙이네서 영화 관람을 하고 난 후 집에 오는 길에 다시 전화를 했다.

● **7월 15일(금)**

오전 10시에 창민 씨에게 전화하기로 했었는데 공중전화에 사람들이 많아서 못했다. 12시경 어제 새로 가지고 온 전화기를 연결시켜 소리를 들어보니 윙 하는 신호음이 들렸다. 그래서 창민 씨 전화번호를 눌렀더니 연결이 되는 모양이었다. 몹시 기뻤다.

"창민 씨! 어제 가지고 온 전화기인데 코드를 꽂으니 연결이 되는데요? 창민 씨와 제일 처음으로 전화 개통하는 거예요."

"아니! 다음 주부터 된다고 하더니 빨리 연결이 되었네?"

"나도 그렇게 생각했는데 코드를 한번 꽂아 보았더니 신호음이 들렸어요. 그래서 번호를 눌러본 거예요."

"잘됐다. 자기 뜨거운데서 전화하지 않아도 되고 소리도 아주 잘 들리는데?"

● **7월 16일(토)**

새벽녘에 잠이 깨어서는 도무지 다시 잠이 오질 않아 책을 읽고 커피를 끓이고 명상의 시간을 보냈다. 창민 씬 일어났을까? 그는 몇 시에 일어나는지 물어봐야겠다. 이른 시간이라 활동하기엔 적절치 못한 것 같고, 식당은 일찍 장사를 시작하니까 그곳에 가서 기차시간이나 알아 놓아야겠다.

식당 아저씨가 8시경에 전화로 기차시간을 알아보았는데 새벽 6시부터 한 시간에 세 차례나 기차가 떠나고 또 매 시간마다 있어서 편리했다. 비스바덴까지는 약 2시간 30분 소요되고 중간에 마인즈에서 잠시 바꿔 타면 된다고 했다.

10시가 되니 창민 씨 전화가 왔다. 기차시간을 그에게 알려주자 6시 첫차로 내려오는 것이 시원해서 좋을 거라며 첫차를 권하기에 그렇게 하기로 했다. 비스바덴에는 8시 31분 도착, 그 시간 맞추어 창민 씨가 기차역으로 나오기로 했다.

"창민 씨! 내일 모레면 우리 정말 만나네요? 아휴 좋아라."

"그래, 내일 모레네."

그리고 창민 씨네 상점에 손님이 와서 잠시 전화를 끊었는데 그 사이에 임 아저씨 전화가 왔다.

"아니! 벌써 전화가 되네요? 나는 그냥 한번 돌려본 건데."

아저씨는 전화가 내주 월요일에 된다고 했기 때문에 통화가 안 될 줄 알면서도 우연히 한번 돌려본 건데 개통이 된다면서 아줌마를 바꿔주셨다.

"소희네가 녹색 호수(그리네 제)에서 고기를 굽는다고 하더라, 우리 집으로 12시까지 와서 같이 가자."

창민 씨한테 전화를 하여 지금 나가야 한다고 얘기한 후, 오늘은 토요일이라 그가 1시까지 근무하니 어차피 시간이 얼마 안 남았고, 내일은 일요일이라 통화가 안 되니 월요일에 기차역에서 만나기로 약속하고 통화를 끝냈다.

임 아줌마 댁으로 가서 자동차로 함께 녹색 호수까지 갔더니 소희엄마가 자신의 생일이라 여러 가지로 준비를 많이 해왔고 손님도 많았다. 나무 그늘 아래 자리를 펴고 불을 피워 고기를 굽고 또 즐거운 시간을 보내다가 저녁 8시 30분경에 집에 돌아왔는데 조금 피로했다. 그러나 늦은 시간까지 글도 쓰고 옷도 챙기고 했다.

● **7월 17일(일)**

간밤에 늦게 잠이 든 데다 중간에 잠을 설치고 나니 새벽녘에야 깊이 잠들 수 있었는데 몇 시인지 초인종 소리에 벌떡 일어났더니 정아엄마가 수영장 가자고 왔다. 피곤하여 집에서 쉬고 싶었는데 자꾸 가자고 하여 할 수 없이 따라 나섰다. 수영을 할 줄 모르므로 물장구 치고 앉아 있다 올수밖에. 어제 고기를 재워 놓은 것이 남아있다면서 소희네가 임 아줌마네 정원에서 오늘도 고기를 굽기로 했다. 여럿이서 앉아 얘기하며 놀다 집에 돌아와 빨래를 세탁기에 넣어 돌리고 꽃나무에 물도 많이 주고 이것저것 준비물을 챙겼다.

내일 새벽 5시 17분 버스로 나가야 하니 일찍 잠자리에 들었다. 그러나 어이하여 잠은 오지 않고 하얗게 밤을 지새웠는데 시간을 못 맞출까 걱정되어 도무지 잠이 오질 않았다. 지금 시간이 새벽 3시, 이제 몇 시간 후면 만날 수 있구나.

8시 30분이면 비스바덴에 도착하여 그를 만날 수 있겠지. 이렇게 만나게 되는구나. 어쩜 이런 해후가 다 생기는구나. 정말로 믿어지질 않는 일이었다. 마음이 설레어 내 마음이 먼저 비스바덴에 가 있는 것 같았다. 아! 우린 정말 만나는구나….

● **7월 18일(월)**

새벽 5시 17분 버스를 타고 역으로 향했다. 그리고 6시 4분에 뒤셀도르프 역을 출발한 기차는 아름다운 풍경을 보여주면서 쉴 새 없이 달렸다. 라인 강을 따라서 전설 속의 로렐라이 언덕을 보여주는가 하면 깎아지른 절벽을 또 보여주었다. 야트막하게 둔덕을 층층으로 깎아 포도밭을 만들었는가 하면 작은 산을 뚫어 굴을 만들기도 했다. 마인즈 역에서 작은 기차로 옮겨 타고 약 10분 정도 지나니 비스바덴에 도착했는데 8시 31분, 나에게 이곳은 아주 생소한 곳이었다.

예전에 남편과 여행 중에 비스바덴의 큰 궁전을 잠시 보았던 기억이 있으나 이렇게 혼자 이곳까지 오게 될 줄은 몰랐다. 기차에서 내려 잠시 역 내를 걷는 동안 창민 씨가 눈에 띄었다. 그는 꽃을 들고 나를 기다리고 있었다.

“오래 기다리셨어요?”

나는 그의 손을 잡으며 반갑게 물었다.

“조금 기다렸지 뭐.”

장미꽃 세 송이를 나에게 건네주면서 수줍게 웃는 그가 그리도 순수해 보였고 또 소년 같았다.

“독일에선 홀수로 꽃을 사는 거라고 하여 세 송이를 준비했어!”

그의 손등에 살짝 입술을 대었다. 차를 운전하면서 싱글벙글 그리도 좋은지, 내 손을 잡기도 하고 팔을 살짝 만져보기도 하는 그는 소년 같았다. 출근시간에 맞추어 그의 상점으로 갔는데 꽤 넓고 이것저것 볼 것이 많았다. 빵을 사서 아침을 먼저 나누기로 하고 그는 커피를 올려놓고 이것저것 소소한 일에 꽤 신경을 썼다.

상점엔 일본 기모노가 있고 한국의 자개상도 보였다. 중국 등 아시아 식품과 물건이 있었으며 주변에는 터키 상인들이 줄지어 있는 것이 보였다.

거리는 비교적 깨끗했으며 사람들도 꽤 왔다 갔다 하는 것이 위치는 괜찮은 것 같았다. 상점에 사람이 없을 때면 껴안고 또 우린 진한 입맞춤을 즐겼다. 전화통화를 많이 하여 그에 대하여 아는 것이 많아서인지 도무지 서먹서먹한 것이 없고 오랫동안 알고 지내온 사이 같고 또 모든 것이 자유로웠다. 입맞춤만으로도 몸이 붕붕 뜨는 것 같고 온몸에 전율이 느껴졌다.

만나기 전에 전화통화만으로도 우리 두 사람은 벌써 체온을 느끼고 강한 끌림 같은 것을 감지했던바 새삼스러울 것은 없지만 나는 그의 팔에 안기는 것만으로도 몸이 바짝 졸아들었다. 그러나 저녁때 호텔에선 함께 있을 수가 없었다. 집에 일이 있다는 그는 너무 피곤해 보였으며 또 내 옆에 있으면 잠을 못 이룰 것 같다기에 집에 가서 푹 쉬라고 하며 가기 싫어하는 그를 억지로 보냈다. 오늘만 날인가?

낮에 비가 한차례 내려서인지 저녁 날씨는 꽤 시원하고 맑았다.

● **7월 19일(화)**

이틀 전만 하여도 30도를 웃도는 한여름이었는데, 내가 비스바덴에 오던 날부터 한풀 꺾여서 초가을 같은 날씨가 계속되었다. 약간의 비가 내렸고 가을바람처럼 느껴지는 해맑은 바람이 피부를 간질였다. 아침엔 참으로 상쾌한 날씨여서 호텔 베란다를 산책하면서 창민 씨가 오길 기다렸다.

9시 40분경 함께 상점으로 향했고 낮 1시 30분에 나는 혼자서 공원을 산책했다. 창민 씨는 자동차 대리점으로 향했으며 3시 30분이나 4시에 전화하기로 했는데, 나는 이때 거리에서 눈을 현란시키는 갖가지 놀라움으로 가득 찼다. 공중전화로 내가 있는 곳을 알린 후 잠시 후에 가기로 했다. 오늘은 2시간 30분을 산책해서인지 다리가 몹시 피로하여 창민 씨 상점에 도착해서는 의자에 오랫동안 앉아있었다.

그런데 창민 씨가 말하길, 내가 무척 차갑게 보인다면서 얘기하는 거나 행동 등을 보면 어린애 같은 면이 있는데 아마도 남편이 어린애 같은 내 행동들을 답답하게 느끼지 않았겠느냐고 했다. 그리고 나를 만나기 전, 전화로 글을 읽어주거나 시를 읽어

줄 때, 문학하는 사람으로 상상했던 것이 실제로 만나고 보니 그런 느낌이 들지 않는다고 했다.

글쎄, 글을 쓰는 사람은 어떻게 어떤 느낌으로 다가서는지. 창민 씨에게 내가 그렇게 느껴지질 않았다는 것은 무엇을 뜻하는 것인지 모르겠다. 모든 것은 다 마음에 있으므로.

창민 씨 마음에 내가 썩 다가서질 않았다는 것은 창민 씨의 마음이 나를 받아들일 준비가 돼 있질 않아서 그럴는지….

〈타 인〉

너는 너의 자리에서
나는 나의 자리에서

그렇게 먼 남남으로
이제 만나 헤어지더라도

먼 타인
먼 거리

그렇게 너는 너의 자리에서
이렇게 나는 나의 자리에서
달도 별도 없는 캄캄한 밤
어느 누가
나를 위해 기도하는 밤.

저녁 9시, 창민 씨는 자신의 식당으로 향하고 나 홀로 식당에서 식사를 하고 호텔로 돌아와 샤워를 했다. 일본 여인네가 돼 볼까?

진홍빛 면에 새하얀 목련이 미소하는 기모노의 여인이 되어 책상을 마주했다.

새벽 1시나 돼야 그가 돌아올 터이니 그때까지 마주하리라. 기도하는 마음으로 그렇게 사랑하리. 포용과 관용과 서로의 상관관계를 사랑하리. 모두 다, 모두 다 사랑하리.

비스바덴에서의 2일째를 맞이하고 있다.

어디서 무엇이 되어 다시 만나랴
이렇게 헤어져 있을 줄, 언제 생각이나 하였으랴
서러운 이별, 헤어지고 나면 한 되고 한이 될 것을
인생이 이런 것인가?
남편과 부인
서로가 서로에게 소중한 그 무엇이길 애틋하게 소망하며
갈고 닦아야 하는 긴 여정인 것을
아! 어렵고 어려워라
고통을 나눔도 어렵고
사랑을 나눔도 어려워라
너는 너의 길에서
나는 나의 길에서
서로를 애타게 손짓하며
뒤돌아보며 가는 길에
기도하는 마음 되어
소망의 꽃 한 송이 그대에게 던져 볼까나?
나는 지금, 무엇을 하고 있는 것인지 모르겠다.
어느 이름 모를 여인네 되어 방황의 늪을 헤매고 있으며
청순한 소녀로 문학기행을 연습하며

방탕한 여인네 되어 낯선 거리를 헤매고 있다.
알 수 없는 삶이여!
누구도 상상 못할 먼 이상의 삶이여!
언제까지 이렇게 알 수 없는 생활 속에서 헤매게 될는지
오늘은 잠마저 도망가 버려
온밤을 뒤척이누나.

● 7월 20일(수)

당신을 위하여
당신의 뜻이라면
사랑이라는 이름 아래
위하여, 위하여

그들은 죽음까지도 마다하지 않는
불굴의 정신력으로
때로는, 그 이름을 위하여
불속까지도 뛰어들 수 있는
용기를 지녔네라.

날씨는 엷은 잿빛으로 덥혀 있지만 간밤에 한차례 내린 소낙비 탓으로 한층 맑아 보이며 청아한 것이 흡여 초가을의 날씨처럼 느껴졌다.

이 계절에 나는 무엇을 갈구할 것인가?
실타래 엉키듯 뒤엉킨 내 머릿속의 숱한 상념들을

누에고치가 실을 빼내듯이
마음 깊은 곳에서
곧고 바른 상념의 한줄기 빛을 고르게 빼내어
매끄럽고 고운 명주실을 실타래에 감듯
고르게 감아보련다.
사랑이라는 이름의 연분홍빛 실을
영원이라는 이름의 흰빛 실을
그리고
그리고 이젠
서로의 자리로 되돌아 갈 수 있을 것 같다.
어떤 알지 못할 그리움으로 설레이며 뒤척이던 그 숱한 날들을
툭툭 떨쳐 버릴 수 있을 것 같다.
왜, 나에게 꿈을 꾸게 하셨던가요?
왜, 나에게 그리움 하나 던져 주셨던가요?
그리고 왜? 나에게 많은 설렘을 주셨던가요?
이젠 일어서야만 할 때
이젠 등을 돌리고 안녕이라고
말해야 할 때
그리고 서로의 숙소로
총총히 걸어가야만 할 때가
온 것 같다.

● **7월 21일(목)**

새벽 1시경 창민 씨가 잠시 왔다. 미안하다면서 나와는 인연이 닿지 않는 모양이라고…. 새벽 잠결에 그의 노크 소리에 깨어나 1시간가량 얘길 나누다 그는 다시 나갔다.

방대하게 사업을 벌여놓은 상태에서 현실적으로 불경기 때문에 몹시 신경을 많이 쓰는 모양이었다. 그의 인상은 생활에 찌들어서 허우적대는 느낌이었으며, 피곤해 보이는 얼굴에 조급함을 감추고 있었다. 자신의 마음을 금방 얼굴에 나타내는 경망함과 해야 할 말과 하지 않아야 할 말을 판가름하지 못하며 돈에 억눌려서 살아가는 가련함을 보였다.

남자다운 듬직함과 포근함이 결여된 느낌이었으며, 내 얼굴의 어떤 부분이 차가워 보이는지 모르겠지만, 그렇게 직선적으로 상대를 앉혀놓고 얘기할 수 있는 차가움을 비쳤다.

처음 전화 통화하고 나서 약 40일 만에 그의 요청으로 서로가 만난 것인데, 나의 첫인상을 탓했으며 나에게서 경망함을 느꼈다느니, 자기가 전화로 느껴왔던 어떤 이상형의 여인에다 나를 결부시키기엔 아마도 큰 거리감을 느끼고 있는 것 같았다.

글쎄, 내가 보기엔 본인의 콤플렉스적인 행동으로밖엔 달리 봐줄 수 없는 일인데, 요즘은 남편이 보고 싶다. 아니 몹시 보고 싶었다.

오전 10시경, 창민 씨에게 전화를 하여 집에 가겠다고 하자 역까지 함께 자신의 차를 타고 가자고 하더니, 역 앞에서는 내가 가는 걸 안 보겠다며 손을 내밀었다. 악수를 하면서 "열심히 사세요!" 그 한마디를 남긴 후 역 안으로 향했다. 그리고 뒤를 돌아보지 않았다. 왜 그런지 정이 가질 않는 사람이었다.

그 사람도 나한테서 이런 감정을 느꼈겠지? 그의 말대로 인연이 닿지 않으려니까 서로의 느낌이 그렇게 와 닿는 것이겠지만, 창민 씨로 인하여 남편에 대한 그리움을 찾았다면 오히려 창민 씨에게 고마움을 느껴야 할는지?

참으로 아이러니한 일이다. 난 아직껏 그 누구에게서도 차가운 인상이라든가, 또는 거리감을 주는 사람으로 그런 식의 말을 들어보질 않았는데 정말로 특별한 체험이었다. 꿈은 꿈으로 끝나야 한다. 아름다운 꿈이었다고 서로에게 말할 수 있게….

기차를 타고 집으로 오면서 라인강의 풍취에 넋을 잃기도 했으며 포도밭과 울창한 산림을 감상하면서 그래도 그를 이해해야 한다고 생각했다. 그는 나에게 용기를 주었으며 내가 어려웠을 때 내 설움을 다 들어준 이도 창민 씨였고 내가 목 놓아 부를 수 있었던 이도 창민 씨였다. 그는 내가 가장 어렵고 처참한 모습으로 다가섰을 때, 넓은 가슴으로 포근히 안아 주었고 부드러운 음성으로 나를 나긋나긋하게 달래준 유일한 사람이었다.

창민 씨가 나에게 그런 말을 했더라도 섭섭하게 생각하면 안 된다. 그를 이해해 줘야 한다. 내가 보상받은 그 이상으로 그에게 지불해야 할 의무가 나에겐 있다.

나의 사랑을 위하여, 나의 사랑 창민 씨를 위하여, 아니 나를 사랑하는 내 자신을 위하여 모든 걸 받아들여야 한다. 넓은 가슴으로, 넓은 아량으로….

● **7월 22일(금)**

오전 10시, 10시가 지나 11시가 되었다. 그러나 그의 전화는 없다. 다른 때 같았으면 10시 정각에 전화벨 소리가 요란스레 울렸을 텐데 오늘은 1시간이 지나도록 연락이 없었다.

정아엄마가 빵을 사가지고 왔기에 함께 빵과 커피를 들고 난 후 그의 집으로 갔다. 오후까지 그곳에서 지내다 집으로 오는 길에 공중전화 박스가 보여 카드로 전화를 했다. 그러나 그는 자리에 없었다. 아마도 또다시 카드로 전화할 일이 없을 것 같은 예감이 들었다.

날씨가 어제부터 계속 삼복더위로 치솟고 있어 등줄기엔 땀이 가득하고 숨이 확확 막혔다. 샤워를 하고 나자 임 아줌마 전화가 왔는데 노베아트가 나를 보고 싶어 한다고 어서 좀 오라고 하셨다. 나가려고 하는데 또 전화가 와서 받아보니 창민 씨 목소리였다. 내 예감에 그가 다신 전화하지 않을 것 같았는데 웬일로 전화를 했다. 보통 때와 다름없이 자연스레 전화를 했지만 이젠 전화통화가 예전 같질 않고 자꾸만 겉도는 느낌이 들었다.

차라리 서로가 만나지 않았더라면, 차라리 예전처럼 전화만으로 친구가 되고 연인이 되고 또 남편이 될 수도 있는 그런 상태를 유지할 것을. 후회도 했으나 그래도 어차피 닿지 않는 인연이라면 빨리 끝난 걸 다행으로 여겨야겠지. 모든 걸 순리대로 살아야지 억지로는 안 되는 것이다.

이날 임 아줌마 댁에 가서 노베아트 씨와 함께 많은 얘길 나누었으며 그가 떠나고 난 뒤 아줌마와 아저씨 그리고 나 세 사람이 TV를 보고 있는데, 텔레폰 섹스라는 처음 듣는 단어가 나오고 또 피해자들이 증언을 하고 있는 모습이 화면으로 비춰졌다.

"아저씨, 텔레폰 섹스라니, 그게 무슨 말예요?

"아니 무슨 말인지 정말 몰라서 묻는 거예요?"

"저는 처음 듣는 단어라 생소한데요?"

"말 그대로 텔레폰 섹스예요. 전화로 섹스를 하는 것이지요."

"저는 무슨 말인지 잘 모르겠어요. 전화로 섹스를 하다니."

"전화로 성행위를 말로 하는 거죠. 뽀뽀도 하고 다 할 수 있는 거예요. 프라우 현도 조심하세요. 지금 그런 사람들이 독일에 상당히 많다니까요."

그러자 아줌마가 말씀하셨다.

"프라우 현이 집에 혼자 있다가 낯선 사람의 전화를 받을 수도 있잖아? 그럴 때, 혼자 있다고 절대 말하면 안 돼. 혼자 있다고 하면 그 다음부터 계속해서 전화할 거다 아마. 그리고 그렇게 된다니까."

"그리고 전화로는 별 얘기 다 하는 사람이 만나자고 해서 만나고 나면 그때부터 사람이 싹 바뀐다는 거야. 전화로는 뭐든지 다하는 사람이. 그리고 만나고 난 후로는 시들해져서 전화도 더 이상 안 한다는 거야. 그 사람들은 얼굴도 모르고 목소리만 듣고 전화로만 해야지 다른 건 못 느낀다는 거야. 대개가 전화로 섹스를 하는 사람이면 성불구자이거나 정상이 아닌 사람으로 보면 돼요."

나는 이날 두 분 얘기를 듣고 깜짝 놀랐다. 혹시 창민 씨가 텔레폰 섹스를 즐기는 사람이 아닌가 하고 집에 돌아와서도 저녁내 생각해 보았다. 그리고 그의 이상했던 점들이 떠올랐는데, 내가 전화를 받지 않으면 창민 씨는 아주 초조해했으며 또 남자를 만난다고 하면 아주 민감해지고 했다. 그런가 하면 내 목소리를 듣지 못하면 몹시 불안해하던 일들이 생각났다.

그리고 전화로 그동안 별 얘기 다하고 또 그렇게 믿게 하고선 비스바덴에 내려가서 만난 후, 그때부터 이상했던 그의 행동들이 모두 텔레폰 섹스의 중병이란 말인가?

● **7월 25일(월)**

오전에 창민 씨의 전화가 없었다. 시장 나갔다가 카드전화를 사용했더니 그의 목소리가 들렸다. 그러나 나는 얘길 할 수가 없었다. 수화기를 내려놓을 수밖에…. 집에 돌아와 다시 그에게 전화를 했으며 잠시 얘길 하다가 창민 씨 쪽에 손님이 있어서 수화기를 내려놓았다. 오전에 왜 전화를 안했느냐고 묻자 바빠서 못했다고 하는 그의 목소리, 사람이 어떻게 그렇게까지 변한단 말인가?

지난 월요일에 나를 잠시 만났던 그 첫날이 지나고 다음날인 화요일부터 사람이 확 변했다. 어떻게 그렇게 변할 수 있단 말인가? 도무지 이해가 안 되었다. 나의 모습이 어땠으며 내 행동이 어땠다는 것인가? 말도 안 되는 소리로 나에게 모멸감을 주었으며 수치감을 준 사람. 그런데 나는 왜 그 사람 생각을 하는 거지? 그렇게까지 열정적이고 적극적이었으며 도전적이었던 사람이, 만난 지 하루가 지나기도 전에 그렇게 차갑게 변할 수 있단 말인가? 그리고 사람을 앞에 앉혀두고 태연스레 그런 말을 할 수 있는지, 이해 안 가는 부분이 많았다.

전화로 나를 조종할 정도로 열성이던 사람이 순식간에 그렇게 변하게 된 것은 그의 감정이지 나는 모르는 일이었다. 습관이란 참 무섭고도 무서운 것이었다. 한 시간이 멀다 하고 오던 그의 전화가 하루에 한 번, 또는 두 번 정도로 줄어들었는데 전화가 기다려졌고 또 예전처럼 밖에 나가지 않고 기다렸다. 그러나 전화는 없었다. 기다리다 내가 전화를 하고는 그의 목소리가 들리면 수화기를 내려놓았다.

● 7월 26일(화)

프라우 최네 집으로 5시 첫차를 타고 갔다. 6시 30분부터 시작하여 다섯 집정도 도니까 10시가 넘었다. 노인들이 거동하기 힘든 소소한 일을 잠시 봐주는 정도의 일인데, 문제는 언어의 장벽이었다. 간단한 단어라도 말을 자유자재로 하지 못할 경우는 그것이 쉬운 게 아니므로, 내일도 나와서 배워 보라고 하는데 8월 3일이면 끝난다고 했다. 낮에 창민 씨에게 잠깐 전화했더니 꼬마가 받기에 끊었다. 정씨네서 함께 시간을 보냈다.

● 7월 27일(수)

오늘도 새벽에 시간 맞추어 나갔는데 프라우 최 집에 도착한 것이 약 5분 늦은 시간이었지만 어제는 이 시간에 나왔으므로 괜찮을 줄 알았는데 프라우 최는 벌써 떠나고 없었다. 첫 번째 집 앞길에서 30분이 지나도록 서 있다가 돌아올 수밖에.

창민 씨는 아침에 전화가 없었다. 내가 오후 5시경에 전화를 하여 통화하다가 손님이 와서 그가 다시 내게 전화했다.

"창민 씨! 나 아무래도 한국에 가야겠어요. 이곳 독일에서 계속 살아야 할 이유가 하나도 없어요. 독일이라는 나라는 좋지만 내가 혼자서 살아가기엔 너무 쓸쓸해요."

"그래도 한국엔 가지 마! 한국 가면 나는 어떻게 하구?"

"어제 그 남자(남편)가 집에 와서 자기 전화기 떼어 놓고 내 전화기를 옮겨 놨더군요. 그리고 서류 온 걸 내가 뜯어봤다고 뭐라고 하기에 급한 편지면 빨리 연락해야 될 것 아니냐, 그래서 뜯어본 건데 어때서 그러냐고 했죠. 집 문제도 내 이름으로 이전하라고 하는데 내가 알기론 서류상 이혼이 안 된 상태라 당신 이름으로 돼 있고, 또 당신이 집세를 내야 하는 걸로 알고 있다고 했더니 그렇지 않으니 잘 알아보라고 그러더군요."

"그랬어? 집 문제는 내가 잘 모르는데 알아보고서 하고, 한국에 연락해 봐야 되지 않아? 그리고 한국이 요즘 너무너무 뜨겁다고들 하던데 40도를 웃돈다고 하더라고."

"이곳 독일에서 살아야 할 의미가 없어요. 돈이야 어떻게 벌겠죠. 문제는 그렇게 돈 벌어서 혼자 외롭게 살면서 아무런 의미가 없는 거예요. 어떤 희망이 있든지 낙이 있어야 하는데 나에겐 아무런 희망이 없는 거예요. 그동안 창민 씨한테 희망을 품었었는데 이젠 그것도 없어져 버렸고. 이제야 얘긴데 창민 씨는 나한테 어떻게 그런 얘길 할 수 있어요?"

"내가 뭐라고 했는데?"

"나 만나고 두 번째 날 뭐라고 했어요? 사람을 앞에 앉혀 놓고 어떻게 그런 얘길 할 수 있어요? 난 너무너무 놀랐어요. 그리고 매일같이 전화하던 사람이 같은 지역에서 며칠 동안 있었는데도 전화 한번 없었어요. 어떻게 사람이 그렇게 변할 수 있단 말예요? 난 정말이지 지금까지도 쇼크에서 깨어나질 못했어요. 그리고 창민 씨가 전화로 나에게 했던 말들이 모두 흘러간 단어들인가요?"

"아! 그건 내가 그때 여러 가지로 신경 쓰는 문제가 많다보니까 좀 그랬고 또 자기한테 얼굴이 차가워 보인다고 한 것은 그냥 느낀 대로 얘기한 건데 자기가 너무 예민하게 받아들이는 것 같다. 그냥 느낀 점을 아무 뜻 없이 얘기한 거라고."

"그리고 또 없었어요? 나는 다 생각나는데? 자기가 생각하는 건 이만큼인데 실제의 나는 쪼금밖에 안 된다면서요. 그것도 생각이 안 나요?"

"아! 그건 전화상으로 느낀 것과 실제로 만나고 나니 다르다는 것을 얘기한 것뿐이야."

"창민 씨! 왜 나한테 전화 해?"

"아! 그건, 전화해야지 그냥…."

"전화하고 싶지 않으면 안 해도 돼요. 내가 그동안 얼마나 고통스러웠는지 모를 거예요. 내 인생이 이런 모양인데 어쩔 수 없는 거죠."

손님이 왔는지 다시 연락하겠다고 하고는 전화가 끊겼다. 그리고 1시 30분에 문 닫는 시간인데 그 이후로 전화가 없었다. 정말이지 생각지 못했던 예상을 뒤엎는 일이었다. 이런 모욕은 처음이었다. 어쩜 이럴 수가 있는지. 내 잘못이지 누굴 탓하랴. 마음을 주는 것이 아닌데 정을 주는 것이 아닌데, 그 정도의 인격자에게….

배신자! 배신자!

● 7월 28일(목)

10시 좀 지나서 창민 씨 전화가 왔다.

"왜, 또 우는 것 같은데? 목소리가 착 가라앉았어?"

"슬퍼서 울었어요. 눈이 퉁퉁 부었어요."

"어제 전화했더니 통화중이던데 누구하고 통화했어?"

"아, 그랬어요? 어제 자기가 전화했으면 그런 일 없을 거 아녜요? 자기가 전화 안 해서 그래요. 지난번 식당 아저씨가 전화했어요. 우리 집 근처로 시장 보러 온다면서 아이스크림 사줄 테니 나오라는 거예요. 5시 30분까지 나오라고 했는데 안 나갔더니 또 전화했어요. 왜 안 나왔느냐고. 그래서 내가 좋은 말로 얘기했어요. 이곳엔 한국사람도 많이 살고 있는데 공연히 아저씨한테 폐만 끼칠 것 같아서 안 나갔노라고, 그러니 이해해 달라고 했어요. 그러자 알았다고 하시며 식당에 놀러오라고 하시더군요."

"그 사람도 참 큰일 날 사람이네. 그래, 잘했어. 좋은 말로 그렇게 거절해야지. 그런데 오늘은 왜 아침부터 울었어? 무슨 일 있었던 거야? 그 남자 또 왔었어?"

"아녜요, 공연히 슬퍼져서 울었어요. 예전에 그 남자가 나한테 어떻게 했는지 알아요? 카지노 갔다 와서는 내가 잠자는 방에 와서 강제로 옷을 벗기고 잠자리를 하려고 했어요. 나는 물론 반항했고요. 그러자 내 빰을 때리고 우는 여자 위로 올라가서 자기만족을 하고는 내려왔어요. 좋은 점도 많은데 왜 나쁜 점이 자꾸 생각나는지 나도 모르겠어요."

"아니, 어떻게 여자를 때리고 그 위로 올라가서 자기만족을 채우고 내려오나. 그래 정력이 좋은 모양이네 그 정도면."

"그리고 창민 씨에 대해서 많이 생각했어요. 나한테 창민 씨는 고마운 사람이에요. 이담에 내가 나이 들어 60이 지나면 회고록 정도는 쓰고 싶은데, 그때 창민 씨의 비중이 컸다는 것을 알게 될 거예요. 더 열심히 글도 쓰고 책도 읽고 해서 아주 잘 써야지요."

눈물이 볼을 타고 흐르고 있었으며 목이 잠겨서 소리가 잘 나오지도 않았다.

"창민 씨도 부인한테 잘 대해 주세요. 남자보다 아무래도 여자는 약해요. 여러 가지로. 창민 씨가 부인한테 잘 하는데도 그러겠어요? 창민 씨가 나한테 하듯이 그렇지는 않을 거 아네요? 나한테 하듯이 그렇게 한번 해보세요. 아마도 달라질 거예요. 나는 창민 씨가 정말이지 참 좋아요. 이렇게 마음속에 있는 얘기 자기한테 다 하잖아요? 다른 누구한테도 하지 못할 얘기까지도. 하나님은 공평하시다는 걸 또 한번 느껴요. 나에게 이렇게 시련을 주시면서도 한 가닥의 굵은 동아줄을 내려 주셨어요. 창민 씨가 그 동아줄이었지요, 구원의 동아줄…. 마음에 큰 위안이 되었어요. 그리고 내가 창민 씨를 사랑한다면, 창민 씨의 가정을 지켜 주는 것이 진정한 사랑이라는 것을 생각했어요. 나의 남편이 다른 여자와 외도를 한다면 내가 어땠을까? 하고 생각해 봤어요. 물론 서로가 헤어져 혼자일 경우는 다르지만 창민 씨는 현재 가정을 꾸리고 있는 사람인데 내가 갑자기 전화해서 창민 씨를 어지럽고 고통스럽게 했던 거예요. 모든 건 다 내 잘못이에요. 그 누구의 잘못이 아닌 내 잘못이에요. 그래서 차라리 한국에 나가는 것이 나을 것 같은 생각이 들었어요. 창민 씨나 나를 위해서죠."

"한국 가라고도 못하겠고 또 여기 있으라고도 못할 형편이고, 지금 내 심정은 뭐라고 해야 할지 모르겠어. 자기 비스바덴에 지금 내려와라. 보고 싶어 죽겠다. 응? 다시 내려올래?"

"내려가서 뭐해요? 자기 부인이 없을 때도 그랬는데 지금은 더 하죠."

"허긴 그렇긴 해. 내가 자기한테 만족시켜 주지도 못하고 또 이렇게 떨어져 있으니 여러 가지로 안타깝고 해서 그러지."

"나는 예전부터 마음속에 세 개의 인 자를 생각하며 살아왔어요. 그 첫째가 사람 인人이고, 둘째는 어질 인仁, 셋째가 참을 인忍

이었어요. 서예를 한 것도 많이 참는 것을 배우는 것이고 동양자수나 레이스 뜨기 같은 것이 모두 참을성을 길러 주는 것이라 했던 거예요. 그리고 뜨거운 여름날, 한국은 좀 더워요? 그 더운 날 문을 꼭꼭 닫고는 겨울 외투를 꺼내 입고 방에 앉아서 기도했어요. 사명대사가 임진왜란이 끝난 후에 포로로 잡혀간 우리나라 사람들을 구하기 위해 일본에 갔는데, 일본인들이 사명대사를 죽이려고 온돌방에 가두고 몇 날 며칠 불을 때서 방을 달구었대요. 그런데 방문을 열어보니 오히려 그 방에 성에가 끼고 고드름이 달렸더라는 전설을 상기시키면서 내가 그 흉내를 냈던 거죠. 그땐 왜 그랬었는지 지금 생각해도 알 수 없는 일이지만 아마도 지금 이렇게 되려고, 그때 참을성을 그렇게 길렀던 것 같은 생각이 들어요. 그런데도 나에게 참을성이 모자라서 지금 이렇게 된 것 같아요. 그래도 더 참아야 하는 건데 말예요. 첫째, 사람이 되어야 하니까 사람인人이 필요하고 둘째, 사람이면 어질어야 하므로 어질 인仁이 필요하고 세 번째, 어진 사람이 되기 위해선 잘 참아야 하므로 참을 인忍이 필요한 것 같아요. 그래서 사람이 살아가는 데 세 가지 인이 필요하다고 나는 생각해요."

"참 좋은 말이야, 자기는 어떻게 그렇게 아는 게 많으니? 참는다는 게 그렇게 쉬운 얘기가 아니야. 어질기도 어렵고 사람 되기는 더욱 어렵고 어려운 얘기지. 오늘 자기한테서 참 좋은 얘기 들었다. 정말 좋은 얘기야."

"그런데 참는다는 것이 좋은 줄 알았는데, 무조건 참기만 하는 게 꼭 좋은 것만이 아니라는 걸 느꼈어요. 5년 넘는 세월을 참았지만 지금 나에게 남은 게 뭐예요? 마음의 병과 육신의 병만 생겼지 무슨 좋은 것이 없어요."

"내가 보기에도 자기는 참을성이 참 많더라. 이번에 보니까 다른 여자들 같으면 그렇게 하지 않았을 텐데 자기는 참을성이 많아."

"같이 살던 남자는 내가 그렇게 참고 있는 걸 아는지 모르겠어요. 옛말에 참을성 많은 사람이 꼭 그런 사람 만나서 참을성 기르며 산다더니 정말 내가 그 짝 된 거예요. 왜 참을성을 길렀었는지 지금 생각해도 알 수 없는 일이에요. 운명이 이렇게 되려고 한 거겠죠."

"사실 이제야 얘긴데, 자기 지난번 내려왔을 때 보니까 인상에서 그런 걸 느꼈어. 오만함과 남이 근접하기 어려운 어떤 날카로움이랄까? 도도함이랄까? 그런 거 말야. 그래서 내가 차가워 보인다고 한 표현이 다르다 뿐이지 그런 느낌이었어. 남자들은 그런 걸 싫어해. 여자가 오만해 보이고 하면 그걸 꺾고 싶거든. 그러자니 강제로 잠자릴 하고 그랬을 거야 아마."

"나에게서 그런 점을 느꼈을 거예요 아마. 그렇지만 나에게 오만함이나 도도함 같은 것마저 없었으면, 나는 아마도 이 시련을 이겨내지 못했을 거예요. 내 자신을 위한 오만과 자존심이 끝내 나를 지켰다고 생각하고 있으니까요. 내 그 자존심이 참을성을 길렀던 거죠."

"자기는 무척 생각이 깊고 또 참을성도 많고 그랬어. 그러나 자기를 만나고 보니 나에겐 벅찬 여자라는 생각이 들었어. 여러 가지로 다 그랬어. 그래서 책임질 수 없는 짓을 할 수 없었고 또 내 능력이 모자라다는 것을 느꼈고. 그러자니 자연히 자기를 회피할 수밖에 없었다고."

"그렇질 못해요. 난 여러 가지로 부족한 것이 많고 인격을 많이 갖추질 못했어요. 그래서 이렇게 사는 거예요."

"집에만 있지 말고 산책도 하고 이웃에도 가고 그래. 바람을 쏘이고 나면 좀 마음이 좋아질 거야. 그리고 지금 음악소리가 들리는데 지난번 그 음악이야? 그런 슬픈 음악 틀어놓고 있으니까 마음이 더 그렇다구. 그러니까 다른 음악으로 바꾸고."

"그렇지 않아요, 얼마나 좋은데. 마음이 차분해지는 것 같지 않아요?"

"내가 보기에 자긴 잘 참아내고 있어. 그리고 특히 좋은 점은 절망적인 상황에서도 한 가닥 희망을 꼭 찾아내고 있더라. 남이 갖지 못한 좋은 점이고 자신의 장점이란 걸 알아야 돼. 그리고 자기는 나한테 항상 연인이고 또 친구라는 걸 알아야 해. 인생이란 수없이 바뀌는 거니까 항상 희망을 갖고 살다보면 어떻게 되지 않겠어? 희망을 가지라구."

● **7월 29일(금)**

새벽에 일어나 프라우 최 집으로 가서 함께 일을 하고 돌아오니 11시가 되었다. 전화가 와서 받아보니 식당 아저씨 전화였다. 집 근처로 물건 하러 오는데 잠깐 만날 수 있느냐고 하셔서 못 나간다고 했다. 그러자 식당에 나오라고 하셔서 오늘은 나가고 싶지 않다고 말씀드렸다. 그리고 한국에 나가야 될 것 같아서 이것저것 정리도 해야 되고 마음이 안정이 안 되어 그러니 이해해 달라고 했다.

그 후 창민 씨 전화가 왔다. 오전에 전화했더니 안 받더라고 하면서 조금 전에 통화중이던데 누구하고 통화했느냐고 물었다. 식당 아저씨 전화였다고 말한 뒤 한국 가는 문제를 생각해 봐야겠다고 했더니 차분히 마음을 안정시키고 너무 서두르지 않았으면 좋겠다고 했다.

“식당 아저씨가 자꾸 전화하니까 전화 못하게 하기 위해서 한국 갈 거라고 말했는데 말하고 보니 정말 한국 가는 게 나을 것 같은 생각이 들었어요. 그리고 자기한테도 내가 한국 가는 것이 나을 것 같고.”

“글쎄! 한국 가는 것도 좋긴 한데, 한국 가면 언제쯤 가려구?”

“남자를 일단 만나서 이혼서류에 서명하고 그 다음에 떠나는 거죠 뭐!”

“자기 한국 간다니까 생각나는데 한국에서 문방구 쪽으로 혹시 아는 데 있나?”

“그런 쪽은 아는 데가 전혀 없는데요.”

“혹시, 문방구 쪽으로 아는 데 있으면 이곳 독일이 문필구가 발달했더라구. 그러니까 한국에서 수입해서 도매나 소매 하는 것도 괜찮을 것 같은 생각이 들어서. 자기 그런 일 한번 해볼래?”

“나는 그쪽으로 경험이 없는데 할 수 있겠어요?”

“어려운 일 아니야, 판매하는 거니까. 현재 한국에는 아마 백화점에만 있을 테고, 또 백화점 물건은 비싸니까 우리가 하면 직거래 하면서 도매 소매 하면서 좀 싸게 팔면 되고, 이곳 독일은 색상이 좋아서 크레용, 물감, 이런 게 참 좋더라고.”

“한국에서 할 사람 구해 보세요. 나하고는 상관없는 일이니까.”

“왜 그래? 나는 자기가 한국 간다고 하니까. 그럼 그런 장사라도 해서 서로 연결이 되고 또 만날 수도 있고 자기한테도 괜찮을 거라 생각해 본 건데, 왜 자기는 싫어?"

"나는 다 싫어요. 살고 싶은 생각도 없고 한국 가면 어디 조용한 절에나 가서 꼭꼭 숨어 살고 싶어요."

"머릴 깎고 중이 되겠다고? 별소릴 다 듣겠네. 왜 하필이면 중이 될 생각을 하나 그래?"

"이제 늦었는데 중이야 되겠어요? 조용한 절에 가서 속세와 연을 끊고 조용히 지내고 싶은 거죠. 그렇지 않으면 또 다른 방법도 있고."

"다른 방법이 뭐 있는데?"

"죽고 싶은 생각이죠. 이곳 독일은 약을 함부로 못 사니까 이곳에서 면도칼로 죽는 방법 중 동맥 끊는 방법을 생각해 봤어요. 예전에 남편과 살던 아파트에서도 베란다에서 뛰어 내리든가, 동맥을 끊든가 해 보려고 했는데 그것도 용기가 있어야지 안 되더라구요. 마음대로 안 되는 게 인생살이라 어떻게 해볼 도리가 없었어요."

"자기 왜 그런 소릴 하고 그래? 지금 누구 겁주는 거야? 뭐야? 왜 죽을 생각을 하며 또 그런 얘기를 하는 뜻이 뭐야? 도대체가 사람이 왜 그래?"

"왜 그러긴요? 삶에 의욕이 없어요. 일단은 이곳 독일을 떠나고 싶어요. 5년 넘는 생활 동안 괴로움밖에는 다른 어떤 의미를 찾기가 힘들고, 그러자니 한국 가는 건데 한국 가면 또 뭐하겠어요? 죽고 싶은 생각밖에는 아무 생각도 없어요."

"거, 죽는다는 소리 좀 하지 마라. 사람이 긍정적으로 생각하고 해야지, 왜 부정적으로만 생각을 갖나?"

"창민 씨는 나한테 관심이 없으니까 이젠 그런 얘길 할 필요가 없잖아요?"

"관심이 없다니, 내가 자기한테 관심이 없으면 왜 이렇게 오랫동안 전화하고 그러겠어. 날씨도 더운데 이렇게 오랫동안 전화하다 보면 귀가 먹먹하고 그래. 그렇지만 자기 목소리 듣고 싶고 또 여러 가지로 걱정도 되고 하니까 내가 전화비 없애가면서 이렇게 오랫동안 전화하는 거라구. 그런데 자기는 내가 전화하면 매일 우는 소리나 하고 징징 짜는데, 하루 이틀 아니고 나도 사실 화난다구. 사람이 희망적이고 그래야지, 어떻게 매일 그렇게 울기만 하고 세월을 보내려고 하나. 그리고 내가 지금 이 위치에서 어떻게 할 수 있겠어? 나는 나대로 자기한테 최선을 다하는 거라구."

"창민 씨는 왜 나한테 기다리라고 했어? 2년만 기다려 달라고 했었지요. 그런데 지금은 그게 아니지? 나는 다 기억하고 있어요. 기다려 달라고 했었고 또 여러 가지 우리들이 했던 얘기들이 허공으로 묻힌 거야? 내가 자길 얼마나 생각했었는데, 난 자기가 한 얘기를 진심으로 믿었고 또 지켜지리라 생각했어. 그런데 이게 뭐야, 이게 뭐냐구!"

'자기 진정해, 우리가 지금 헤어지는 거니? 왜 그래? 그때 내가 했던 말이나 행동에 대해선 해명했잖아? 사람이란 보는 각도에 따라서 아무리 훌륭하고 완벽한 사람도 달리 보일 수 있는 거야. 그리고 내가 지금 자기한테 어떻게 해 주면 되겠어? 현재에 충실하고 또 노력하고 있잖아? 자기는 너무 생각하는 게 빨리 나가는 거 같아. 미리 이럴 것이다, 저럴 것이다 하고는 괴로워하니까 그래. 현실에 충실하면서 하나하나 쌓아 가는 거야. 그러다 보면 뭐가 돼도 되겠지, 안 그래? 내가 그렇게 모질지 못해요. 이렇게 전화하고 얘기하는 거 보면 모르겠어?"

"자기가 나를 볼 때 현재 딱한 사정에 놓여있고 그러니까 딱해서 위로해 주느라 그러겠지요."

"자기, 정말 그렇게 생각하면 안 돼. 내가 지금 자기가 딱해서 이렇게 매일같이 전화하고 그러는 거니? 자기가 딱해서가 아니고 사랑하니까 하는 거야. 내가 뭐 봉사사업 하니? 딱하다고 몇 시간씩 매일 전화 붙들고 이러는 게? 나도 모르겠어. 자기한테 마음이 자꾸만 가는 걸 어떡하니. 목소리 못 들으면 궁금하구. 그렇다고 내가 지금 당장 자기한테 무얼 어떻게 해줄 수 있는 형편도 못 되면서 정신적으로나 물질적으로나 무엇 하나 만족스럽게 해줄 형편도 못 되면서, 그냥 자기한테 마음이 가는데 어떻게 해! 요즘은 그래서 내 자신이 참 비참하다는 생각이 많이 들어. 돈이라도 많아서 자기한테 집도 사주고 또 장사도 시켜주고 자기한테 다 해주고 싶은데 그럴 형편도 못 되고, 내 자신이 지금 가정을 갖고 있으니 맘대로 내팽개쳐 버릴 수도 없으니 그것도 맘대로 안 되는 일이라 딱하고, 정말 요즘처럼 내 자신이 비참하다고 생각되어 본 적은 없어.

독일 올 때 무일푼이었고 단돈 1,000마르크로 시작해서 지금은 식당과 슈퍼마켓, 자동차 대리점 등을 운영하게 됐는데, 물론 사람들은 남이 하지 못하는 일을 했다고 나를 성공한 사례로 생각들 하고 있지만 나는 아직도 아니야. 올 가을에 다시 시작하는 식당이 잘돼야 하고, 또 현재 하고 있는 가게를 내놨는데 팔려야 되고, 여러 가지로 문제가 많아요. 그런 중에도 내가 자기한테 전화로 몇 시간씩 통화하는 거, 이게 자기가 딱해서 그러는 줄 알면 안 돼. 그냥 목소리 듣고 싶고 마음이 안 놓이고 또 여러 가지 궁금하고 그래서 그래, 알았어? 내가 이렇게 멀리 있지만 자기한테 현재 나보다 더 가까운 사람은 없잖아? 그러니까 마음으로 나를 믿고 또 나한테도 지금 자기가 가장 가까운 사람이야. 그것만 알고 있으면 돼, 알았지?"

지난번 비스바덴에 내려가서 2일째 되던 날 창민 씨가 갑자기 나를 향해 얼굴이 차가워 보인다느니, 경망스러워 보인다느니, 내가 생각한 것과는 차이가 난다느니 등등으로 나를 환멸스럽게 만들었다는 얘기와, 그 후로 내가 호텔에 있는 동안 전화 한번 없었으며 또 내려온 후로도 창민 씨 전화가 예전 같질 않았으며, 그 전에 우리가 나누었던 대화들이 모두 허공으로 사라진 것인가? 왜, 전에 했던 말이 이행이 안 되고 있으며 그 사이에 그렇게 변할 수 있단 말인가? 나는 너무너무 실망하고 있으며 배신감을 느끼고 있다고 말해줬다.

그러자 창민 씨는 나를 그렇게 보았다면 자기하고 더 할 말이 없다면서 이젠 나한테 전화 안 하겠다고 하기에 전화하지 말라고 나도 소리쳤다. 그러면서 그의 전화가 끊기고 그때 시간이 6시 35분경이었다.

상점 문을 닫아야 할 시간이 지났고 나도 정말 끝났다고 생각하고 있으므로 전화 같은 거 안 하려고 생각했다. 남편이 전화기를 끊고 난 후, 창민 씨와 연락이 안 되면 답답하므로 부랴부랴 전화를 다시 설치했고, 또 비스바덴에 내려갔던 것도 내 위치에선 크게 생각하고 내려간 것이었는데 그의 모욕적인 말이나 듣고 올라왔으며, 또 예전 같지 않은 그의 태도에서 이래저래 자존심 상하고 화가 났던 것이다. 그런데다 그는 자기가 한 말을 기억 못하고 있으며, 내가 있었던 사실에 대해 서운함을 말하는데도 별 뜻 없이 자신이 느낀 대로 한 말이니 그렇게 생각하라고 간단하게만 말했다. 이해되지 않는 얘기지만 용납할 수밖에….

7시경에 전화를 돌렸다. 신호가 몇 차례 가도록 전화를 안 받기에 화가 나서 바로 가게 문을 닫고 나갔나 보다 생각하며 수화기를 내려놓으려는데 그의 목소리가 들렸다. 너무너무 반갑고 역시 그 사람은 내 전화를 기다리고 있었구나, 하는 생각에 눈물이 주루룩 흘러 내렸다.

"창민 씨, 집에 갔으면 어쩌나 하고 걱정했어요. 미안해요. 나 때문에 화 많이 났죠? 그래서 또 담배 많이 태우는 거야? 담배 태우는 소리 나요."

"그래 화났어, 지금 머릴 식히려고 앉아 있었어. 식당에도 얼른 가야 하는데 마음이 안정이 안 돼서 식혔다 가려고. 내 마음을 그렇게 몰라주니 그래? 나는 아까도 말했지만 자기가 한국 나가면 상당히 섭섭하지. 그렇지만 자기가 한국 간다고 우리가 헤어지는 건 아니잖아? 그래서 그런 장사 쪽으로도 신경을 써 본건데, 자기는 아까 말하는 걸로 봐서 나하고 아주 헤어지고 한국 나가는 걸로 말하던데 그게 사실이야?"

"내가 한국 가면 모든 걸 끝내고 떠나는 거죠. 그렇게 느낀 것이 맞을 거예요."

"자기는 어떻게 그렇게 쉽게 끝낼 수 있는 거야? 우리 사이가?"

"그렇지 않다고 나도 생각했지만 자기 요즘 나한테 하는 거 보면 꼭 그렇게 느껴져요. 그래서 너무너무 슬퍼요."

"그렇질 않아요. 내가 자기가 싫으면 어떻게 이렇게 오랫동안 통화하겠어. 그리고 지난번 자기 왔을 때 내가 한 말은 가깝게 느껴져서 마음에 있는 말을 자연스럽게 한 것뿐이야. 다른 뜻은 없다구. 어제도 내가 말했지만 자기는 나한테 친구이자 애인이라구. 그러니까 다른 생각 하지 말고 나를 믿어. 내가 자기한테서 마음이 멀어졌을까봐 그러는 거지? 그렇지 않아요. 그러니 마음 편하게 갖고 쓸데없는 생각 하지 마, 알았지?"

"알았어요. 얼른 식당에 가야 되지 않아요? 전화 얼른 끊고 식당에 가요."

"그래, 푹 쉬고 내일 전화할게. 아무 생각 말고 푹 쉬도록 해."

전화가 7시 35분경에 끝났으며 그 후 마음이 조금 안정되어 글을 쓰고 저녁 식사로 계란 반숙을 해서 먹었다.

밤 9시경에 전화가 와서 받아보니 창민 씨였다. 식당에 잠깐 들렀다가 마음이 안 좋고, 또 내가 걱정되어 집으로 가서 샤워를 하고 난 후 전화하는 거라고 했다. 팬티도 입지 않고 전화한다는 그의 말에 나는 깔깔대고 웃음이 나왔다.

"자기하고 키스하고 싶다. 지난번 자기 왔을 때 첫날, 그날 하루에 우리 몇 시간 동안 뽀뽀한 거 알아? 아 그때 굉장했어, 아찔할 정도였어. 자기 뽀뽀하는 건 아주 대단해, 다른 건 체험해 보질 않아서 잘 모르겠고 몸이 후끈 달았으니까."

"정말 그랬어요? 나도 그렇게 진한 뽀뽀는 처음이었어요. 남편하고 몇 개월이나 떨어져 살았고, 언제 키스했는지 생각도 안 나요. 그리고 또 키스했더라도 그렇게 진하고 감동적인 적은 한번도 없었어요."

"자기, 그때 혀가 굳는 것 같은 느낌이 들었는데, 흥분이 심하면 혀가 굳거든."

"그러는 거예요? 아마 몹시 흥분되고 했으니까 그럴지도 몰라요. 창민 씨는 가슴이 넓었고 나를 껴안았을 때 으스러지는 줄 알았어요. 어쩜 그렇게 힘이 좋아요?

"내가 그때 자기 껴안았을 때 자기가 조그만 하니까 살짝 껴안은 거야, 진짜 힘주어서 껴안았다면 자기는 아마 으스러질 걸?"

상점에 손님이 와서 잠깐 수화기를 내려놓았는데 그 사이에 유진엄마 전화가 왔다. 같이 점심식사나 하자고 해서 알았다고 한 후 창민 씨에게 전화해 주었다. 내일은 아침 일찍 임 아줌마 댁에 가서 홀란드(네덜란드) 가기로 했으니 물속에서 시간을 보내게 될 것이다.

● **8월 1일(월)**

어제 홀란드 다녀온 피곤함이 오늘 오전 내내 누워있게 만들었다. 오전 10시 정아엄마 전화가 왔는데 11시 30분까지 장장 1시간 30분이나 통화를 했다.

얘기한다고 무엇 하나 바뀔 리 없는 매일 그 얘기가 그 얘기인데, 사실 어느 누구도 우리의 인생을 미리 예언하지 못하고 장담하지 못하는 것인데도 인간들은 더 좋은 미래를 위해 이렇게도 신경 쓰고 또 다른 각도로 신경을 써본다. 하지만 결국 자신의 어떤 운명은 미리 정해져 있는데도 불구하고 그것을 모르기 때문에 이리 갈까 저리 갈까 방황하게 되는 것이다. 나 역시 마찬가지였다.

창민 씨가 아마도 몇 차례 전화했을 것 같아 12시경에 전화를 했더니 두 번이나 통화중이더라고 하면서 자기가 다시 전화 하겠다고 하여 수화기를 내려놓고 기다렸다.

즉시 창민 씨 전화가 왔다. 어제 홀란드 다녀온 얘기를 했고 살결이 까맣게 탔다고 했더니,

"하얀 피부를 좋아하는데 어쩌지?"

노베아트 얘기도 했고 어제저녁 늦게 남편이 전화해 온 얘기도 했다. 병원 진단서가 요즘 카드로 바뀐 지 오래 되었는데 어쩐 일인지 우리 집엔 도착이 안 되어 그 문제를 남편에게 얘기했더니 전에 쓰던 종이 증명서를 가지고 가보라고 했다.

"내 생각에 창민 씨는 이혼하고 나하고 살 것 같지 않아요. 자기도 성격이 모질지 못해 이혼하기는 어려운 스타일이고 그렇다고 나를 떼어놓지도 못하겠고 그렇지? 내가 아주 싫은 것도 아니고 그렇다고 절색의 양귀비도 못 되니 폭 빠지지도 못하고 그냥 이렇게 옆에 놔두고 싶은 거지? 양다리 걸치고 말야. 남자들 심리가 그런가봐. 자신들 욕심이지 뭐, 다 욕심에서 나온 일일 거예요."

"그건 그래! 이혼하는 게 쉬운 게 아니라고. 그리고 내가 자기한테 그랬잖아? 나를 생각하지 말고 자기가 하고 싶은 대로 하라고, 자기가 좋은 곳이 있으면 언제든지 가라고 했잖아? 내가 자기한테 어떻게 해줄 형편도 못 되면서 뭐라 말할 수도 없고 그러니 잘 생각해서 결정하라구."

"사실 결혼하려고 맘만 먹으면 주위에 남자는 많아요. 내가 그동안 창민 씨에게 얘길 안 해서 그렇지. 사람들이 내가 혼자 있으

니까 소개도 하고 어떻게 해주려고 애들 쓰는 거 보면 참 고맙더라고요. 그동안 결정을 내리지 못한 것뿐이죠."

"노베아트인가 하는 그 독일인 얘기야?"

"노베아트야 내가 자기한테 그동안 얘기해서 알고 있는 부분이고 또 한국 사람도 많아요. 총각도 있고 재혼하려는 사람들도 많던데? 이혼한 자리, 사별한 자리, 그리고 자기가 알고 있는 사람도 있고."

"한국사람 중 내가 아는 사람이라니? 누굴 얘기하는 거야? 김형진 씨 얘기야? 그 사람은 내가 개인적으로 자세히 아는 건 없지만 참 좋은 사람이지. 그리고 한국사람도 그렇게 많아?"

"참! 내가 그동안 자기에게 얘길 안 해서 그렇지 많더라고요. 마음만 먹으면 금방인데 자기한테 얘기하고 싶지 않아서 그런 것뿐이라고요. 김형진 씨 같은 경우는 옆에서 얘기한다는 걸 내가 못하게 했어요. 그때는 내가 창민 씨를 믿고 있었으므로 말하지 못하게 했었다고요."

손님이 왔는지 잠시 후에 전화하겠다기에 수화기를 내려놓았는데 그의 전화가 다시 왔다.

"그래서 자기는 어떻게 하고 싶은 거야? 지금?"

"여러 가지로 생각해야 하니까 사실 골치 아파요. 첫째는 한국엘 가느냐 아니면 이곳 독일에서 사느냐 하는 문제인데, 일단은 독일에서 살고 있으니 이것저것 시도해 보다가 안 될 경우 마지막 카드로 한국은 언제든지 갈 수 있으니까 일단 독일에서 사는 걸로 생각하고, 두 번째는 결혼을 할 것인가 말 것인가 하는 문제인데 한번 결혼에 실패한 경험이 있으므로 신중하게 대처해야 하므로 금방 결정할 수가 없는 문제이고, 지금 당장 시급한 문제로 취직을 하든가 하는 문제도 있고, 여러 가지로 머리가 많이 아파요. 인생이란 시시때때로 결정의 순간인 것 같아요. 무엇 하나 그냥 되는 일은 없어요. 스스로의 결정을 요구하는 것 같아요. 타의에 의한 일이라든가 불의의 갑작스런 사건을 제외하고는 크든 작든 본인의 의사대로 결정해야 하는데 참으로 어렵고 어려운 일인 것 같아요. 그래서 사람들이 결혼하는가 봐요. 고민도 둘이서 나누어서 하니 좋고, 그래서 결혼이 좋은 것 같아요."

"자기 얘기 들으니 나도 어지럽다 지금."

잠시 창민 씨와 통화를 쉬는 동안 유진엄마 전화가 왔다. 책 문제로 잠시 얘기하고 나서 임 아줌마한테 전화를 했더니 자꾸 놀러오라고 하셔서 약속을 하고 수화기를 내려놓고 나자 즉시 전화가 또 울렸다.

"조금 전에 통화중이던데 어디다 통화했어?"

"아줌마 집에서 놀러오라고 하셔서 봐서 간다고 했어요."

"노베아트 왔나보지? 아줌마 집에 가면 만나는 거잖아?"

"이것저것 복잡한데 노베아트에게 시집가 버릴까? 나를 좋아하니까! 사람이 참 순수하더라구. 어제 잠시 같이 앉아서 얘길 해봤는데 내가 언젠가 노베아트에게 알테만(늙은 남자)이라고 했었는데 그 얘길 또 하더라고요. 자기가 알테만이냐고. 그러면서 중국여행 가자고도 하고 미국에 가자고도 하고, 코레아에 같이 가자고도 하는데, 노베아트하고 같이 살면 원 없이 여행을 많이 다닐 것 같아요. 그렇지만 결혼하지 않고 같이 여행 다닐 수도 없는 문제고 하여 이것저것 생각 중예요."

"자기, 지금 나한테 그런 얘기 하는 이유가 뭐야? 누구 겁주는 거야 뭐야? 내가 어떻게 나오나 하고 떠보는 거야? 아니면 뭐야?"

"무슨 얘기예요? 떠보다니, 내가 창민 씨에게 무얼 겁주고 또 뭐를 떠본다는 거예요? 그냥 얘기하는 거예요. 내가 생각한 것과 있었던 일을 얘기한 것뿐인데 왜 그래요?"

"자기 말이 요즘 이랬다 저랬다 종잡을 수가 없다구. 사람이 왜 그래? 지금 나, 골치 아파서 전화 끊어야겠어, 전화 끊어."

"창민 씨! 정말 골치 아파요? 아니 왜 갑자기 골치가 아파요?"

"아무튼 지금 너무너무 골치 아프니까 끊고, 내일 다시 전화할게. 아줌마네 간다고 했다면서 얼른 가봐. 기다리는 사람도 있을 테고 한데."

그리고는 일방적으로 전화를 끊었다. 나는 몹시 놀랐고 또 어떻게 해야 할지 몰랐다. 내 생각엔 정말이지 창민 씨가 갈팡질팡이고 어쩌지 못하는 것 같은데, 왜 나한테 갈팡질팡 이랬다저랬다 한다고 말하는지 모를 일이었다.

오전에 통화할 때도 "좋은 데 있으면 언제든지 가라, 나는 현재 어쩔 수 없다"고 하던 사람이 오후엔 왜 나더러 이랬다저랬다 한다고 말하는지 알 수 없다.

요새 며칠 동안 창민 씨는 나에게 직접적으로 말하지 않았던가. 자기는 연인이고 친구라고 강조하면서 어쩔 수 없는 형편이라 붙잡지도 못하고 다른 데로 가라고도 못하겠다고. 그렇지만 내가 결정하는 대로 따를 수밖에 없노라고. 그러고는 왜 이제 와서 내가 노베아트나 한국 사람과 결혼해야겠다고 하자 갑자기 골치 아프다는 것인지 정말 모를 일이었다.

막상, 내가 다른 데로 결정할 것 같으니까 또 그것도 안 좋았나 보다. 그러면 자기가 이혼하고 결혼하든지. 그것도 싫다고 했지 않은가? 그러면 나를 자기의 사정거리 가까이에 두고 항상 이대로 지내고 싶은 욕심이겠지만 내 형편은 그렇질 못했다. 결혼하는 것이 마음 편하게 살 수 있는 것이 되므로….

당신이 나에게 새로운 아픔으로 다가서리라고는
정말이지 꿈에서라도 상상조차 하지 못한 일입니다.
음악을 들어도 내가 아닌 남이 와서 듣고 가며
음식을 먹어도 내가 아닌 다른 이가 와서
먹고 가는 것 같습니다.
잠과 꿈도 잃어버린 채, 식물인간인 양 살아가고 있습니다.
가슴을 전율시키는 그 목소리들
테너, 바리톤, 소프라노 소리, 소리들
응어리진 내 가슴을 풀기 위해
내 한을 풀기 위해
그 목소리들을 들어야 했다.
이렇게 될 일인 줄 뻔히 알고 있었으면서
나는 그 무엇을 찾기 위해 그렇게 열심이었던가?
그 무엇을 위하여

너는 나에게 정을 주지 말았어야 했다.
나는 너에게 정을 주지 않았어야 했다.

이렇게 서러운 별 하나 가슴에 안고 어이 살거나
이렇게 서러운 이별로 가슴에 남을 줄

미처 몰랐네라.
꿈이었네라.
꿈이었네라.

서럽고도 아름다운 한 폭의 수채화로
영원히 나의 가슴에 새겨질
그 무엇이었네라.
서로에게 그 무엇이 되기 위한
긴 안타까움과 그리움들을
이젠 추억이라는 앨범에
차곡차곡 간직하고

새로운 장을 넘기자.
새로운 장을.

나에게 또 다른 아픔을 주게 될까봐 처음부터 접근하는 데 많은 주저와 망설임을 가졌던 창민 씨였다. 그랬던 것이, 이 새로운 상황 아래 처음부터 갖고 있던 또는 예감하여 왔던 일들이 조금씩 피부에 가까워져 오고 있음을 느끼고 있다. 그리고 내 운명이 어디에서부턴가 막 소용돌이치고 있음을 강하게 느꼈다.

당신은 나에게 그 무엇이었나요?
허공,
빈 하늘, 빈 마음
스치고 지나가는 바람이었나요?
한때

내 가슴 가득한 기쁨으로 다가섰던
하나의 커다란 하늘이었습니다.
당신은,

한때는
커다란 나무로 우뚝 서서
시원한 나무그늘을 만들어 주었건만
이젠, 훌훌 털고 일어나
광야로 나가야만 하는 때

나는 보금자리를 잃어버렸습니다.
그리고
한쪽 날개를 잃었습니다.

세월이 흘러 호호백발이 되면
그때,
그때는 아름다웠노라고
그렇게 말할 수 있게 되기를
간절한 소망 하나 달아봅니다.

내 젊음의 어느 날
방황과 사랑 속에서
그래도 잊지 않고 펼치려 했던
순백의 손수건을
이젠 접어야 할까 봅니다.

당신은,
어떤 빛깔의 이별을 준비하시렵니까?